JN410624

사랑의 시, 여행에서 만나다

사랑의 시, 여행에서 만나다

1판 1쇄 인쇄__2012년 12월 18일
1판 1쇄 발행__2012년 12월 28일

지은이__양병호 김형근 윤수하 노용무 안현수 이승철 신현미 송지선 송정원 소필균 유인실 박지학
펴낸이__양정섭

펴낸곳__작가와비평
등 록__제2010-000013호
주 소__경기도 광명시 소하동 1272번지 우림필유 101-212
블로그__http://wekorea.tistory.com
이메일__mykorea01@naver.com

공급처__(주)글로벌콘텐츠출판그룹
대 표__홍정표
기획·마케팅__노경민 배정일 배소정
디자인__김미미
경영지원__안선영
주 소__서울특별시 강동구 길동 349-6 정일빌딩 401호
전 화__02-488-3280
팩 스__02-488-3281
홈페이지__www.gcbook.co.kr

값 18,000원
ISBN 978-89-97190-51-5 03810

사랑의 시, 여행에서 만나다

양병호 외 지음

여는 글

사랑의 시를 찾아 떠나는 여행

시는 주로 인쇄 활자의 지면을 통해 소통된다. 하여 독자는 시집을 뒤적거리며 시인의 상상력 혹은 시정신과 교감을 꿈꾼다. 따라서 시 읽기는 흔히 탁상공론적 성격을 지닌다. 활자와 활자의 숲 사이를 유랑하며 시인들의 추상적인 정신의 뼈와 만난다. 특히 '시인의 손을 떠난 시는 독자의 것이다'는 텍스트 중심주의의 유포로 더욱 고착된 느낌이다. 수용미학과 과학적 객관주의 역시 이러한 성향을 부추긴 책임으로부터 자유로울 수 없다.

한편 영상 매체의 범람과 인터넷을 통한 파편적 정보의 무차별 살포로 시와 접촉하는 기회가 점차 줄고 있다. 뿐만 아니라 시 읽기를 안내하는 해설서 역시 너무 전문화되어 일반 독자들의 접근을 본의 아니게 가로막고 있다. 서구의 난삽한 이론으로 무장한 대학의 현대시 연구자들은 현학성을 자랑하듯이 그들만의 암호체계로 시를 해석한다. 일반 독자들은 그들이 사용하는 전문 용어의 개념조차 이해하기에 난감하다. 일반 독자들에게 시 해설서는 안내서가 아니라 훼방서로 기능한다.

우리는 이와 같은 상황에 대하여 심각하게 고민하였다. 현대시 연구를 필생의 화두로 삼은 우리는 고민의 공유를 통해 활로를 모색하였다. 현대시 연구의 전문성을 심화해야 하는 학문적 성취와 아울러 시와 독자를 행복하게 만나도록 해주는 중매인의 역할에도 사명의식을 갖기로 합의하였다. 그리하여 다음과 같은 구체적인 작업을 통해 시 독자의 저변을 확대하고, 저들이 삶과 세계에 대한 인식의 깊이를 확장할 수 있기를 희망하였다.

시인이 살았던 공간에 대한 현장 조사를 통해 시를 이해한다.
시인의 시 정신을 기행의 서정과 결부하여 이해한다.
해설 텍스트와 사진을 병행 편집하여 이해의 친밀성을 강화한다.
일반 독자 중심의 편안한 문체를 지향한다.

이와 같은 기획 의도에 따라 우리는 방학과 휴일을 이용하여 시인들의 고향과 생가를 찾았다. 시인의 고향 마을 언저리에서 일박하는 동안 밤 세워 술을 마시며 우리는 온몸으로 시인의 시정신에 감염되려고 하였다. 시인들은 기꺼이 전염원이 되어 시 바이러스의 술잔을 건네 왔다. 우리는 시 연구의 학문적 압박으로부터 벗어나 행복했다. 숙취를 달래며 돌아오는 길, 시인들은 우리의 시 연구 충전을 도와주는 싱싱한 배터리가 되어 주었다.

우리는 이미 전라도와 충청도 시인들을 탐방하였던 기록을 『그리운 시, 여행에서 만나다』로, 경상도 시인들을 탐방하였던 기록을 『추억의 시, 여행에서 만나다』로 출간한 바 있다. 이번에 서울과 경기도와 강원도 시인을 찾아다니며 만끽했던 여행 기록을 책으로 묶는다. 이로 인해 한반도 남쪽 시인들의 탐방을 마친다. 앞으로 북한과 중국과 일본의 한국시인들에 대한 탐방이 숙제로 남은 셈이다. 평화와 소통의 시대가 열리고 우리의 숙제도 완료되기를 소망한다.

시와 독자의 행복하고 친밀한 만남을 꿈꾸는 이 책으로 하여 독자 여러분 모두 시에 대한 열병을 앓기를 우리는 소망한다. 그 열병을 치유하기 위해서 독자 여러분이 직접 시인의 고향이나 생가를 찾는 처방을 하기를 또한 희구한다. 시 병을 앓고 난 뒤, 맑고 높고 환하고 가벼운 인식과 정서의 현기증을 느끼리라 믿는다.

이 책을 출판하는 데 도움을 주신 전북대 인문학연구소 고동호 소장님의 후의에 감사드린다. 또한 선선히 출판의 기회를 주신 작가와비평의 양정섭 대표님께 고마움을 드린다. 우리는 시가 밥이 되고, 힘이 되고, 위안이 되고, 혁명이 되리라는 신념으로 더욱 불타오를 것이다.

2012년 단풍 드는 가을날에
시인을 만나며 행복을 알게 된 우리들

차 례

화려한 도시의 뒤안에서 부르는 사랑 노래 서울

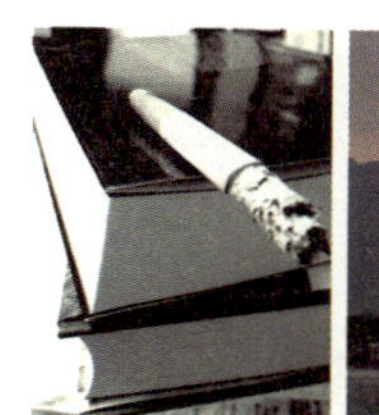

도회지를 서성이는 농경의 추억 경기

태백산맥을 넘어선 별들의 힘 강원

서울

화려한 도시의 뒤안에서 부르는 사랑 노래

| 오상순 | 나는 하나의 티끌이다 양병호

| 임 화 | 종로 네거리에 나를 묻어달라 김형근

| 이 상 | 절망은 기교를 낳고 기교는 절망을 낳고 윤수하

| 김수영 | 시여, 침을 뱉어라 노용무

오상순

나는 하나의 티끌이다

1894~1963

| 양병호 |

쉬이, 허공에 흩어지는 담배연기처럼
광막한 광야를 달리는 인생아
꿈이로다 모두가 다 꿈이로다
오— 흐름 위에 보금자리 친 나의 혼
홀로 폐허의 빈 들 한복판에 서다
한 잔 한 잔 또 한 잔 저 달 마시자
허무야, 너는 너 자체를 깨물어 죽이라

쉬이, 허공에 흩어지는 담배연기처럼

겨울, 멀리 산등성이엔 잔설이 쓸쓸하고, 겨우살이를 나는 사람들은 추위를 견디는 나무들처럼 적막하다. 세상의 길은 빙판으로 위험하고 마음은 울리지 않는 휴대폰의 벨소리를 그리워한다. 매일 인터넷 포털사이트와 방송미디어들은 세상의 시시껄렁한 잡사들을 무슨 중요한 일인 것처럼 토해내느라 분주하기만 하다. 그럼에도 여전히 겨울, 산하는 고요하고 마음은 허퉁하다.

그리하여 당나라 때 유종원이 읊은 「강설江雪」이란 시의 정서는 지금도 여전히 유효하다.

도봉산 빨래골에 자리한
공초 오상순 묘 앞 바위의 재떨이

산마다 나는 새 자취 끊어지고,
길에는 행인의 발자취도 끊겼네.
외로운 배 위 도롱이에 삿갓 쓴 늙은이,
홀로 낚시질하는 추운 강에 눈은 내리고.

千山鳥飛絕, 萬徑人踪滅.
孤舟蓑笠翁, 獨釣寒江雪.

오늘 떠나는 시인 기행의 대상 공초 오상순의 삶 역시 살아생전 내내 쓸쓸함과 적막의 연속이었을 것이다. 당나라 때 유종원이 그러했고, 또 오상순이 겪었던 그 고요와 적막의 한세상을 나 역시 순연히 받아들일 수밖에 없다. 그리하여 지상의 모든 생물들이 이 앙다물고 모진 추위를 묵묵히 견디고 있는 이 겨울, 외로움과 쓸쓸함의 정통을 향하여 헐벗은 순례자가 되어 길을 떠난다.

눈이 심심하면 내리다 무료하면 말다 하는 심드렁한 겨울 날씨, 고속도로는 진창을 튀기며 달려가는 차량들로 부산하기만 하다. 잔뜩 찌푸린 구름 덕분에 앞차들의 명멸하는 빨간색 브레이크등이 아름답기만 하다. 차창 밖으로, 하얀 눈을 정갈하게 뒤집어쓴 키 낮은 지붕들이, 푸식푸식 소죽 끓이고 서서히 일필휘지로 올라가는 연기가, 겨울바람에 마을의 전설을 고시랑고시랑 읊어대는 둥구나무가, 맑아서 차라리 눈 시린 겨울 시내가 조용조용 흐르고 흘러서 어디론가 가고 있다.

그런데 라디오에선 세상에서 일어나는 뉴스를 호들갑스럽게 타전하고 있다. 강원도 영동에 기록적인 폭설이 내려 마을과 마을이,

길과 길이, 세상과 자연이 두절, 고립, 단절되었단다. 푸훗, 창밖으로는 새와 강과 구름이 뉴스를 비웃듯 유연히 제 갈 길을 잘도 가고 있는데…… 사람과 사람 사이의, 이념과 이념 사이의, 마음과 마음 사이의 두절, 고립, 단절은 눈치도 채지 못한 라디오가 시시껄렁한 잡담을 늘어놓고 있다.

공초 오상순은 시보다 삶이 더 시적인 시인이다. 오상순은 1894년 그러니까 동학혁명과 갑오개혁이 일어나던 해에 서울에서 태어났다. 경신학교를 졸업하고 일본의 동지사同志社 대학을 졸업한 후 귀국하여 보성학교에서 잠시 교편을 잡았다. 1923년 보성학교를 사직한 후 직업도 없고 주거도 일정치 않은 채로 그 좋아하는 담배를 빡빡 펴가며 방랑을 하며 참선을 하며 쉬이 흩어지는 담배연기와 같은 삶을 살았다. 1940년도에 대구에 낙향하여 떠돌다 1946년 서울에 돌아와 조계사에 거처하며 명동의 청동다방을 들락거렸다. 매캐한 청동다방에서 당시대의 고뇌와 한숨을 증명하는 사인첩인 청동수첩을 만들고 1963년 영면하였다.

시인 오상순의 시적인 삶을 증거하는 키워드는 방랑, 허무, 폐허, 퇴폐 등이다. 또한 이같은 개념을 위하여 담배, 공초, 출가, 독신, 주거불명, 다방, 무직업 등의 이미지가 나부낀다. 그는 처자식도 직업도 집도 없이 무욕의 삶을 허랑허랑 살아냈다. 그가 소유한 것은 오로지 담배와 고독과 시와 허무 술과 방랑 그리고 쓸쓸함과 또 쓸쓸함뿐이었다. 시인은 세상사에 비켜 서있으면서 철저하게 고독한 단독자로 살았다. 아니 지독하게 충만한 자유인으로 살았다. 공초의 삶은 마치 당대 윤심덕이란 가수가 부른 「사의 찬미」의 내용이 대변하는 것처럼 느껴진다.

대구에서 동인지『반야월』을 만들 무렵. 좌로부터 오상순, 이상화, 조석기

광막한 광야를 달리는 인생아
너는 무엇을 찾으려 왔느냐
이래도 한 세상 저래도 한 평생
돈도 명예도 사랑도 다 싫다

녹수청산은 변함이 없건만
우리 인생은 나날이 변했다
이래도 한 세상 저래도 한 평생
돈도 명예도 사랑도 다 싫다

광막한 광야를 달리는 인생아

윈도브러시가 빠아악빡 빠아악빡 좌우로 부산하다. 공평하게 좌와 우를 번갈아 닦으며 깨끗한 겨울 풍경을 제공한다. 겨울의 잔해로 남은 개망초가 힘없이 바람에 흔들리다 만다. 소리 없는 소문처럼 땅거미가 지고 종종걸음으로 귀가하는 가장들의 잔등 위로 싸락눈이 흩뿌리고 있다. 눈보라 속으로 정체불명의 새떼가 화살표 대열을 이루어 휘청휘청 북상 중이다. 윙윙 전선을 타고 암약 중인 전기는 남루한 우리들 생의 세탁기를 돌리고, 이따금 가녀린 소망 같은 알전구를 깜박깜박 불 밝힌다. 깜박이도 켜지 않고 느닷없이 허기가 끼어든다.

천안 휴게소로 진입한다. 미끄러질까 조심하며 쫑쫑쫑 걸어서 환각적인 김이 서린 유리문을 민다. 푸근하다. 식욕이 전의를 불사른다. 차림표를 보며 습관적인 선택의 딜레마에 빠진다. 옛날냄비라면, 통감자, 김밥, 호두과자, 유부우동, 닭강정, 회덮밥, 핫바, 순두부찌개, 깨찰빵, 꿀호떡, 산채비빔밥, 김치라면, 돈가스가 경쟁하듯 유혹을 한다. 가볍게 허기를 물리치고, 식사의 마침표로 담배를 태운다. 기온이 내려가서인지 유난히 담배연기가 굵고 선명하다.

피란 시절 부산, 어느 일간지 좌담회. 우로부터 변영로, 박종화, 오상순, 염상섭

오상순 시인은 애연가의 대표성을 지닌다. 지인의 회고에 따르면, 시인은 하루에 약 180개비를 태웠단다. 그러니까

아홉 갑 정도 된다는 것인데. 하여튼 눈을 뜨자마자 시작하여 잠자리에 들기까지 줄창 피웠단다. 시인의 아호 역시 담배꽁초와 유사음을 지닌 공초空超인 것을 보면 그의 끽연에 대한 열정을 짐작할 수 있다. 한편 한자 공초空超의 뜻인 빔과 초월은 마치 담배 연기의 속성을 드러냄과 동시에 시인의 인생관을 보여준다. 어찌 됐든 요즈음 건강염려증후군에 걸린 현대인들의 시각으로 보면 그는 생을 함부로 막 살았던 셈이다. 그러나 다음의 시가 공초 시인의 끽연에 관한 명분을 제시한다. 물론 그럼에도 요즘 그 세력을 엄청 확장해 버린 흡연혐오증을 거세할 수는 없을 테지만.

쥐어뜯어도
시원치 못한
이 내 가슴

애매한 궐련초에
불을 붙인다
피울 줄도 모르면서
나의 가슴속
무겁게 잠긴
애수, 억울, 고뇌
뿌연 안개가루
묻혀 내어다
허공 중에 뿌려다오
씻어 내다오

나의 입속에

빨려 들어오는

연기야

나와 함께 사라져다오

—「타는 가슴」 부분

공초 오상순은 흡연 그 자체의 미학에 대해 이야기하지 않는다. 다만 시인은 자신의 가슴애피를 해소하기 위하여 끽연함을 말하고 있다. 화자는 가슴에 사무친 '애수, 억울, 고뇌'를 씻어내기 위한 방편으로 흡연을 하고 있다. 시인은 끽연을 통해 가슴애피를 담배연기처럼 훌훌 날려버리고 싶은 것이다. 그리하여 시인의 '타는 가슴'은 평정과 안식을 얻게 될 것이다. 어찌 보면 이 시의 방점은 끽연에 있는 것이 아니라 광막한 광야를 살아내야 하는 인생의 숙명에 있을 것이다.

기실 공초 오상순의 시는 위의 시처럼 직설적이고 격정적이다. 현란한 수사나 심오한 암시는 별로 눈에 띄지 않는다. 자신의 생각과 관념 그리고 정서를 담배연기를 뿜어내듯 토로하는 경향이 강하다. 특히 삶이나 인생에 대하여 느낀 바를 솔직담백하게 내뱉는 어법을 즐긴다.

도봉산 빨래골의 설경

꿈이로다 모두가 다 꿈이로다

뉘엿뉘엿 주춤거리던 날이 어느덧 저물었다. 매급시 초조해진다. 지그시 힘을 주어 액셀을 밟는다. 창밖 풍경은 견고한 바위처럼 어둠에 물든다. 세상은 빛과 어둠으로 단순해진다. 고속도로의 경계선이 마구 다가와 바퀴에 깔려 가뭇없이 뒤로 사라져간다. 멀리 암청색 바다빛을 띤 하늘 바탕에 크리스마스 싸락전등처럼 반짝이는 별들이 아슴아슴하다.

여전히 라디오에선 세상의 우여곡절을 타전하고 있다. 이집트에선 무바라크 대통령이 마침내 하야 성명을 발표했단다. 그리고 새로운 집권을 위해 이집트의 모든 정파가 긴장을 하고 있단다. 이러한 민주화 시위는 중동 전역으로 번져갈 조짐을 보이고 있단다. 시

시인이 다녔던
서울 종로구의
효제초등학교

리아의 바샤르 알 아사드 그리고 리비아의 카다피도 좌불안석이겠지, 하고 가볍게 고소해진다. 권력을 향한 인류의 욕망은 가혹하고 또 끈질기다. 물론 권력은 그 위세를 부리는 맛에 소유하려고 할 것이다. 권력을 공정하게 집행하느냐 아니면 위세를 부리느냐 하는 문제는 그야말로 절제력을 발휘하기 힘든 문제일 것이다.

그러나 지상의 시인들은 안다. 권불십년權不十年의 허망함을, 아니 인류가 지닌 욕망의 무상함을. 그리하여 고대 문학의 오랜 주제 중의 하나는 인생무상, 남가일몽이 아니었던가. 공초 오상순 시인 역시 이러한 전통 주제를 익히 알고 있다. 뿐만 아니라 시인은 관념과 사유 속에서만 허무를 뇌작거리지 않는다. 시인은 허무를 회피하거나 허무로부터 도망치지 않고 허무와 몸소 맞짱뜨며 인생을 건너간다. 허무를 일상 생활화하여 허무를 즐긴다.

꿈이로다 꿈이로다
모두가 다 꿈이로다
너도 나도 꿈속이요
이저것이 꿈이로다
꿈 깨이니 또 꿈이요
깨인 꿈도 꿈이로다
꿈에 나서 꿈에 살고
꿈에 죽어가는 인생
부질없다 깨려는 꿈
꿈은 깨어서 무엇하리

—「꿈」 전문

인용시에는 무수히 많은 '꿈'이 반복되고 있다. 여기서 꿈은 '허무'를 직접적으로 표상하고 있다. 예컨대 인생 자체가 하나의 일장춘몽임을 말하고 있는 것이다. 어찌 보면 인간 욕망의 부질없음을 말하는 것이기도 하다. 하여 사람들은 허무를 극복하기 위하여 자신의 삶에 의미를 부여하려고 몸부림친다. 욕망의 성취를 통하여 허무를 지우려고 노력한다. '돈과 명예와 사랑'을 위하여 분골쇄신하기를 주저하지 않는다. 그런데 시인은 그 허무의 꿈에서 벗어나려는 의도나 시도조차 '허무'라고 인지한다. 어차피 근원적으로 허무한 인생, 고즈넉이 숙명적인 허무를 받아들이라 한다. 허무에 직핍하기를 토로한다. '꿈은 깨어서 무엇 하리'라고.

오상순 시인의 허무의식은 관념 자체로서가 아니라 그의 삶이 예증하고 있다. 1894년 목재상의 아들로 태어난 그는 기독교계 경신학교를 졸업하고, 일본 동지사대학 종교철학과를 졸업한다. 이후 그는 결혼을 거부하며 가출을 한다. 그리고 범어사와 조계사 등의 사찰을 떠돈다. 말하자면 허무한 인생을 유유자적 가볍고 자유롭게 훌훌 살아내는 것이다. 뿐만 아니라 공초는 살아서 시집을 묶지 않았다. 첫 시집이자 마지막 시집은 그의 사후 제자들에 의해 엮어졌다. 현실의 명리를 좇지 않았던 그의 성벽이 빚은 결과였을 것이다. 물론 이러한 태도는 그의 허무 정신 때문이리라.

오— 흐름 위에 보금자리 친 나의 혼

머얼리 서울의 야경이 부연하다. 언제나 그렇듯 서울로 진입하는 데에는 지체라는 일정한 세금을 납부해야만 한다. 한국은 여전히 중앙 집중적이다. 야간이면 지역으로 출장 나간 차량들이 귀가하듯 우하니 서울로 모여든다. 차량들이 꼬리를 물고 미적미적 서울을 향하여 진군한다. 나도 자의식 없이 차량의 거대한 흐름에 따라 그저 휘황한 불빛으로 향한다. 차창 밖 들녘엔 도시 근교의 경작용 비닐하우스가 방공호처럼 은밀하게 무성하다. 길가의 가로등 불빛은 얼어서 파르르 떨고 있다. 설잠에서 깨어난 동승자가 무료를 떨

한강에서 바라 본 서울의 야경

쳐버리기라도 하려는 듯 구시렁대기 시작한다.

가까스로 서울에 진입하였으니 이제 오늘밤 머무를 숙박업소를 찾아야 한다. 을씨년스런 모텔 방은 어설프고 섬닷하다. 영하의 추위를 견고하게 방어하지 못하고 웃풍이 한데와 마찬가지이다. 야심한데도 바삐 지나치는 차들의 소음은 줄지 않는다. 티브이를 켜니 어이없게도 숙박업소에서 제공하는 생수의 대부분에서 대장균이 발견되었단다. 크흐, 오늘밤은 식음을 전폐할 수밖에 없을 것 같다. 이어 전라도 김제의 마늘밭에서 현금 100억 이상의 뭉칫돈을 캤다는 전설 같은 뉴스가 흘러나온다. 김유정의 「금 따는 콩밭」이 오늘날엔 「돈 캐는 마늘밭」으로 패러디 되었군. 크 크 크 실소가 나온다.

집을 떠나와 모텔 방에 누우니 방랑의 홀가분함으로 가뿐해진다. 공초 오상순을 드러내는 특성 중 하나로 방랑 정신을 들 수 있다. 방랑은 현실과 일상으로부터 떠나는 것이다. 나아가 정처 없이 목적 없이 지향 없이 기분 내키는 대로 떠도는 것이다. 시인은 실제로 방랑을 즐기는 생을 살았다. 집, 처자식, 직업에 억매이지 않고 훌훌 구름처럼 바람처럼 한세상을 떠돌았다. 이러한 무욕의 삶은 천상병 시인과 흡사하게 닮았다. 그리하여 오상순의 아호 공초空超는 집착과 욕망으로부터 해방된 방랑 정신의 표상이 된다.

흐름 위에
보금자리 친
오— 흐름 위에
보금자리 친

나의 혼……

바다 없는 곳에서
바다를 연모하는 나머지에
눈을 감고 마음속에
바다를 그려보다
가만히 앉아서 때를 잃고……

옛 성 위에 발돋움하고
들 너머 산 너머 보이는 듯 마는 듯
어렷거리는 바다를 바라보다
해지는 줄도 모르고—

바다를 마음에 불러 일으켜
가만히 응시하고 있으면
깊은 바닷소리
나의 피의 조류를 통하여 우도다.

망망한 푸른 해원海原—
마음눈에 펴서 열리는 때에
안개 같은 바다와 향기
코에 서리도다.

—「방랑의 마음 1」 전문

이 작품은 공초의 대표작으로 자주 인용된다. 수유리에 있는 오상순의 묘에 있는 시비에도 이 작품이 새겨 있다. 이 시는 제목이 밝히고 있는 것처럼 '방랑의 마음'을 형상화하고 있다. 시인의 혼/정신은 '흐름' 위에 보금자리를 치고 있다. 여기서 '흐름'은 물론 정처도 없고 지향도 없는 상태일 것이다. 그리고 이 '흐름'은 행동의 방랑이 아니라 마음의 방랑을 뜻한다. '바다 없는 곳에서' 바다를 그리는 화자는 세속의 욕망과 집착으로부터 벗어나 있다.

공초가 그리는 바다는 무형의 순수한 자연을 암시한다. 그런데 시인이 추구하는 순수는 쉽게 찾아지지 않고 '어릿거리'기만 한다. 하여 시인은 순수를 찾기 위하여 '바다를 마음에 불러 일으켜' 마음의 방랑을 한다. 예컨대 일상에 있어서뿐만 아니라 마음/관념 속에서조차 방랑을 하는 것이다.

공초의 문학을 찾아 순례하는 이 기행 역시 방랑의 자세여야 한다. 그러나 현대의 삶은 방랑을 허용치 않는다. 이 시대 삶의 이데올로기인 신자유주의는 오로지 경쟁과 효율만을 강조하기 때문이다. 신자유주의 시민들은 무한 욕망을 충족하기 위하여 부단한 경쟁을 치러야만 한다. 모두들 시야를 가린 경주마처럼 앞만을 보고 내달린다. 남보다 많은 욕망의 성취를 위해 다양한 인생의 스펙 쌓기만이 강요되고 있다. 그리하여 이 시대에 방랑은 지체와 퇴보라는 어휘와 동의어가 된다. 이 시대는 행복한 몸을 강조한 나머지 마음의 평화는 등한시되고 있다.

방랑은 오로지 오래된 문학 교과서에만 존재하는 빼빼마른 낭만주의의 상징에 불과하다. '방랑'은 유효기간이 지나버린 케케묵은 신화일 따름이다. 이 시대에는 현실만이 상찬되고 이상과 꿈은

눈 위에 지문처럼 새겨진 발자국,
방랑도 삶의 이력이다.

불온한 것으로 사갈시되고 있다. 그러나 그러나 '방랑'은 소파와 배터리의 기능을 한다. 피곤한 영혼에게 휴식과 충전의 기회를 준다. 욕망과 집착을 접어두고 방랑의 여유를 갖는 것은 마음을 다독거리는 일이다. 방랑은 마음의 병을 치유하는 단방약인 것이다. 현실과 시대의 욕망을 벗어나 인간 본유의 마음을 이리저리 방랑, 배회하는 정신이어. 그대 진정으로 평화로울진저.

홀로 폐허의 빈 들 한복판에 서다

낯선 곳에서 하룻밤을 보내고 맞는 아침은 생경하면서 신선하다. 일상의 사물들이 새로운 포즈로 다가온다. 플라타너스 잎사귀도 신선신선 휘날리고 바람도 생경생경 불어오고 간다. 새로운 아침을 준비하는 청소차도 활기차게 느껴지고, 출근을 서두르는 직장인의 발걸음도 건강하기만 하다. 타지에서 출근을 유보한 채 관찰자가 되어 맞는 아침 풍경은 그래서 느긋하고 여유롭다. 허름해서 오히려 친근한 해장국밥집을 찾아 두리번거린다. 치열한 어젯밤을 치른 주객들이 다정한 식구들처럼 모여 후루룩후루룩 속을 달랜다. 훈훈하고 화평한 아침 풍경이다.

서울 중구 장충동 광희문 안에 있는 공초 오상순 생가 터

중구 장충동 1가 광희문 안에 있다는 공초 오상순의 생가를 찾아 나선다. 서울답게 길은 빽빽하고 또 위험하다. 가파른 고개를 올라 광희문 옆에 위태롭게 불안한 주차를 감행한다. 광희문은 이미 실용적으로 용도 폐기되었고, 이제는 오직 과거 시간의 장식품으로 관람의 기능만을 하고 있다. 새롭게 리모델링된 광희문은 앞에 온통 유리로만 지어진 빌딩과 신구의 확실한 대조를 이루고 있다. 뒤편으로 돌아 주민들에게 오상순의 생가를 수소문하니, 웬 생뚱맞은 소리냐는 표정들이다. 인걸도 간 데 없을뿐더러 생가도 간 데 없는 형국이다. 골목에 어지럽게 즐비한 쓰레기통만이 나그네의 허랑한 마음을 바라보고 있다.

오상순의 시세계를 대변하는 키워드 중에 '폐허'를 들 수 있다. 1920년에 김억, 황석우, 남궁벽 등과 『폐허』 동인 활동을 한 연유도 있겠지만, 「시대고와 그 희생」이란 평론을 통해 당대의 삶을 설파한 곡절 때문이기도 하다. 공초는 "우리 조선은 황량한 폐허의 조선이요, 우리 시대는 비통한 번민의 시대이다."고 시니컬하게 당대를 규정한다. 말하자면 당대의 현실을 '폐허'로 압축 요약하고 있다. 이처럼 오상순의 방랑, 허무, 퇴폐 미학의 근본은 당대 현실에 뿌리를 내리고 있다. 하여튼 공초의 폐허 의식은, 폐허가 되어버린 시인의 생가를 찾지 못한 나에게 신속히 전염된다.

만개萬皆가 모두가 없는
어둠의 품속에 안기여
조으는 듯 잠든 듯한
깊고 깊은 밤 나는 홀로

폐허의 빈 들 한복판에 서다

하늘 잠근 구름을 새어서
이슬과 서리의 간색間色의 감각 가진
가루같이 가늘고도 고운
힘 없는 새음의 분말도 같은
늦은 가을의 가는 비
어둠의 고운 체篩를 새여 나리다

가는 비 내리는 어둠의 폐허의 하늘 우러러
나의 얼굴 내어놓고 눈 감도다
가는 비는
나의 속으로 서리어 오르는
눈물의 이슬 섞어 입술을 거쳐
가슴 위에 흘러 떨어지다

밤은 더욱 깊어가고서
비는 이상하게도 그윽한데
나의 혼은 홀연히 놀라 눈뜨다
어디로부터인지 발밑에 바삭하고 떨어지는 폐허의 낙엽 소리에.

—「폐허의 낙엽」 전문

공초의 시 중 빼어난 수작인 이 작품은 가을비 내리는 풍경을 폐허로 인지한다. 시인은 가을에 대한 섬세한 감각과 쓸쓸함의 정서

공초 오상순 생가 터의
허랑한 골목에 놓인 수레

를 미학적으로 차분히 형상화하고 있다.

1연에서 시인은 깊은 밤 홀로 깨어 허무한 세상의 고독과 허무에 빠져 있다. 시인이 파악한 세상은 '폐허의 빈 들'이다. 2연은 가을비 내리는 정경을 묘사하고 있는데, 그 표현의 정밀함이 참으로 놀랍다. 하늘을 가린 구름을 '하늘을 잠근 구름'으로 표현한 것은 물론이려니와 가을비 내리는 광경에 대한 섬세한 묘사가 두드러진다. 예컨대 가을비를 '이슬과 서리'의 속성을 지닌 것으로 인지하는 한편 '새소리의 분말'이라는 공감각적 표현도 탁월하기 그지없다. 그 가을비는 '어둠의 고운 체'를 통과하여 가늘게 가늘게 나리고 있다.

3연에서 그 가을비와 화자는 가뭇없이 한몸으로 동일화되고 있다. '폐허의 하늘' 아래 홀로 존재하는 화자에게 가을비는 눈물이 되어 가슴으로 떨어진다. 가을비 내리는 풍경과 시인의 쓸쓸한 서정은 일체가 되는 것이다. 예컨대 물아일체의 경지로서 세계와 자아가 회감하는 순간이다.

오상순의 폐허 인식은 당대의 정치적 상황과 무관하지 않다. 시대와 현실에 대한 고뇌가 좌절과 절망으로 전이되면서 공초가 몸담고 있던 당대는 폐허의 모습을 띠는 것이다. 이러한 세기말적 인식은 시인을 방랑과 허무의 과정을 거쳐 퇴폐의 수순으로 나아가도록 한다.

한 잔 한 잔 또 한 잔 저 달 마시자

서울 거리는 언제나 활기차고 붐빈다. 내비게이션의 정확하고 친절한 안내에 따라 시인이 다녔던 종로구 효제초등학교로 향한다. 시인이 다녔던 목조로 된 옛날의 교사는 이제 상상 속에서만 존재할 것이다. 눈앞에 노란색을 칠한 반듯하게 각진 교사가 질서정연하다. 운동장에선 초겨울의 추위를 무릅쓰고 시인의 까마득한 후배인 어린 초등학생들이 야구를 하고 있다. 아마 저들은 방랑, 허무, 폐허, 퇴폐 등의 말을 아직 모르고 있으리라. 물론 아직 알아서도 아니 될 터이지만.

다시 길을 재촉하여 종로구 혜화동에 있는 시인의 모교 경신고에 도착한다. 산등성이에 자리 잡은 경신고는 조용하다 못해 적막하다. 아마 방학 중이라 모처럼 학교도 한요롭게 휴식을 취하고 있는 모양이다. 공초의 흔적은 자취도 없고, 운동장에서 차를 돌리다 수위 아저씨한테 퉁사리만 먹었다. 시인을 찾아 떠도는 방랑자의 마음이 울컥 허무해지고, 세상이 일순 폐허로 느껴진다. 물론 공초 오상순이 느꼈을 밀도와 함량에는 조족지혈이겠지만. 기꺼이 자위한다. 흔쾌히.

오상순이 살았던 시대는 식민지 상황이었다. 당대 한국인이 감당해야 했던 질곡의 역사가 주는 스트레스는 어느 정도였을까. 우리는 알지 못하고 다만 짐작할 뿐이다. 아마 출구가 보이지 않는 암담함 혹은 폐허 그 자체였으리라. 미래의 전망을 상실한 한국인들은 심각한 좌절감에 휩싸였을 것이다. 세계의 이상적인 질서는 평

도봉산 빨래골 전경

화와 공존이었을 테지만 현실은 지배와 피지배의 가혹한 상황이었기 때문이다. 이상과 현실의 괴리는 한반도에 좌절과 절망의 바이러스를 유포하고, 피지배인들은 항거의 방식 중 하나로 퇴폐를 택했을 수 있다. 절망에 응전하는 가역반응은 능동적으로 항거하는 방식과 아울러 피학적, 자학적 태도를 취하는 방식이 있으니까. 시대의 중압감으로 삶을 자포자기하고 오히려 퇴폐에 의지하는 방식은 좌절과 절망의 극단적인 표현 양식이다.

나그네 주인이여 평안하신고
곁에 앉힌 술단지 그럴 법 허이
한 잔 가득 부어서 이리 보내게

서울 종로구 혜화동에 위치한
공초 오상순의 모교 경신고등학교

한 잔 한 잔 또 한 잔 저 달 마시자
오늘 해도 저물고 갈 길은 머네
꿈같은 나그넷길 멀기도 허이!

나그네 주인이여 이거 어인 일
한 잔 한 잔 또 한잔 끝도 없거니
심산유곡 옥천玉泉샘에 홈을 대었나
지하 천척 수맥에 줄기를 쳤나
바다는 말릴망정 이 술단지사
꿈같은 나그넷길 멀기도 허이!
(…중략…)
나그네 주인이여 섧기도 허이
속 깊은 이 한 잔을 누구와 마셔
동해바다 다 켜도 시원치 않을
끝없는 나그넷길 한 깊은 설움
꿈인 양 달래보는 하염없는 잔
꿈같은 나그넷길 멀기도 허이!

—「한 잔 술」 부분

술은 좌절과 절망에 빠진 식민지인을 위한 치료약물이다. 술은 현실과 시대의 고통을 마비시켜 초월의 순간을 제공한다. 이 약물은 가혹한 현실을 잊도록 하는 촉매임과 동시에 근거 없는 낙관과 행복감을 부추긴다. 물론 약 기운이 쇠하고 나면 반대급부로 후회와 반성을 필수적으로 지불해야 하지만.

수주 변영로의 『명정 40년酩酊40年』에 당대 술자리에 관한 흥미로운 일화가 소개되어 있다. 당시 어느 여름날 오상순은 염상섭, 변영로, 이관구와 함께 종로구 성균관 뒷산에서 장대같이 쏟아지는 우중에 대취하였다. 이들은 주흥에 겨워 옷을 벗은 채 소의 잔등에 올라타고 시내로 돌아왔다. 지금 같으면 당장 잡혀갈 기행이지만 당시 이들의 과감한 낭만주의적 음주행각의 일단을 엿볼 수 있다.

인용시는 겉으로 낭만주의 색채가 강하다. 술을 마시면서 달을 마시는 것으로 확산되는 의식의 전이는 화평한 세계를 추구하는 소망의 투영이다. 시인은 세계와 자아의 동일화를 꿈꾸기 위하여 약물을 마시고 있는 것이다.

그러나 이면에는 '나그네' 인생의 근원적인 슬픔이 짙게 배어 있다. 인생을 '꿈같은 나그넷길'로 인지한 시인은 '한 깊은 설움'에 잠긴다. 그리고 어쩌지 못하는 설움과 한을 약물로 치유하고자 주흥에 빠진다. 이러한 태도는 물론 세계에 대응하는 퇴폐적 자세이다. 그러나 식민지 질곡에 깊이 상심하여 허무에 빠진 시인은 약물에라도 도취되어 한 시대를 건너가고자 하였다. 휘청휘청.

허무야, 너는 너 자체를 깨물어 죽이라

겨울 해가 짧은 틈을 타 땅거미가 복병처럼 찾아온다. 뉘엿뉘엿 노을이 도봉산 자락에 걸려 마지막 생애를 안간힘으로 불태우고 있다. 저물면서 빛나는 석양은 처연한 아름다움이다. 슬픔의 환희이다. 죽음의 미학이다. 불현듯 노을처럼 죽고 싶다는 생각이 설핏 스친 것 같기도 하다. 의식적으로 도리질 친 다음 고개를 들어 하늘 저 너머를 응시한다. 저물면서 빛나는 노을 같은 생을 위하여 더욱 불타오르기로 다짐하며, 공초 오상순의 묘가 있는 서울 강북구 수유리의 도봉산을 향해 길을 재촉한다.

어둑어둑한 등산로 양켠에 겨울나무들이 묵상처럼 수도승처럼 열병해 있다. 매서운 겨울 추위를 견디고 있는 나무들은 견고한 고독의 상징이다. 겨울나무들이 내면에 아지 못할 생의 비의를 간직한 채 살아라 살아라 추임새를 넣고 있다. 삶의 푸르른 에너지를 충전하고 귀가를 서두르는 등산객들의 귀가 파랗게 얼어 있다. 길가 이정표가 이곳이 빨래골임을 안내하고 있다. 조선시대 궁중의 무수리들이 이곳 도봉산 계곡에서 빨래를 하였다 하여 '빨래골'이라 명명되었단다. 지금은 세파에 찌든 서울 시민들이 등산을 통하여 그들의 얼룩진 생을 맑고 푸르게 빨래하고 있다.

도봉산 빨래골에 있는 공초 오상순 묘의 안내판

땅이 잔등에 밸똥말똥 할 때쯤 공초 오상순의 묘가 마중한다. 손을 보지 않아 퇴락한 묘의 오른편에 시비가 담대하게 서 있고, 묘 앞에 상석이 단정하다. 그런데 상석 왼편의 바위 위에 재떨이가 떡하니 자리 잡고 있다. 애연가 공초를 추모하는 마음이 기가 막히다. 거푸 담배에 불을 붙여 헌끽을 한다. 담배연기는 '흐름 위에 보금자리 친 영혼'인 공초의 무덤을 위로하듯 휘감다 마침내 허공으로 풀풀 흩어지고 만다. 그래, 어데 허공중으로 흩어지지 않는 존재가 있으랴. 색즉시공 공즉시색.

나는 하나의 티끌이다
이 하나의 티끌 속에
우주를 포장包藏하고
무한한 공간을 끝없이 움직여 달린다.

나는 한 알의 원자이다
이 한 알의 원자 속에
육합六合을 배태하고
영원한 시간을
끊임없이 흐른다.

(…중략…)

오!
일진의 절대 불가사의한 운명이여!
오!

일진의 절대 신비한 운명이여!

—「일진一塵」 부분

묘 혹은 죽음을 대할 때마다 느끼는 것이지만, 삶은 가볍고 또 허허롭다. 더군다나 우주와 대비하여 '나'의 존재를 생각하면 그야말로 '나는 하나의 티끌이다.' 광막한 우주와 가없는 시간의 흐름 위에 '나'란 존재는 왜소하고 미천하기만 하다. 존재는 참으로 허약하고 삶은 참말로 비루한 것이다. 그러나 이러한 생각 끝에 삶은 경건하고 또 존재는 제각각의 의미를 지니고 있다는 결론에 억지로라도 도달해야만 한다. 그럼에도 우리는 살고 또 살아야만 하기 때문에. '개똥밭에 굴러도 이승이 낫다'는 속담이 있지 않는가.

처연한 분위기에 젖은 우리 일행은 묵묵히 귀가를 위해 서두른다. 약속이나 한 듯 미련 없이 서울을 등 뒤로 하고 남행을 시작한

도봉산 빨래골에 위치한
공초 오상순의 묘

다. 여전히 고속도로는 분주한 차량들로 붐비고, 사위는 암청색 바다처럼 깊어만 간다. 스쳐 지나가는 마을들은 깜북깜북 졸음에 겨운 등불을 하나씩 소등하고, 마을 뒷산 굴뚝새들도 부리를 깃에 묻은 채 이윽고 잠에 든다. 하늘엔 수억 광년을 달려온 별빛이 눈물처럼 글썽거리고, 바람은 우주를 향하여 신화처럼 불어간다.

어둠에 잠겨 침묵한 채 귀가하는 일행에게 라디오는 '개똥밭'인 이승의 소식을 분주하게 전한다. 주가는 2,000 포인트에서 1,900 포인트로 곤두박질을 쳤단다. 마침내 삼겹살 100g이 12,000원으로 올랐단다. 구제역은 전국으로 확산일로에 있고, 용인물류창고에선 대형화재가 일어났단다. 초등학교 학생들에게 점심을 무상으로 제공하는 문제를 두고는 갑론을박이 무성하단다. 익산의 어느 아파트에서는 가정의 경제난 때문에 가정주부가 두 아이를 품에 안고 뛰어내렸단다. 아흐—. 잠든 척 뒤척이고, 못 들은 척 침묵하는 우리에게 시인은 말한다.

비록 우리 존재가 하나의 티끌에 불과할지라도
삶은 '불가사의하고 신비한 운명'이라고.

임화

종로 네거리에 나를 묻어 달라

1908~1953

| 김형근 |

드높은 밤하늘을
가로지르며
가장 높은 곳까지
치솟아
펑 펑 터지는
저 불꽃들처럼
뜨겁게 살고 싶다
아름답게 죽고 싶다.

과거로 가는 버스

늦더위가 기승을 부리는 8월의 어느 날, 나는 고속버스터미널 매표창구 앞에 서 있다. 서울행 버스를 타기 위해서다. 나는 오늘 아주 오랜만에 서울에 가려고 한다. 서울이라는 말은 언제 들어도 좋다. 물론 내가 서울에서 생활한 것은 고작 6년, 7년이다. 하지만 군대 생활을 제외하고 20대의 젊음 대부분을 그곳에서 보내서 그런지 서울에 가는 것은 마치 헤어진 옛날 애인을 만나러 가는 것처럼 기쁘고 설렌다.

예전의 친구들, 선후배들 모두 잘 살고 있는지 궁금하다. 하지만 그 궁금증은 그저 궁금증으로 남겨두기로 한다. 나는 오늘 서울에 남아 있는 임화의 흔적을 찾아 떠나야 한다. 임화는 시인이며 평론가이며 문학사가로서 계급 문학의 정점에 올랐으며, 미국의 첩자라는 누명을 쓰고 북에서 처형되기 전까지 사회주의 건설을 위하여 불꽃같은 삶을 살다간 사람이었다. 그의 젊은 날의 혼이 꿈틀거리고 있는 서울을 오늘 나는 찾아가려는 것이다.

그렇다고 하여 서울에 임화의 흔적이 많이 남아 있는 것은 아니다. 사실 처음 임화 답사를 준비하면서 나는 무척 놀랐다. 여러 권의 책과 인터넷을 통하여 조사하였지만 임화의 생가터나 시비詩碑 그리고 문학관 등에 대한 정보는 어디에도 없었다. 염치없지만 누군가에게 도움을 요청해야 했다. 결국 임화 연구에 정통한 것으로 알려진 신두원 교수에게 전화를 했고, 다시 그의 소개로 알게 된 다큐멘터리 작가 민병모 감독과의 대화를 통해서 겨우 흔적의 실

마리를 찾을 수 있었다.

드디어 버스가 승강장으로 들어온다. 버스에 올라 좌석을 뒤로 밀치고 가볍게 눈을 감는다. 새벽에 일어나 씻고 짐 챙기고 간단히 아침까지 먹었다. 평소보다 이른 시간에 수선을 떨어서 그런지 갑자기 피로가 몰려든다. 금세 잠속으로 빨려 들어갈 듯하다. 나는 이 버스가 과거로 가는 타임머신이었으면 한다. 그러면 나는 임화의 과거를 하나하나 엿볼 수 있다. 학교에 다니던 모습도, 카프에서 활동하던 모습도, 그리고 카프 도쿄 지부를 찾아 현해탄을 건너던 모습도. 그때 나는 무어라고 물어야 할까? 꿈이 무엇이었냐고? 그 꿈을 이루었냐고? 그래서 행복했냐고? 생각만 해도 흥겹고 즐겁다. 나의 유쾌한 상상을 아는지 모르는지 톨게이트를 벗어난 버스는 고속도로 위를 날아가듯 신나게 달음질친다.

1930년대 명동 거리

누구를 좋아한다는 것은

임화는 1908년 서울 낙산 아래에서 태어났다. 그러나 어디쯤인지는 구체적으로 알려져 있지 않다. 임화는 자신의 출생에 대하여 자신의 글 어디에서도 상세하게 언급하지 않았다. 그의 자전적 수필과 북쪽의 재판 기록에 그저 단순하게 '낙산 아래 소시민 가정'이라고만 나와 있을 뿐이다. 임화는 낙산 아래에서 태어나 거기서 소학교를 마쳤고, 중학교에도 진학했던 것으로 보인다.

서울 종로구 동숭동에 위치한
낙산 공원 입구 표지판

고속버스에서 내려 지하철을 타고 곧장 혜화역으로 간다. 혜화역에서 낙산 공원에 오르기 위해서다. 낙산은 사실 처음이다. 예전에 연극을 보러 대학로에 몇 번 왔지만 그 주변에 낙산이 있는 줄은 몰랐다. 낙산은 그 생김이 낙타를 닮았다 하여 붙여진 이름으로 서울 내사산內四山 중의 하나이다. 그런데 낙산의 과거는 한마디로 가난의 역사였다. 양반들이 모여 살았다는 북촌의 기와집들과 달리 당시 낙산 아래에는 초가들만 즐비하였다. 낙산의 이러한 가난은 일제 시대를 거쳐 최근까지도 지속되었다.

사람들에게 물어 가며 낙산 공원을 찾아간다. 내가 낙산 공원을 찾아가는 것은 딱히 어떤 이유가 있어서는 아니다. 임화 출생에 대한 구체적 기록이 없는 한 그의 생가터를 찾는다는 것은 거의 불가능에 가깝다. 나는 그저 낙산이라는 이름이 선명하게 남아있는 구체적 장소를 돌아보며 그의 유년기나 학생 시절의 모습들을 떠올려 보고 싶었다. 그러다보면 그의 굳건한 사상과 미세한 감상의 편린들까지도 신의 은총처럼 내 가슴에 꼭꼭 박혀올지도 모른다고 생각했던 것이다.

공원에 오르는 길은 비탈이 매우 심하다. 금세 숨이 차고 다리가 아파온다. 목덜미에서는 찔끔찔끔 땀도 돋아난다. 비탈길에는 언제나 가난의 냄새가 배어 있다. 대학 다닐 때 자취를 했는데 이런 비탈길을 수도 없이 오르내려야 했다. 상도 산 64번지. 봄이 되면 아카시아 향기가 골자기 전체를 뒤덮던 곳, 그때는 고생스러웠지만 지금은 그저 아련한 추억으로만 남아있다.

지난 기억들을 떠올리며 그렇게 얼마를 더 오르자 드디어 낙산공원 입구 표지판이 보인다. 그이고 그 뒤로 다시 광장이 하나 나타난다. 그늘을 찾아 잠시 쉬기로 한다. 광장에서는 몇몇 남자 아이들이 배드민턴을 신나게 치고 있다. 햇볕이 제법 따가운데도 아랑곳하지 않고 땀을 뻘뻘 흘리고 있다. 옆에서 응원하는 아이들도 신이 났다. 흰 깃털공이 파란 하늘을 날다가 땅에라도 떨어지면 폴짝폴짝 뛰어오르며 좋아한다. 키나 목소리로 보아 고등학생들은 되어 보인다. 저 아이들이 부럽다. 무더위를 잊은 젊음이 부럽고, 젊음이 발산하는 저 해맑은 웃음소리가 부럽다.

임화는 저 나이에 어땠을까. 식민지의 청년으로 태어나 개인뿐만 아니라 민족의 앞날도 함께 고민해야 하는 이중의 짐을 지고 있었다. 하지만 그는 그저 고통과 좌절 속에서만 살아가지는 않았다. 광장 위에서 더위를 이기는 저 아이들처럼, 젊은이의 기백으로 불우하고 암울한 세상과 당당하게 맞섰다.

죽은 듯한 밤은 땅과 하늘에
가만히 덮였고
음울한 대기는 갈수록 컴컴한
저 하늘 끝에서 땅 위를 헤매는데
소리없이 자취를 감추고 내리는 가는 비는
고요히 졸고 있는 나뭇잎에
구슬같은 눈물을 지워
어둔 밤에 헤매면서 우는
두견새의 슬픈 눈물같이
굴러 떨어진다
남 모르게 홀로 뛰는 혼령아
이 어둔 비오는 밤에도
쉬지 않고 날뛰면서
무엇을 너는 찾느냐?

—「무얼 찾니」 전문

이 시는 임화의 초기 작품으로 서구 상징파의 우울에서 영향을 깊게 받은 소품이다. '죽은 듯한 밤'이나 '음울한 대기' 등은 고독하고 외로운 임화 내면의 표상이며, '눈물'이나 '비'의 유동적 이미지는 그의 정신적 방황을 암시한다. 그런데 이 시에서 중요한 것은 시적 화자의 '물음'과 '탐색'의 정신이다. 이것은 임화의 삶 전체를 관통하는 핵심 언어이다. 임화는 시대적 변화 속에서 자신의 시가 어떠해야 하는지 끊임없이 묻고 탐색하였다. 이후 그가 식민지 조국의 한계를 벗어나기 위해 계급 문학 운동에 몰두하게 되는 것도 이러한 정신적 방황과 탐색의 결과라고 할 수 있다.

아이들의 웃음소리를 뒤로 하고 공원 주변을 걸어 본다. 상당히 늦은 아침인데도 여기저기 산책하는 사람들의 모습이 눈에 띈다. 나는 옛 성곽을 따라 걷기도 하고 운동기구에 몸을 올려보기도 한다. 꽃과 나무를 들여다보기도 하고 낙산정駱山亭에 올라보기도 한다. 역시 어디에도 임화의 흔적은 남아 있지 않다. 그래도 좋다. 낙산 아래서 임화가 태어났다는 이유 하나만으로 낙산은, 그리고 낙산 공원의 존재는 나에게 큰 기쁨이 된다. 누구를 좋아한다는 것은 그와 관련된 모든 것을 좋아하는 것이다. 그가 걷던 길도, 그가 바라보던 꽃과 나무도, 그가 숨 쉬던 하늘도 모두. '낙산', '낙산 아래 소시민 가정', 그 낱말의 울림이 선명하게 남아있는 낙산 공원에서 임화를 생각하며 나는 그렇게 걷고 또 걷는다.

1929년 무렵에 찍은 임화와
첫 부인 이귀례

불편한 내 마음을 만나다.

임화의 두 번째 부인인 소설가 지하련(본명 이현욱)

낙산에서 내려와 조계사로 향한다. 조계사 뒤편 수송동 공원에 보성중학교 터가 있기 때문이다. 그런데 아무리 둘러보아도 그 터를 찾을 수가 없다. 김기림, 이상, 염상섭 등 걸출한 문학가들뿐만 아니라 수많은 독립 운동가들을 배출했던, 민족사학의 상징인 보성중학교를 나타내는 표식은 공원 숲 어디에도 없다. 당황스럽다. 어떻게 해야 하나, 한참을 고민하다가 한 번 더 샅샅이 찾아보기로 한다.

아, 그런데 이런 것을 천우신조라고 하던가. 드디어 '3인의 군상과 민족정기'라는 기념탑에서 보성중학교의 흔적을 발견한다. 이 탑은 3.1 운동을 기념하여 3인의 여인이 독립선언서를 펼쳐들고 하늘로 비상하는 모습을 형상화했는데 그 탑의 하단부에 보성사와 함께 보성중학교가 양각되어 있다. 당시 보성사는 보성중학교의 교내 인쇄소였던 것이다. 공룡의 뼈라도 발견한 고고학자처럼 나는 기쁘고 통쾌하다.

낙산 아래에서 여기까지 임화는 걷거나 전차를 타고 통학했을 것이다. 그런데 그의 눈에 비친 서울은 어떤 모습이었을까? 전차가 등장하고, 라디오 방송이 시작되고, 백화점이 생기고. 동시에 한양성의 성벽이나 조선 시대 관아 시설과 같은 과거 유물들은 하나씩 파괴되어 갔을 것이다. 또 자본가들에 의해 기획된 유행 상품이라는 것들이 생겨나 시민들의 소비를 끊임없이 부추겼을 것이다. 이러한 자본주의 문명의 명암을 목도하며 임화는 시대의 흐름에 민감한 도시 청년이 되어 갔을 것이다.

보성중학교를 나타내는 돌 조각 위에 손을 대자 금세 온기가 퍼지고 피가 도는 듯하다. 그리고 드디어 저편에서 왁자지껄 떠드는 아이들의 목소리가 들려오더니 검은 교복을 입은 학생들이 우루루 교문 밖으로 몰려나온다. 그 중에 임화도 있다. 그는 혼자다. 모자를 비뚤게 쓰고 웃옷의 단추도 풀어 젖혔다. 미목수려眉目秀麗의 얼굴에 불량기가 다분하다. 그는 오늘도 본정(충무로 일대)에 나갈 건가 보다. 거기에는 일본 작가들의 작품뿐만 아니라 일본을 통해서 들어온 서양의 시나 소설도 넘쳐나고 있다. 그는 요즘 학교 공부를 팽개쳐 두고 눈에 띄는 대로 책을 읽으며 세상을 하나씩 배워가고 있다. 거기에는 다다이즘도 있고 초현실주의도 있다. 또 마르크스도 있고 엥겔스도 있다.

> 오빠! 그러나 염려는 마세요.
> 저는 용감勇敢한 이 나라 청년靑年인 우리 오빠와 핏줄을 같이 한 계집애이고
> 영남永男이도 오빠도 늘 칭찬하는 쇠같은 거북무늬 화로를 사 온 오빠의 동생이 아니에요
>
> 그리고 참 오빠 아까 그 젊은 나머지 오빠의 친구들이 왔다 갔습니다.
> 눈물나는 우리 오빠 동무의 소식을 전해주고 갔어요.
> 사랑스런 용감한 청년들이었습니다.
> 화로火爐는 깨어져도 화적은 깃대처럼 남지 않았어요.

우리 오빠는 갔어도 귀여운 〈피오닐〉 영남이가 있고

그리고 모든 〈피오닐〉의 따뜻한 누이 품 제 가슴이 아직도 더움습니다..
그리고 오빠…
저뿐이 사랑하는 오빠를 잃고 영남이 뿐이 굳세인 형님을 보낸 것이겠습니까
슬지도 않고 외롭지도 않습니다.
세상에 고마운 청년 오빠의 무수한 위대한 친구들이 있고 오빠와 형님을 잃은 수없는 계집아이와 동생
저희들의 귀한 동생이 있습니다.

그리하여 이다음 일은 지금 섭섭한 분한 사건들을 안고 있는 우리 동무 손에서 싸워질 것입니다.

—「우리 오빠와 화로」 부분

1917년 10월 러시아 혁명으로 촉발된 사회주의 사상은 곧바로 한반도에도 상륙했다. 그러고는 우리의 사회—정치 분야뿐만 아니라 문화—예술계에도 큰 영향을 미쳤다. 그동안 소외되었던 노동자와 농민들에 대한 관심이 높아졌고, 한발 더 나아가 자본가와 지주들의 횡포에 맞서 계급의식을 각성시키고 투쟁의욕을 고취시키고자 하였다. 이러한 목적으로 만들어진 예술 운동 단체가 바로 카프(KAPF, 조선프롤레타리아예술가동맹)이다.

「우리 오빠와 화로」는 도시적 감수성이 풍부했던 임화가 윤기정

이라는 학교 선배의 권유로 카프에 가입하고 나서 쓴 시이다. 이 시는 누이동생 '순이'의 투사적 행위를 통해서 주제가 드러난다. 누이동생은 오빠의 투옥으로 이제 혼자서 동생 영남이를 돌봐야 한다. 그런데도 그녀는 전혀 슬퍼하지 않고 오히려 오빠처럼 굳건하게 싸우겠다고 다짐한다. 그녀는 이제 작은 두려움에도 벌벌 떠는 연약한 여성이 아니라 불의에 맞서 투쟁하는 강인한 여성으로 다시 태어난다. 마치 고리끼의 '어머니'처럼. 결국 이 시는 계급의식 고취라는 카프의 설립 취지를 제대로 형상화해내고 있다.

서울 수송동 공원 내 옛 보성중학교 터에 세워진 '3인의 군상과 민족정기' 기념탑

그런데 노동, 계급, 혁명과 같은 말들은 언제나 사람들의 가슴을 뜨겁게 한다. 그 말 속에는 가난한 사람들에 대한 관심과 차별 없는 세상에 대한 이상적 동경이 나타나 있기 때문이다. 임화를 비롯하여 수많은 운동가들이 자신의 전 생애를 바쳤던 것도 이러한 가치가 주는 매력에서 벗어날 수 없었기 때문일 것이다.

그러나 안타깝게도 나는 그 길에서 살짝 벗어나 있었다. 대학에 다닐 때도 학생운동에 나서지 못했다. 되돌아보면 당시의 사회 구조적 모순에 대한 이해가 부족했던 듯하다. 대신 나는 한계령으로 강화도로 바람처럼 쏘다니기만 했다.

이러한 사실이 가끔은 나의 마음을 불편하게 한다. 개인이 가져야 할 사회 역사적 책임 의식을 내가 도외시했던 것 같아 마음이 아프다. 인적이 끊기고 나무 그늘만이 짙게 드리워진 공원 숲에서 나는 그렇게 긴 시간 동안 '불편한 나'와 대면하고 있다.

진정 이대로 좋은가

수송동 공원에서 나와 길 위를 걷는다. 종로 네거리를 찾아가기 위해서다. 종로 네거리까지는 고작 300여 미터, 얼른 둘러보고 점심을 해치울 생각이다. 끼니를 생각하니 다시 다리에 힘이 붙는다. 그런데 그 짧은 거리를 걷는 동안에도 더위는 더욱 맹렬한 기세로 타오른다. 엊그제 큰 비가 와서 산이 무너지고 사람들이 죽고 그랬는데 언제 그랬냐는 듯하다. 자연의 수레바퀴는 참으로 몰인정하다. 연신 물병에 손이 간다. 오븐 속에서 구워지는 통닭처럼 나는 숨이 막히고 몸의 구석구석이 아프다.

1920년대 종로 네거리

그래도 종로 네거리를 어서 보고 싶다. 가까워질수록 가슴이 떨리어 온다. 종로는 당시 충무로와 대척점에 있던 공간으로 신간회, YMCA, KAPF 등 일제에 저항하는 수많은 사회단체들이 모여 있었다. 그러면서 종로는 자연스럽게 시위와 집회의 공간이 되었다. 종로는 임화 개인에게도 매우 소중한 공간이다. 종로는 낙산, 보성중학교와 더불어 임화 성장의 큰 축이다. 다만 낙산과 보성중학교가 사적 삶의 공간이었다면 종로는 계급 문학 운동이라는 공적 삶의 공간이 된다. 충무로 일대를 배회하며 선진화된 문명을 사색하고 탐색하던 임화는 이제 계급 해방이라는 숭고한 꿈을 갖고 종로 네거리 위에 우뚝 서게 된다.

종로 네거리에 서서 바라본다. 큰 건물들 사이로 길이 사방으로 시원하게 뻗어 있다. 그 위를 자동차들이 지나가고 지나온다. 사통팔달四通八達. 이 길 위에 서면 어디로든 갈 수 있을 것 같다. 예전에는 이 길 위에서 식민지 조선의 민중들이 손을 잡고 노래를 부르며 구호를 외쳤을 것이다. 뭇 백성들의 목소리는 쇠도 녹인다고 하지 않던가. 조선의 민중들은 조국의 독립을 외쳤고, 프롤레타리아 계급의 해방을 외쳤다. 그들의 우렁찬 함성이 지금도 들려오는 듯하다.

그런데 예나 지금이나 거리는 자유와 해방의 상징적 공간이다. 지금도 세계 곳곳의 거리 위에서 시위는 계속되고 있다. 이집트, 시리아, 바레인 등 중동 지방을 중심으로 독재와 반민주에 대한 저항이 일어나고 있다. 그리고 미국의 중심지에서도 1%의 소유를 반대하며 99%를 대변하는 사람들의 시위가 이어지고 있다. 거리 위에서 인류의 역사는 발전해 왔고 또 발전해 갈 것이다.

> 네가 지금 간다면 어디를 간단 말이냐?
> 그러면 네 사랑하는 젊은 동무

너, 내 사랑하는 오직 하나뿐인 누이동생 순이
너의 사랑하는 그 귀중한 사내
근로하는 모든 여자의 연인…
그 청년인 용감한 사내가 어디서 온단 말이냐

눈바람 찬 도시 종로 복판에 순이야
너와 나는 지나간 꽃피는 봄에 사랑하는 한 어머니를
눈물나는 가난 속에서 여의었지
그리하여 너는 이 믿지 못할 얼굴 하얀 오빠를 염려하고
오빠는 가녀린 너를 근심하는
서글프고 가난한 그날 속에서도
순이야. 너는 마음을 맏길 믿음성 있는 이곳 청년을 가졌었고
내 사랑하는 동무는…
청년의 연인 근로하는 여자 너를 가졌었다.
(…중략…)
자 좋다. 바로 종로 네거리가 예 아니냐!
어서 너와 나는 번개처럼 두 손을 잡고
내일을 위하여 저 골목으로 들어가자.
네 사내를 위하여
또 근로하는 모든 여자의 연인을 위하여…

이것이 너와 나의 행복된 청춘이 아니냐?

—「네거리의 순이」 일부

「네거리의 순이」도 주제 면에서 「우리 오빠와 화로」와 같다. 다만 여기에서는 '거리'라는 열린 공간과 함께 '누이'와 '청년'의 관계가 부각되어 나타난다. 오빠는 감옥에 간 청년을 생각하며 실의에 빠져 있는 누이동생에게 개인적 연애 감정을 버리고 동지적 연대 의식으로 무장할 것을 권유한다. 사랑에 치중하다 보면 조직의 기반이 흔들릴 수 있기 때문이다. 결국 계급투쟁에 방해가 된다면 개인적 사랑의 감정도 버려야 한다는, 그만큼 계급투쟁의 절대성을 역설하는 시이다.

2012년 현재 종로 네거리

그러면서 '오빠'는 내일의 희망을 위하여 '골목'으로 들어가자고 한다. 그런데 여기서 '골목'은 피마골을 말한다. 당시 피마골은 골목들이 거미줄처럼 얽혀 있어 수많은 운동가들이 일제의 검거를 피해 몸을 숨기기에 좋은 곳이었다. 피마골은 이제 양반들의 행차를 피해 숨어들었다는 서민들의 거리로서 뿐만 아니라 조국 독립과 계급 해방을 꿈꾼 투쟁의 거리라는 상징적 의미도 부여받게 된다. 그래서 그랬을까. 종로 네거리와 피마골 주변에 종로 경찰서가 있었다. 나는 종로 경찰서 터도 찾아간다.

지금은 그곳에 장안 빌딩이 세워져 있다. 그곳의 한 가게 안으로 들어가 불쑥 "여기가 장안빌딩이에요?"라고 점원에게 묻는다. 종로 경찰서 터를 확인하기 위해서다.

그녀는 맞다고 한다. 그러면서 그걸 왜 뜬금없이 묻느냐는 표정이다. 여기가 일제 때 종로 경찰서 터였다고 말해 주자 그녀는 깜짝 놀란다. 그러면서 곧바로 얼굴을 찡그린다. 우리나라의 수많은 독립 운동가들을 체포하여 구금하고 고문했던 종로경찰서의 악명을 떠올린 듯하다. 과거 식민지의 피해 국민으로서 슬프고도 단단한 민족적 동질감이 느껴지는 순간이다.

그러나 종로는 그동안 많이 변했다. 이제 민족주의와 사회주의 운동의 거점이라는 의미는 어디에서도 찾아볼 수 없다. 한 뼘의 땅만 있어도 구멍가게가 들어서 길가는 사람들의 호주머니를 호시탐탐 엿보고 있다. 전통의 거리 인사동은 전통 '판매'의 거리가 되었다. 모든 것들이 물질화되고 상업화되었다. 사람들은 마치 자본주의라는 커다란 어항에 갇힌 물고기들 같다. 자신들은 정작 갇힌 줄도 모르는. 진정 이대로 좋은가. 임화가 다시 태어난다면 그는 뭐라 했을까. 길 위에서 길을 묻고 한참을 서있다.

현재를 성실하게 기록해야 한다

늦은 점심을 서둘러 해치우고 박영희 집터를 찾아간다. 서대문구 천연동 69번지. 박영희가 납북되기 전까지 살았던 곳이다. 내가 민병모 감독을 직접 만나야 했던 것도 박영희 집터를 찾기 위해서다. 그는 예전에 임화 탄생 100주년을 기념하여 「임화의 질주」라는 다큐멘터리를 직접 제작하였다. 남쪽에서의 임화의 행적과 임화 문학 전반에 대한 연구자들의 다양하고 객관적인 평가를 담아 놓았다. 그러나 「임화의 질주」는 아쉽게도 주요 방송사에서 방영되지 못했다. 며칠 전에 갑작스레 방송이 취소되었다고 한다. 그것은 아마도 다큐멘터리의 완성도를 떠나서 아직까지 우리 사회가 월북 작가라든가, 자본주의 체제에 반하는 인물들에 대해서 자유롭게 논의할 만큼 성숙하지 못했다는 증거이리라.

서울 서대문구 영천 시장 뒷골목 박영희 집터로 가는 길

택시를 잡아타고 서대문구에 위치한 영천 시장으로 간다. 그는 다큐멘터리 제작 당시의 기억을 더듬어 신속하게 박영희 집터를 찾아간다. 프라자 약국을 기억해 내고 맞은편의 꽃집도 생각해낸다. 그리고 그 사잇길로 성큼성큼 걸어 올라간다. 골목들은 대낮인데도 주변 건물들에 가려 그림자를 짙게 드리우고 있다. 공포감마저 불러일으킨다. 한참 후 드디어 그가 한 건물 앞에 멈추어 선다. 비슷하게 생긴 적벽돌 건물들이 여러 채 서있

는 곳이다. 그는 갸우뚱한다. 그러더니 금세 천연동 69번지를 기억해내고, '통일로 11길 16번지'라는 새 표지판 아래에서 이전의 주소 69라는 작은 숫자를 찾아낸다. 박영희 집터를 제대로 찾은 것이다.

집 대문은 열려 있다. 그러나 안쪽의 현관문은 굳게 닫혀 있다. 집 안으로 들어가 똑똑 두드려 보고 싶다. 그러면 안에서 박영희와 임화가 나타날 것만 같다. 임화는 자신이 아버지처럼 모시는 분이라며 당시 카프 서기장이던 박영희를 소개할 것이다. 그리고 자신의 근황에 대해서도 얘기할 것이다. 요즈음 여기에서 지내고 있다고. 어머니도 잃고, 다니던 중학교도 중퇴하고, 집도 없이 떠돌다가 이리로 오게 되었다고. 조만간 카프 도쿄 지부를 찾아 현해탄을 건너게 될 거라고. 그곳에 가서 보다 선진화된 계급 이론을 배우고 올 거라고. 그래서 아주 기대가 크다고.

아마 그는
일본 열도의 그림자를 바라보는 게다.
흰 얼굴에는 분명히
가슴의 로맨티시즘이 물결치고 있다.
예술, 학문, 움직일 수 없는 진리…….
그의 꿈꾸는 사상이 높다랗게 굽이치는 동경
모든 것을 배워 모든 것을 익혀,
다시 이 물결 위에 올랐을 때,
나는 슬픈 고향의 한 밤,
나는 홰보다도 밝게 타는 별이 되리라.
청년의 가슴은 바다보다 설레었다.

(…중략…)

정말로 무서운 것이 …….

불붙는 신념보다 무서운 것이 …….

청년! 오오, 자랑스러운 이름아!

적이 클수록 승리도 크구나.

삼등 선실 밑

똥그란 유리창을 내다보고 내다보고,

손가락을 입으로 깨물을 때

깊은 바다의 검푸른 물결이 왈칵

해일처럼 그의 가슴에 넘쳤다.

오오, 해협의 낭만주의여!

—「해협의 로맨티시즘」 일부

서울 천연동 박영희의 옛 집터

「해협의 로맨티시즘」은 임화가 22세의 젊은 나이로 현해탄을 건너던 시절의 기억을 되살려 쓴 시이다. 현해탄은 당시 일본을 통해서 한반도로 들어오던 모든 근대 문물의 유입 경로였다. 임화가 '우리의 신문학사는 이식문학의 역사이다'라고 언급한 것도 이러한 일본의 막대한 영향을 염두에 두고 한 말이다. 하지만 임화는 현해탄이 또한 민족 수탈의 통로임도 인지하고 있다. 그는 고향을 버리고 생계를 찾아 바다를 건너는 이민자들의 슬픔과 눈물도 직시하고 있다.

그런데 임화가 동경에서 '예술, 학문, 움직일 수 없는 진리' 등을 배워 오는 것은 '적'을 물리치기 위해서다. 여기서 '적'은 조선의 자본가들과 일제를 지칭한다. 일본에서의 배움을 통해 임화는 암울한 식민지 조국을 밝게 비추는 횃불 같은 '별'이 되고자 하였다. 「해협의 로맨티시즘」에는 일본을 배워서 일본을 물리치려 한 청년 임화의 원대한 꿈과 낭만이 잘 나타나 있다.

오래 전에 부산에서 시모노세키로 가는 배를 탄 적이 있다. 아마 최초의 해외여행이었을 것이다. 배는 밤을 새워 바다를 건넜다. 그 바다가 현해탄이었음은 나중에야 알았다. 배위에서 맞이했던 바닷바람이 무척이나 시원했다는 것과 일출과 일몰이 참 장관이었다는 것만 기억에 어렴풋이 남아있다. 지금이라면 현해탄이 한반도 근대화와 수탈의 상징으로서 가슴 아프게 다가왔을 것이다. 또 식민지 조국의 우울을 가슴에 담고 희망을 찾아 현해탄 거친 물결을 건너던 조선 청년들의 높은 이상을 생각하며 나는 경의敬意의 무릎이라도 꿇었을 것이다. 되돌릴 수 없는 참으로 안타까운 시간이다.

다슬놀이방. 천연동 69번지. 지금은 통일로 11길 16번지로 주소가 바뀌었다. 여기가 지난날 임화가 박영희를 정신적 스승으로 모시고 계급 문학 운동을 꿈꾸었던 곳이다. 그러나 이런 사실을 얼마나 많은 사람들이 알고 있을까. 아마 몇몇 소수일 것이다. 그리고 시간이 지나 새로운 건물이 들어서고 또 주소가 바뀌게 된다면 찾기가 더 어려워질 것이다. 임화와 박영희를 찾는 후대의 사람들을 위해 우리는 현재를 성실하게 기록해야 한다. 나는 박영희의 집터를 사진에 담기 위해 옆 건물 옥상으로 뛰어 올라간다. 닫혀있던 옥상의 문을 힘껏 밀어젖힌다.

적들에게 잔인한 운명을 선사하자

민병모 감독과 헤어지고 오늘의 마지막 답사 장소가 될 탑골승방으로 이동한다. 보문역에서 내려 먼저 보문사를 찾는다. 탑골승방은 보문사 가는 길에 있다. 보문사에 못 미쳐 탑골승방 표지판이 오른쪽으로 보이고 거기서 50여 미터 떨어진 곳에 탑골승방이 있다. 입구에는 크게 마타사라고 씌어 있다. 탑골승방과 미타사를 같이 쓰는가 보다. 안으로 들어서니 제일 먼저 눈에 띄는 것은 2층 높이의 높다란 계단이다. 계단 양쪽에는 스님들의 요사채로 보이는 현대식 건물이 있고 계단 끝 부분에 대웅전이 우뚝 서 있다. 여스님들의 절이라서 그런지 전체적으로 깨끗하고 정갈하다.

카프 도쿄 지부에서 2년여의 사상 학습을 마치고 서울로 돌아온 임화는 곧바로 카프를 장악한다. 그러나 그즈음 카프에 대한 일제의 탄압도 거세진다. 결국 임화는 검거되어 3개월여의 옥고를 치르고 폐결핵이라는 병도 얻게 된다. 탑골승방은 임화가 자신의 폐결핵을 치료하기 위해서 요양했던 곳이다. 그러나 당시 그는 몸만 망가져 있던 것이 아니었다. 마음도 말할 수 없이 황폐해져 있었다. 계속되는 일제의 사상 통제 속에서 카프의 존립 자체가 어려운 절체절명의 위기가 뒤따랐다. 더군다나 그의 사상적 동지이자 아내인 이귀례와도 헤어진 상태였다. 말 그대로 그는 고립무원의 처참한 상태에 놓여 있었다.

임화가 폐결핵으로 요양한 탑골승방

승방 안은 무척 조용하다. 스님들은 모두 어디로 가신 것일까. 어디에서도 인기척을 느낄 수 없다. 처마 밑 풍경만 가끔씩 땡그렁 땡그렁 울 뿐이다. 법당을 등지고 계단 끝에 선다. 그동안 내가 걸어온 길이 아득하게 느껴진다. 나는 지금 세상의 끝에 도착한 듯하다. 그것은 두려움이자 편안함이다. 나는 마치 속俗과 탈속脫俗의 경계에 서 있는 느낌이다. 옷만 살짝 갈아입으면 날개가 돋을 것도 같다. 세상의 모든 짐을 다 팽개쳐두고 여기서 조용히 쉬면 안 될까? 그러고 싶다. 아마 임화도 그랬을 것이다. 세상에 쫓기듯 여기까지 와서 카프라는 무거운 짐을 내려놓고 싶었을 것이다. 그의 고뇌가 내 몸에 그대로 전이되는 듯하다. 그래서 그랬을 것이다. 결국 임화는 종로경찰서에 카프 해산계를 제출하고 도망치듯 마산으로 내려간다.

> 사랑하는 전우여. 여기는 기관부의 경비선
> 남조선 철도 총파업 투쟁 사령부가 있는 곳
> 전선 철도 노동자의 온갖 명예가 걸려 있는
> 아아 적과 더불어 싸워서 죽을 영광이
> 가는 곳마다 흩어져 있는 우리들의 전구戰區여.
>
> 침입하는 모든 적에게
> 잔인한 운명을 선사하고
> 발자국마다를
> 야수들의 피의 도랑을 만들자.
> 기관구는 우리들의 불멸의 성곽이다.

—「우리들의 전구戰區」 일부

1945년 해방이 되었지만 남쪽은 금세 우경화 되어 갔다. 미군정과 이승만 정권은 남한 내의 사회주의 세력들을 하나 둘씩 제거하기 시작했다. 이들에 대항하여 노동자들은 파업으로 맞섰다. 임화의 시들 중에서 가장 선동적이고 격렬한 어조의 작품들은 이때 창작되었다. 「우리들의 전구戰區」는 그 부제목이 「용감한 기관구 경비대의 영웅들에게 바치는 노래」로 되어 있다. 여기서 영웅이란 용산

보문가 가는 길 오른쪽
미타사(탑골승방) 표지판

기관구에서 파업에 들어간 철도 노동자들을 가리킨다. 임화는 그들을 영웅으로 부르면서 파업을 진압하려는 군정 당국과 경찰을 '적' 또는 '야수' 라고 부르고 있다. 그리고 그들에게 '잔인한 운명을 선사하고' 라고 외친다. 임화는 이처럼 거침없이 미군정과 우익들의 피를 흘리게 할 무자비한 투쟁을 선동하였다.

그런데 이 시기 임화의 시들은 우리나라 70, 80년대 민중시나 민중가요와 닮았다. 70, 80년대 작품에서도 단형의 시행들에서 격한 분노와 적대의 감정들이 불꽃처럼 튀어 올랐다. 임화 시의 영향을 생각해볼 수 있는 부분이다. 더 놀라운 것은 해방 후의 상황과 70, 80년대 상황이 크게 다르지 않았다는, 여전히 미국에 정치—경제적으로 예속되어 있었고 자본가들과 결탁한 독재 정부는 민중들을 철저하게 탄압했다는 사실이다.

그렇다면 지금의 우리 사회는 어떠한가. 물론 해방 이후나 70, 80년대 상황보다는 많이 나아졌다. 반독재를 위해 싸웠던 수많은 사람들의 희생으로 많은 부분 정치적 민주화를 이루었다. 하지만 아직까지 경제적 민주화는 요원해 보인다. 신자유주의 이념의 무분별한 도입으로 비정규직 숫자가 날로 늘면서 빈부의 격차도 점점 심해지고 있다. 이 시대에 다시 임화가 살아난다면 그는 또다시 마이크를 높게 들고 시위 대열에 앞장서서 외칠 것이다. 민중의 적들에게 잔인한 운명을 선사하자고.

죽어서도 잠들지 못하다

법당 뒤쪽에서 다시 높은 계단이 시작된다. 그 끝에 무엇이 있을까 궁금하여 계단을 오른다. 그런데 얼마를 오르자 아주 멋들어진 탑이 하나 보인다. 탑골이라는 이름을 안겨 주었다는 바로 그 오층 석탑. 그냥 지나쳤으면 큰일 날 뻔 했다. 탑골승방 미타사가 1047년 고려 문종 때 세워졌다고 하니 이 탑도 거의 천년의 나이를 먹었다. 천년이라는 세월을 증명하려는 듯 탑의 상층부와 모서리 여러 군데가 깨져 있다. 시간은 이처럼 멈추지 않고 흐른다. 그 누구도 기다려 주지 않는다. 벌써 오늘 하루도 저물어 간다. 천년 위로 또 하루가 살포시 포개어지고 있다.

서울 성동구 옥수동 미타사 전경

인간들도 태어나면 언젠가 죽어야 한다. 누구도 자신의 운명을 거역할 수 없다. 다만 죽는 순간의 모습은 각각 다를 뿐이다. 그런데 죽음을 보면 그 사람의 삶이 어떠했는지도 판단할 수 있다. 내가 어떻게 죽을 것인가를 결정하는 것은 곧 내가 어떻게 살 것인가를 결정하게 되는 이치이다. 나는 한때 바람처럼 떠돌다가 눈 내리는 날 한적한 길 위에서 빨갛게 피를 토하고 죽고 싶었다. 그것이 아름다운 죽음이라고 생각했다. 그리고 열정적인 삶의 종결이라고 생각했다. 그런데 과연 지금은 어떠한가? 지난날의 희망처럼 그렇게 아름답게 죽을 수 있을까? 뜨겁게 살 수 있을까?

1947년에 세워진
미타사 오층 석탑

1953년 전쟁이 거의 끝나갈 무렵 임화에게도 죽음이 찾아온다. 그것은 사형이었다. 북조선 최고재판소 군사재판부에 의해서 내려진 결정이었다. 사형이 집행되기 직전 임화는 자신의 안경알을 깨뜨려 자살을 시도한다. 그것은 자신에게 내려진 억울한 판결에 대한 항변이자 자신의 죽음을 자신이 직접 선택하겠다는 고귀한 자존심의 발로였다. 그러나 미수에 그치고 만다. 그의 죄목은 미군정에 협조했다는 간첩죄였다. 그런데 여러 정황으로 보아 6.25

전쟁 패배의 책임을 물어 남로당계 인사들을 숙청하려는 정치적 음모의 일환이었다.

그리고 그즈음 임화의 시들에 대해서도 사형이 선고된다. 그것은 임화의 시가 인민군대의 전투의식을 약화시킨다는 이유에서였다. 물론 그의 숙청에 대한 명분 쌓기 차원이었을 것이다. 그 시들 중의 하나가 바로 「너 어느 곳에 있느냐」이다.

이마를 가려 / 귀밑머리를 땋기
수집어 얼굴을 붉히던 / 너는 지금 이
바람 찬 눈보라 속에 / 무엇을 생각하며
어느 곳에 있느냐

머리가 절반 흰 / 아버지를 생각하여
바람부는 산정에 있느냐.
가슴이 종이처럼 얇아 / 항상 마음 아프던
엄마를 생각하여 / 해 저무는 들길에 섰느냐.
(…중략…)
경애하는 우리 수령은 / 무엇이라 말하였느냐
한치의 땅 / 한뼘의 진지일지라도
피로써 지켜내라
한모금의 물 / 한톨의 벼알이라도
원수들에 주지 않기 위하여 / 너의 전력을 다하라.
원수가 망하고 우리가 / 승리할 때까지 싸우라

—「너 어느 곳에 있느냐」 부분

「너 어느 곳에 있느냐」는 임화가 종군기자로 참여하였다가 남쪽에서 헤어진 딸 혜란이를 그리워하며 쓴 시이다. 이 시가 후방 '인민들을 모욕하고 패배주의적 감상에 빠지게' 했다는 것은 지나친 왜곡이다. 이 시는 '피로써 지켜내거라' '너의 전력을 다하거라' '승리할 때가지 싸우라' 등의 명령형 어조를 통하여 오히려 인민들의 전투 의식을 강하게 고취시킨다. 사실 이 시는 사상성과 예술성이 적절하게 조화를 이루고 있는 작품으로 평가된다. 그래서 당시에도 북쪽의 많은 사람들에게 읽혔고 소련의 영향력을 등에 지고 있던 '조기천' 에게도 호평을 받았었다. 그런데도 딸에 대해 아버지가 염려하고 걱정하는 장면만을 부각하여 패배주의적 감상을 운운한 것이다.

미타사 대웅전의 풍경.
바람이 스칠 때마다
속세의 때가 한 겹씩 벗겨진다

임화는 그렇게 떠났다. 그는 시인이며 평론가이자 문학사가로, 심지어는 영화배우로도 활동하였다. 또 그는 '카프'의 서기장이며, '조선문학가동맹'의 핵심인물로 파란만장한 삶을 살았다. 그러다가 그는 결국 정치적 계산에 의해 억울한 누명을 쓰고 마흔 다섯의 나이로 짧은 생을 마감해야 했다. 그가 죽었을 때 그의 시신은 그대로 방치

되었다고 한다. 소식을 듣고 달려온 그의 두 번째 부인 이현욱만 뒤늦게 울부짖으며 찾아 헤맸다고 한다. 죽어서도 그에 대한 평가는 냉혹하였다. 남에서는 월북 작가라는 이유로 금기시되었고 북에서도 반동이라는 이유로 문학사에서 한 줄로도 서술되지 못했다. 그는 남과 북 어디에도 내려앉지 못하는 발 없는 새가 되었다.

우리나라는 지금 남과 북으로 나뉜 지 반백년이 넘었다. 그런데도 통일의 길은 요원하다. 갈등만 점차 심해지고 있다. 이러다가 정말 남북 분단이 고착될지도 모른다는 두려움이 생긴다. 분단 상황에서 우리의 역사는 언제나 반쪽 역사이다. 임화 역시 마찬가지이다. 남북 어느 한쪽의 편파적인 이데올로기만으로는 그의 시를 온전히 평가할 수 없다. 통일을 기대한다. 그제야 발 없는 새는 내려앉아 지친 몸을 쉴 것이다.

혁명의 별은 오늘도 뜬다

탑골승방 오층석탑에서 내려오니 서서히 저녁 어스름이 깔린다. 어스름 속에는 집에서 기다리는 네 살배기 딸아이의 웃음소리가 들어 있다. 어서 집으로 가야겠다. 하나의 일정을 끝마쳤다는 안도감이 찾아온다. 어서 버스에 지친 몸을 묻고 싶다. 그러면 버스는 나를 일상의 중심으로 다시 데려다 줄 것이다. 일상으로 돌아간다는 것은 즐거움이자 두려움이다. 나는 또다시 일상의 달콤함과 지

겨울 사이에서 부침할 것이다.

터미널에 도착하여 버스표를 예약하고 건물 밖으로 나온다. 화려한 네온사인을 뒤로 하고 차를 마시며 얘기하는 사람들이 많다. 그리고 연기를 내뿜으며 담배를 맛있게 피우는 사람들도 있다. 모두들 하루 일과에 지친 모습들이다. 저들도 금세 어딘가로 떠나갈 것이다. 그리고 그곳에서 각자 밝은 내일을 준비할 것이다.

하늘을 올려다본다. 하늘은 붉고 푸르스름한 기운으로 가득하다. 도심에서 별은 보이지 않는다. 그러나 눈에 보이지 않는다고 존재하지 않는 것은 아니다.

임화, 어둠으로 가득했던 한반도의 하늘 위에서 밝게 빛나는 별이 되고자 했던 혁명 시인. 그의 별은 언제 다시 뜰 것인가. 자본가들의 횡포에 맞서 투쟁하는 노동자들의 가슴에서 그의 별은 오늘도 뜬다. 독재와 반민주 세력에 대항하여 정의를 외치는 모든 젊은 이들의 가슴에서 그의 별은 오늘도 뜬다. 떠서는 결코 지지 않는다.

탑골승방에서 내려오는 길 옆 소원탑

이상

절망은 기교를 낳고 기교는 절망을 낳고

1910~1937

| 윤수하 |

유리컵이 미끄러져 바닥에 떨어진다.
산산이 부서진 파편 위로 수십 개의 얼굴이
나를 본다.

나는 누구인가.

생은 연결된 기차와 같으니

차창 밖 겨울 풍경이 고즈넉하다. 오랜만에 기차를 타본다. 이미 다녀온 길을 홀로 거슬러 가려니 쓸쓸함이 앞서지만 동행 없는 여행도 호젓하다. 기차 안에서 보이는 차창 밖 풍경이 오래된 영화 화면처럼 일그러지며 한 장 한 장 바뀐다. 역 플랫포홈, 어깨를 웅크린 사람들은 매서운 추위가 심장에 꽂히기라도 할까봐 도망치듯 집을 찾아 종종걸음을 친다. 말라버린 잡풀들 사이 쌓인 잔설, 비스듬히 누운 전봇대는 흐릿한 겨울 하늘이 무거운가보다. 세월이 스치고 간 흔적처럼 잔설은 남아 죽은 시인의 고통에 대해 속삭이는 것 같다.

찬바람 부는 전주역 플랫폼

기차가 서지 않는 간이역 낡은 간판에 벗겨진 페인트칠처럼 시간은 나를 멀리 데려다 놓아 이제는 기차 여행의 기억들이 빛바랬다. 게다가 KTX는 기차보다 비행기를 탄 것 같은 느낌이 든다. 간이역마다 온갖 사람들이 타고 내리던 비둘기호가 진짜 기차 같았다. 승하차하는 많은 종류의 사람들을 보며 그들의 생을 상상하곤 하던 기차다운 기차. 종종 인생을 기차에 비유하기도 한다. 미야자키 하야오의 애니메이션에 나오는 풍경 속 유령들이 타고 내리던 기차는 노을이 지는 고요한 하늘 속을 달렸다.

예전에는 기분 내키면 여수행 비둘기호를 탔었다. 익산에서 여수까지 다섯 시간 넘게 걸리던 새벽 비둘기호를 타면 기차 안에서 동이 트고 아침나절의 바다를 볼 수 있었다. 새벽 막노동을 나서는 아저씨들이 양은 도시락에 소주를 말아서 김치 한 가닥 걸쳐 훌훌 들이키는 모습을 보며 기겁을 하던 기억이 떠올라 슬며시 웃음이 나온다.

'이상', 그토록 거칠게 살아가는 건축현상 막노동꾼들이 호칭하던 이름이었다고 한다. 이상이 고등학교 시절부터 쓰던 이름이고 총독부 건축기사를 할 때 불리운 이름인데 이상은 일을 그만 둔 후에도 그 이름을 버리지 않았다. 시인들이 근사한 호를 붙이는 것과 달리, 참 우연적이지만 필연적인 이름이다. 당대에 유행했던 예술사조 '다다이즘'이 무목적과 무이념을 내세운 사조에 걸맞게 다다, 목마라는 뜻을 가진 이름을 걸었듯 이상이라는 이름도 거창한 뜻 없이 붙여진 이름이었다. 하지만 우연을 가장한 필연의 기교를 부린 이상이 어떤 깊은 뜻으로 필명을 삼았는지 모를 일이다. 이름처럼 이상의 생은 이상異常하기도 하고 이상理想이기도 했다. 또 이상以上이기도 했다.

1933년 이상이 종로에 차린 제비다방에서.
좌로부터 이상, 박태원, 김소운

이상은 일본에서 생을 마감했다. 조선에서 도쿄까지 가려면 경부선을 타고 부산에서 내려 관부연락선으로 갈아타 현해탄을 건넌 후 다시 기차를 갈아타고 도쿄까지 가야했다. 그때 그의 나이는 스물 넷, 경성에 아내인 변동림을 남겨두고 떠나는 길이었다. 언제든 힘들면 다시 돌아오라는 꽃잎 같고 풀잎 같던 아내, 그는 동반자이자 동료였던 사랑을 남기고 길을 떠나 한 줌 재가 되어 돌아왔다. 젊고 패기 있던 그의 생은 흔적도 없이 사라졌다.

찢어진 벽지에 죽어가는 나비를 본다. 그것은 유계幽界에 낙역되는 비밀한 통화구다. 어느 날 거울 가운데의 수염에 죽어가는 나비를 본다. 날개 축 처어진 나비는 입김에 어리는 가난한 이슬을 먹는다. 통화구를 손바닥으로 꼭 막으면서 내가 죽으면 앉았다 일어서드키 나비도 날라가리라. 이런 말이 결코 밖으로 새어나가지는 않게 한다.

—「오감도烏瞰圖 시제십호詩第十號 나비」 전문

나비의 몸은 날개가 전부다. 나는 것이 존재의 이유인 듯하고 날 를 때는 공기 중에 섞이는 것 같다. 장자는 「제물론편」에서 그런 나비의 특성을 영혼으로 비유한다. 그리고 이 시의 화자 또한 자신의 영혼이 나비가 되어 이리 저리 날아다니는 것을 묵묵히 지켜본다. 시의 화자가 가난하고 궁색하니 그의 화신인 나비도 곤궁하기 짝이 없다.

나비 날개처럼 눈발이 하나 둘씩 날아와 차창에 붙는다. 홀로 멀고 험한 길을 떠나던 날 차가운 차창에 얼굴을 대고 그는 무슨 생각을 했을까. 인생은 어차피 기차 한 칸에 타서 머물다가 내리고 다시 갈아타는 반복이 아닐까. 그의 앞길에는 겨울처럼 험하고 한 치 앞을 내다 볼 수 없는 눈발이 날렸을 것이다.

가버린 흔적조차 희미해서

통인동 어딘가에 있다는 이상의 생가를 찾아 나서며 걱정이 앞선다. 길눈도 어두운데 골목골목 복잡하게 얽혀있는 길을 따라 있다는 그 집을 제대로 찾아낼 수 있을지 의문이다. 먼저 다녀 온 동료들이 찍어온 사진을 보니 이상 생가는 셔터가 내려져 있고 사람 흔적조차 없다.

천수를 누리며 다작을 남기거나 이해하기 쉬운 작품으로 대중의 곁에 다가 간 문학인들이 많은 팬층을 확보하고 사후 뜻을 기리는 문학관 하나쯤 세워져 있는 것과 달리 이상은 문학관커녕 묘도 유실되어 찾을 수 없다. 살아서나 죽어서나 제대로 된 대접을 받지 못하는 이상의 처지가 가슴 아프다. 착잡하다.

그나마 남아있는 생가 터는 1940년경에 개량된 한옥이어서 이상의 흔적이 남아있지 않다. 보존 필요성이 없다는 이유로 문학 유산으로 인정받지 못하고 헐려나갈 위기에 처해있다. 생가 터에 있던 한복집이 이사를 나갔지만 집을 사들여 지키고 있는 사람들도 문학과 거리가 먼 한옥의 형태를 지키고자 모인 건축 관련자들이다. 이상은 찾아가 잔 들어 볼 곳이 어디 한 군데 없다. 묘도 없고 다방을 운영했다는 자리도 흔적이 없으며 오로지 소설의 배경이 되었던 신세계백화점만 본관이 남아 있다.

경복궁 지하철역에서 내려 골목에서 골목으로 접어들다 결국 그 집 앞에서 섰다. 효자동, 통인동, 북촌이라는 여러 이름을 가진 이 동네는 오래된 한옥과 골목이 남아있다.

서울 종로구 통인동 시장 골목

집 앞에 서니 감개무량하다. 여태껏 닫혀 있을 거라고 생각했던 낡은 집은 내가 올 때를 알고 기다린 듯 셔터가 올라가 있다. 시각 디자인에 재능이 있었던 이상의 취향을 반영한 듯 낡은 지붕 위에 '아'와 '하', '우', '후' 등의 문자들이 올려져 있다. 밤이 되면 글자에 조명이 켜져 허공에 떠 있는 듯 보인다고 한다. 유리문 앞에 서면 방의 내부가 훤히 들여다보인다. 일부러 그랬는지 공사를 하다 보니 그렇게 됐는지는 알 수 없으나 어쨌든 집을 절단해 내부를 보여주듯 서까래와 천정, 기둥의 빼대가 그대로 드러나 보인다.

집 안에는 나무 탁자와 의자가 놓여 있고 방명록과 차를 마실 수 있는 코

너, 누군가를 기다리는 무언가가 옹기종기 모여 있다. 방 옆에는 그물망 철제 통로가 옥상까지 연결돼 주변 한옥의 지붕을 볼 수 있다. 한산한 집을 홀로 지키고 있던 청년은 내가 들어서니 반가운 기색이 역력하다. 대학교 2, 3학년이나 됐을까 군대도 안 갔다 온 듯 풋풋함이 느껴진다. 웃는 잇속에 교정 틀니가 귀엽다. 그동안 내내 닫혔었는데 개장한지 얼마 안 됐다고 몇 장밖에 안 되는 방명록을 보여주며 밥상에 숟가락 놓듯 주섬주섬 아는 이야기들을 늘어놓는다. 집 지키는 아르바이트를 하다보니 그동안 몰랐던 이상에 대해 알아가는 재미가 쏠쏠하다고 한다. 무엇이든 그저 그렇게 순수하게 다가서게 된 사람들은 대상에 대해 욕심이 없다. 역시 같은 동네에 남아 있는 박태원의 집을 찾았다가 들렀다는 박태원 자손이라는 분이 쓴 글이 정성스럽다.

가물거리는 골목 끝

점심 때를 놓쳐 배가 고프다고 하니 청년은 명소 여기저기를 일러준다. 한옥이 그대로 살아있다는 골목과 이상 시인의 「오감도烏瞰圖 시제일호詩第一號」의 배경이라는 보안여관 골목 등 서로 의지하며 얽혀 있는 골목에 대해서도 일러준다. 전주 한옥마을과는 비교할 수 없이 때 묻고 허름하다. 그러나 그 형태 자체로 생생함이 느껴진다. 옛 한옥의 느낌이 잔존하지 않지만 서울 시내에 한옥이 남아

서울 종로구 통인동 이상 생가

있다는 것 자체가 경이롭다. 현대가 휩쓸고 간 흔적을 치우지 않고 세월이 가도록 그대로 남겨두어 대문들의 색이나 모양이 일괄적이지 않고 마구 뒤섞여 있다. 담장 또한 십년 단위로 연대별 유행을 새기고 있다. 골목 앞에는 사람 하나 지나가지 않는다. 빈 개밥 그릇은 놓여 있는데 개도 없다.

골목 앞에서 서니 어린 시절이 아릿아릿하다. 일곱 살에 초등학교에 입학한 나는 학교 다니는 것이 너무 힘들었다. 골목과 골목을 지나 산중턱을 올라야 나오는 우리 집, 학교에서 집까지 가는 길이 얼마나 힘들었는지 서러워 울던 날이 많았다. 골목 담벼락에 주욱 연필을 그으며 가다보면 연필심이 뭉개져 있곤 했다. 골목을 지날 때마다 만나게 되던 그 하얀 개, 한참 동안 머리를 쓰다듬으며 마음을 달래던 그 개는 지금쯤 세포까지 분열되어 지상에 흔적도 남아있지 않겠지.

십삼인의아해가도로로질주하오.
(길은막달은골목이적당하오.)

제일의아해가무섭다고그리오.
제이의아해도무섭다고그리오.
제삼의아해도무섭다고그리오.
제사의아해도무섭다고그리오.
제오의아해도무섭다고그리오.
제육의아해도무섭다고그리오.

제칠의아해도무섭다고그리오.

제팔의아해도무섭다고그리오.

제구의아해도무섭다고그리오.

제십의아해도무섭다고그리오.

제십일의아해가무섭다고그리오.

제십이의아해도무섭다고그리오.

제십삼의아해도무섭다고그리오.

십삼인의아해는무서운아해와무서워하는아해와그렇게뿐이모였소.

(다른사정은없는것이차라리나았소)

그중에일인의아해가무서운아해라도좋소.

그중에이인의아해가무서운아해라도좋소.

그중에이인의아해가무서워하는아해라도좋소.

그중에일인의아해가무서워하는아해라도좋소.

(길은뚫닌골목이라도적당하오)

십삼인의아해가도로로질주하지아니하여도 좋소.

—「오감도烏瞰圖 시제일호詩第一號」 전문

「오감도烏瞰圖 시제일호詩第一號」의 배경이 되었다는 보안여관 골목은 그저 평범한 골목이다. 그러나 스마트 폰으로 찍은 사진 속 골목은 사람을 가두는 듯한 좁은 직선으로 오밀조밀한 구도를 보인다. 골목 안에 서 보니 역시 세상과 분리되어 갇히는 듯 갑갑하지만 한편으로 안온한 느낌이 든다.

인생은 끝없이 이어진 골목이다. 낮은 담벼락이 나를 사이에 두고 양옆을 가려 골목 안에 가둔다. 끝도 보이지 않는 골목은 종점을 알 수 없는 인생과 같다. 골목이 끝나는 지점에 무엇이 기다리고 있는지 알 수 없다는 사실은 두렵다. 그러나 사람은 누구나 껍질을 깨고 골목 밖으로 나서야 한다. 골목은 나를 감싸고 있는 껍질이자 세상 밖으로 내보내기 위한 자궁과 같다.

이상의 「오감도」 연작은 1934년 조선중앙일보에 발표되었다. 당시 문단에서는 큰 파란이 일어났다. 평론가들은 「오감도」 연작을 '정신병자의 작난'이라고 혹평했다. 당시 이상을 격려하고 도왔던 이태준은 조선중앙일보 기자였는데 사직서를 품에 품고 다녔다고 하니 그 여파가 대단했다. 30편을 기획했던 「오감도」 연작은 결국 15편 밖에 발표하지 못하고 말았다.

브레히트는 좋은 옛 것보다 나쁜 새 것을 세우는 편이 낫다고 했다. 새로움을 시도하는 사람은 토착세력들에게 날카로운 화살을 받는다. 화살에 맞아 피를 흘리고 싶지 않아서 대부분의 사람들은 정면 승부를 피해 뒤돌아서거나 우회적으로 돌아간다. 하지만 이상은 새로운 것을 이뤄내는 데 용감했다. 젊어서였을까 아니면 겁이 없어서일까 나는 이상 시를 공부하며 그것이 궁금했다. 나도 겁없이 맞서고 대적하던 시절이 있었다. 그때는 그게 용기인지 뭔지 몰랐다. 그저 그렇게 사는 게 옳다고 생각했다.

「오감도烏瞰圖 시제일호詩第一號」에 등장하는 대상은 골목에서 도로로 질주하는 13명의 아이이다. 그들은 알 수 없는 공포의 대상을 피해서 골목을 질주한다. 공포의 대상은 외부 세력이 아닌 그들 구성원 중에 있다. 무섭다고 소리치는 약자는 공포를 느끼는 대상이고 무서운 강자는 공포를 주는 대상이다. 그러나 그들 중 누구도 정해진 강자는 없다. 술래잡기를 할 때 누가 술래가 되는지 정해져 있지 않은 것처럼 그들 중에도 정해진 강자는 없다.

대상은 단순하지만 해석은 분분하다. 도로를 질주하는 아이들이 왜 꼭 13명인지 해석해 내려하는 의견 중에는 이상의 글 「12월 12일」의 구절인 '시계가 13을 쳤다'를 근거로 해서 현실의 시간인 '12'와 가상의 시간 '1'이 결합되었다는 설도 있다. 또 예수와 열 두 제자를 의미한다는 설도 있다. 그들 13명의 구성원 중에 누가 있어서는 안 될 사람인지는 알 수 없다는 것이다. 1명의 아이는 예수 혹은 유다를 뜻한다. 사고를 일으키고 결국 역사를 뒤집어엎는 역할을 하는 아이가 바로 그 나머지 1명이며 블랙잭 카드를 내미는 것

이상 생가 전경

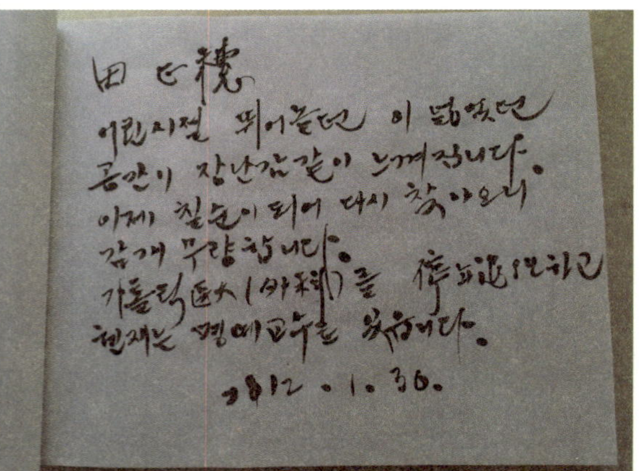

이상 생가 안 박태원의 자손이
방명록에 쓴 글

도 또 그 1명의 아이다.

운명대로만 흘러가면 탄탄대로를 걷는데 삐딱선을 타는 사람이 있다. 이상도 그런 사람이다. 조선 총독부 건축기사로 살았다면 명 재촉하는 일도 없었을 것이고 그랬다면 많은 사람들이 수수께끼 같은 시의 의미를 알아내고자 고심하는 일 없이 살아서 술술 주석을 달아 주었을 것이다. 그래서 이상은 무서운 사람이다. 자신의 운명을 불태우고 역사 속에 남고자 하는 일 그것은 진정 아무나 선택할 수 없는 무서운 결정이다. 세상에는 평화로운 노선만이 필요할 것 같지만 동전의 양면처럼 악이 있어야 선이 존재할 수 있다. 아이는 막달은 골목에 서있다. 아이는 스스로 선택한 길을 무서워하지만 그래서 또 무서운 아이다.

짜장면 한 그릇에 대한 단상

한옥이 연결된 골목이 뱀처럼 똬리를 틀고 있고 골목과 맞닿는 길에는 오래된 카페며 가게들이 늘어서 있다. 50년 되었다는 중화요리 집에 들어서니 도대체 여기가 한국인지 중국인지를 모르겠다. 좁은 가게에 자리 잡고 앉은 열 댓 명의 사람들이 모두 중국어를 구사한다. 곗날이라도 되나보다. 짜장면 한 그릇을 본토에서 먹는 것 같다. 오후 세시가 훌쩍 넘어 배가 고프기도 하고 50년 역사의 맛이 오묘해 체면 불구하고 흡입하다 보니 짜장면에 대한 은근한 향수가 올라온다. 어린 시절 짜장면은 특별한 날에 먹는 음식이었다. 정말 오랜만에 변두리 오래된 짜장면 집에서 홀로 외로이 오래된 고독 같은 쫄깃한 면발을 씹는다.

예전에 '신문의 쓰임새'라는 판화를 만든 적이 있었다. 신문은 정보를 알려주는 기능과 책상을 식탁으로 변모시켜주는 기능과 먹은 음식의 뒷모습을 덮어주는 상냥한 기능이 있다. 특히 짜장면을 먹고 난후 퉁퉁 불어터진 면발이 그릇에 다닥다닥 붙어 있는 모양은 잘 덮어주고 싶어진다. 입학식, 졸업식 때마다 먹던 짜장면을 끼니때마다 질리도록 먹게 되었을 때 낮이면 입학하고 밤이면 졸업한다는 농도 지껄였다.

겨울바람을 맞으며 걷는다. 오랜만에 정말 혼자구나 하는 느낌이 든다. 길을 따라 난 카페와 가게들이 저마다 작고 아기자기하다. 60년이 되었다는 대오서점은 북촌에 유일하게 남아있는 납작 집이다.

북촌의 60년된 납작집 대오서점

낡은 유리문 너머로 들여다보니 완전학습이며 전과며 오래된 참고서들이 작은 탑처럼 쌓여있다.

골목에 접어들어 집들을 살피다 보니 어느 집 담벼락에 집주인의 글이 쓰여 있다. '하고 싶은 것을 한다는 생각에 즐겁기도 하고 돈을 지지리도 못 벌어 우울하기도 하다./ 누군가는 나를 부러워

대오서점에 쌓여있는 낡은 서적들

할 것이고 누군가는 나를 한심해 할 것이고/ 친구들은 나를 용기 있다며 뭐라 해주고 식구들은 나를 궁상이라며 뭐라 하고/ 나는 좋다가 우울하다가를 반복하며 살고 있다.' 담벼락에 새겨놓은 글을 읽으며 명료하게 산다는 게 무얼까 생각해 본다. 살다보면 사람은 살아가는 게 아니라 견디고 있다는 생각을 하게 된다. 하루하루를 잘 견디고 모아 놓으면 생에 끝자락, 담벼락 끝에 서 있는. 담벼락의 주인은 이 곳에서 조용히 자신의 삶을 들여다보며 사나보다. 신기하고 부럽다.

열리지 않는 문

이상은 친부모가 버젓이 살아있는데도 양자로 살았다. 1910년, 강릉 김 씨인 아버지 김영창과 어머니 박세창 사이에 장남으로 태어난 김해경이 이상이다. 이상의 집은 가난했고 서울 부잣집이었던 백부의 집에는 대를 이을 자식이 없었다. 이상은 백부의 양자로 들어가 이십년 넘게 그의 아들로 그의 가치관에 따라 살았다. 가난한 가족이지만 친부모 형제가 그립지 않은 날이 있었을까. 식은 꽁보리밥에 풋고추라도 가족과 함께 하는 밥상이 진짜 밥상이다. 조선의 랭보처럼 살던 이상이지만 가난한 집안의 장남으로서 책임감을 느꼈을 것이며 생활의 고뇌에서 자유로울 수 없었을 것이다.

당시 경성고보는 조선에 들어와 있었지만 조선인의 학교가 아니었다. 신식학교로서 일본의 실력 있는 유수한 교수들이 유입되어 신학문을 가르쳤고 서양에 뒤쳐지지 않는 학문과 유행을 전파했으나 건축과에 입학한 조선인은 단 두 명이었고 그나마도 나머지 한 명은 제대로 학업을 마치지 못했다. 그런데 이상은 학기 내내 수석을 놓친 적 없었으며 수석 졸업했다. 졸업 후 엘리트 코스인 조선 총독부 건축기사로 채용되었으나 안정된 직장인 총독부 건축기사를 때려치우고 만다. 물론 건강 때문이기도 했으나 모든 결정에 눈치를 봐야하는 양자로서의 삶을 정리하고 말 그대로 제멋대로 한번 살아보자는 심사이지 않았을까 싶다.

종로구 통인동 골목

온전한 가정에서 크지 못했던 이상은 제대로 된 가정을 꾸려보지도 못했고 가정 속에서 평온을 찾지도 못했다. 세상 속에서 뒤통수를 맞아 피를 흘리더라도 가정에 돌아와 재충전하고 배터리가 충전되면 다시

뛰쳐나가 뛰더라도 돌아올 가정이 있으면 용기를 얻는데 가장이다. 그러나 이상은 활기를 충전할 가정으로 들어오지 못하고 어둠 속에 머물다 어둠 속에 흡수되는 생을 살았다.

> 문을암만잡아다녀도안열리는것은안에생활이모자라는까닭이다. 밤이사나운꾸지람으로나를졸른다. 나는우리집내문패앞에서여간성가신게아니다. 나는밤속에들어서서제웅처럼자꾸만감해간다. 식구야봉한창호어데라도한구석터놓아다고내가수입되어들어가야하지않나. 지붕에서리가내리고뾰족한데는침처럼월광이묻었다. 우리집이앓나보다그러고누가힘에겨운도장을찍나보다. 수명을헐어서전당잡히나보다. 나는그냥문고리에쇠사슬늘어지듯매어달렸다. 열려고안열리는문을열려고.
>
> —「가정」 전문

통인동 골목의 니스칠된 나무 대문. 두 개의 둥근 고리가 세월을 얽어맸다.

니스 칠된 나무 대문에 두 개의 문고리가 양팔 팔찌처럼 매달려 있다. 대문에 수갑을 걸어놓은 것 같다. 두 팔에 고리를 채우면 철컥, 하고 대문 안으로 빨려들어 갇혀 버릴 것 같은 단단하고 견고한 대문, 안을 들여다 볼 수 없이 대문과 지붕은 연결돼 있는 구조다. 생의 투쟁은 힘

이상 생가에서 옥상을 오르는 철제 계단

겹고 쉴 자리가 필요하다. 밖에서 매서운 바람을 맞으며 살다가도 문득 가정을 생각하면 걱정스럽고 책임감에 짓눌린다. 안을 들여다 볼 수 없는 가정이 가난이라는 병을 앓고 있는 것 같아 걱정과 시름을 내려놓지 못한다.

그러나 이상이 그렇다. 갈망에 몸을 던지는 나비, 존재하지 않는 향기를 찾아 제 몸이 불타오르는 것도 감수하는. 주저하지 않고 이리 저리 옮겨 다니는 것조차 나비와 같다. 그러한 존재의 가벼움이 그의 입지를 더 아슬아슬하게 만들었을 것이다. 어느 곳에도 만족하지 못하고 새로움을 찾으려 했던 그는 가정으로 돌아가기 힘들었을 것이다.

이상은 어머니가 해준 한복을 즐겨 입었다고 한다. 사진 속의 덥수룩한 수염에 봉두난발을 한 모습하고는 어울리지 않는 이야기다. 면도도 하지 않는 채 담배 한 가치 피워 물고 헐렁한 와이셔츠 펄럭이며 자유롭게 명동거리를 활보할 듯한 인상이지만 그러한 이미지와 달리 이상은 한복을 즐겨 입었고 한편으로 책임감 있는 가장이었다고 한다.

열리지 않는 문은 아마도 가정에 대한 갈망을 나타내는 상징물일 것이다. 이상이 지닌 친부모 형제에 대한 갈망과 겹펍된 애정은 일생동안 해결하지 못한 짐이고 숙제였을 것이다. 부모 형제와 오순

도순 살고 싶은 생각이 없을 리 없었을 텐데 생활인이 되기보다 예술인으로서 고단하고 절박한 삶을 선택한 이상에게 가정이라는 문은 견고하게 봉인되어 있다. 평생 외롭고 험난한 길을 걸어야 한다는 신호처럼.

후, 아, 흐 등의 글자가 얹혀 있는 이상 생가 지붕

자신의 명패가 걸려있지만 자신의 것이 될 수 없는 가정 앞에 서서 안에서 어떤 일들이 일어나는지 알 수 없는 시의 화자는 애가 탄다. 누구도 그의 자리를 대신할 수 없기에 가장이 결핍된 가정은 앓고 있다. 모든 평범한 사람이 지니는 가정의 온기를 품지 못한 시의 화자는 평생 차가운 어둠 속에서 떨면서 열리지 않는 집의 문고리를 잡고 있다.

백화점 사거리, 길을 잃다

신세계 백화점 본점 건물은 1930년에 세워진 건물의 뼈대를 그대로 간직하고 있다. 1930년 세워질 당시에는 일본 미쓰코시 백화점의 조선 분점이었다. 백화점 형태를 보기 위해 길 건너편 입구를 찾아 나섰다.

초저녁이어서 집으로 돌아가는 사람들의 발길이 분주하다. 나는 서울에 올 때마다 공황상태가 된다. 특히 지하철 노선을 놓쳐 헤매게 될 때면 마치 검은 실오라기 뭉치에 던져진 것 같다. 사람들은 누가 죽건 살건 저마다 바삐 갈 길을 간다. 앞만 보고 달리다시피 걷는 군중들 사이에 서면 극도의 외로움이 몰려든다. 건물 맞은편에서 정면을 보기 위해 몇 번 계단을 오르락내리락 거리며 입구에 섰다 내려갔다를 반복하다보니 사람들이 이상하게 쳐다보는 것 같다.

> 사각형의내부의사각형의내부의사각형의내부의사각형의내부의 사각형.
> 사각이난원운동의사각이난원운동 의 사각 이 난 원.
> 비누가통과하는혈관의비눗내를투시하는사람.
> 지구를모형으로만들어진지구의를모형으로만들어진지구
> 거세된양말.(그여인의이름은워어즈였다)

서까래가 드러난 이상 생가의 내부

빈혈 면사포 , 당신의얼굴빛깔도참새다리같습네다.

평행사변형대각선방향을추진하는막대한중량.

마르세이유의봄을해람한코티의향수의마지한동양의가을.

쾌청의공중에붕유하는Z백호.회충양약이라고쓰여져있다.

옥상정원,원후를흉내내이고있는마드무아젤

만곡된직선을직선으로질주하는낙체공식.

시계문자반에Ⅶ에내리워진이개의침수된황혼.

(…중략…)

—「건축무한육면각체AU MAGASIN DE NOUVEAUTES」 부분

'AU MAGASIN DE NOUVEAUTES'는 '신기성의 백화점에서'라는 뜻을 갖고 있다. 어떤 백화점을 묘사했는지는 지목되지 않았으나 백화점 내부 묘사를 볼 때 당시로서는 고도의 시설을 갖춘 경성의 미쓰코시 백화점인 것으로 보인다. 당시 조선의 미스코시 백화점은 일본 본점을 제외하고 아시아에서 가장 시설이 잘된 백화점이었다. 엘리베이터와 에스컬레이터는 물론이며 쇼윈도 진열도 인기가 많았다.

당시 양복을 입고 금시계를 찬 모던보이들은 짧은 단발과 서양식 복식에 스타킹을 신은 모던걸과 백화점 옥상 공원에서 데이트를 즐기고는 했다고 한다. 이상의 소설 '날개'에서 자살하기 위해 오르는 곳이 바로 그 백화점 옥상이다. 이 시에서 '사각형의사각형'으로 시작하는 부분은 엘리베이터 안의 거울 속 반대편 거울이 비춰져 생기는 프랙털 현상을 그려냈다. 또 거세된 양말은 스타킹을, 빈혈 면사포 역시 얼굴을 가리는 서양 망사모자 스타일을 뜻한다.

또 서양에서나 볼 법한 코티 향수며 회충약이며 진귀한 제품들이 진열되어 있다. '평행사변형대각선방향을추진하는막대한중량'은 에스컬레이터의 움직임을 표현한 것이다. '옥상정원'은 백화점 옥상에 마련된 시설로 그곳의 벤치에서 모던보이와 모던걸이 차를 마시며 쌍쌍이 노닐고 있다. 그 화려한 곳에서 이상은 '만곡된직선을직선으로질주하는낙체공식', 즉 자살을 떠올린다.

건너편 길에서 백화점을 정면으로 바라보니 정말 로마자 문자반이 새겨진 시계가 걸려있다. 반짝이는 의상으로 멋을 낸 많은 사람들이 희희낙락하며 쇼핑을 즐기고 있는데 웅성거리는 거리에서 초췌하고 덥수룩한 차림의 이상은 도시에 버려진 야생동물처럼 서 있었을 것이다. 초저녁 빛이 시계바늘에 걸렸다. 서글프고 집이 그립다. 이제 잘 곳을 찾아 나서야겠다.

보이지 않는 꽃이 향기로워서

이상이 다녔던 보성중학교는 1906년에 설립된 학교다. 원래 서울 수송동 자리에 설립되었으며 나중에 고등학교를 증축했다. 그러다 1987년, 방이동으로 이사했다. 보성고등학교에는 그 학교 출신 이상을 비롯해 윤곤강, 김기림의 시비가 세워져 있다.

지하철에는 무심한 얼굴들을 앉아본다. 그들은 다른 이들을 바라보는 것이 예의가 아닌 듯 서로에 관심이 없이 딴청을 피우고 앉아있다. 인생이 그렇다. 떨어질 수 없이 죽고 못 사는 사이라 도 결국 종착역에서 내리는 건 혼자다. 그들 모두 면벽 수도하는 도인들 같다.

올림픽공원역에서 내려 보성고등학교 교정까지 가파른 길을 걸어 오르다 보니 남학생들 여럿과 마주친다. 이상의 후배들이다. 그러나 어느 누구도 이상 같지 않다. 그저 입시전쟁에 시달리는 피곤한 아이들뿐이다. 방학이지만 공부하느라 여념이 없는지 몇몇이 보일 뿐이다.

시비가 어디에 있는지 물어보고 말 것도 없이 교정을 돌아다니다 윤곤강, 김기림, 이상의 시비를 찾을 수 있었다. 김기림, 윤곤강 시인의 시비는 여느 평범한 시비처럼 서있는 반면 이상 시비는 땅바닥에 누워있다. 세워져 있었던 것이 쓰러지자 그대로 방치해 놓은 것처럼 눕혀져 있어 순간 흠칫했다. 시비 주변에 둘러친 펜스에는 아이들의 신발주머니가 걸려있다. 아직도 흔들거리는 여운이 남은 것이 주변에 농구하는 아이들 것인 모양이다.

방명록이 놓인 이상 생가의 내부

시비에는 〈오감도〉 시제일호가 새겨져 있고 이상과 전혀 닮지 않은 얼굴이 새겨져 있다. 비석 주변에는 군데군데 아직 녹지 않은 잔설이 남았다. 봄이 될 때까지 녹지 않고 남아 쓸쓸한 비석을 지켰으면 좋겠다. 땅 속에 흡수된 눈이 녹아 햇볕 따스한 날에 다시 하늘

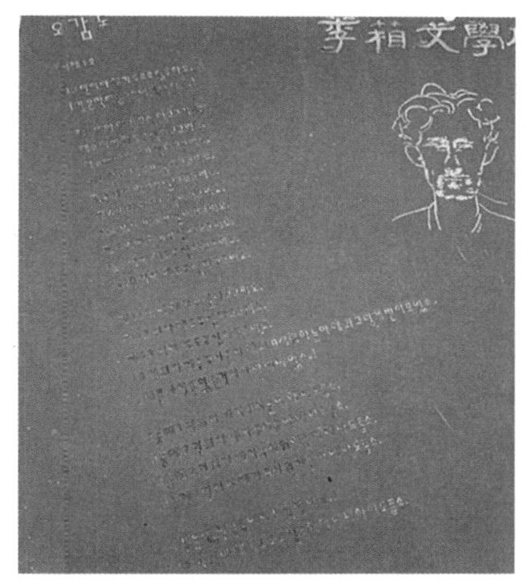

서울 보성고등학교 교정에 있는
이상 시비

로 오르듯 죽은 사람도 하늘로 오르지만 다시 사람이 되지 못한다. 그래서 사람은 눈감는 순간까지 세상에 살았던 모든 순간을 기억하려 애쓴다. 날마다 꽃처럼 피고 지는 날들이 모두 평범할 뿐 무슨 의미가 있을까.

살아가다 보면 사람들은 평평한 곳에 안착하려 든다. 가정을 일구고 직장을 구하고 이웃들을 만든다. 스스로를 절벽 같은 생 앞에서 세워두지 않는다.

꽃이보이지않는다.꽃이향기롭다.향기가만개한다.나는거기묘혈을판다.묘혈도보이지않는다.보이지않는묘혈속에나는들어앉는다.나는눕는다.또꽃이향기롭다.꽃은보이지않는다.향기가만개한다. 나는잊어버리고재차거기묘혈을판다.묘혈은보이지않는다.보이지않는묘혈로나는꽃을깜빡잊어버리고들어간다.나는정말눕는다.아아.꽃이또향기롭다.보이지도않는꽃이__보이지도않는꽃이.

—「절벽」 전문

제목이 왜 '절벽'일까 궁금했는데 이제 보니 평범한 생활을 정리하고 시를 쓰겠다, 예술을 하겠다고 자신을 절벽 앞에 세워 둔 것에 대한 변명이다. 보이지 않는데도 꽃은 향기롭다. 향기로만 맡아질 뿐 실체가 보이지 않는 꽃은 끝없는 갈망의 대상이다. 보이지 않는 꽃의 향기는 죽음을 부른다. 꽃의 존재와 가까워지는 것이 죽음을 재촉하는 일인 줄 알지만 갈망을 멈출 수 없어 시의 화자는 자꾸만 묘혈로 들어가 눕는다. 그래서 그 인생은 절벽 끝에 서 있는 것과 같다. 죽음의 구렁텅이로 몰아 부치는 대상은 세상도 아니요, 비난하는 무리들도 아니다. 바로 자신이다.

1937년 26년 7개월의 짧은 생을 산 이상이 사망했을 당시 의사는 오랜 각혈로 폐가 없다고 했다. 폐가 사라져 버릴 정도로 각혈이 심했지만 정신을 사로잡은 향기를 찾아 파헤치는 일을 그만두지 못한다. 이상이 남긴 단상 중 가장 널리 알려진 '모든 현대인은 절망한다. 절망은 기교를 낳고 그 기교 때문에 또 절망한다.'는 자신이 만든 미로 안에서 빠져나올 방법을 찾기 위해 갖은 방법을 다 쓰는 젊은 이상의 모습을 반영한다.

때로 평범한 일상들이 스쳐갈 때마다 내가 왜 이렇게 살고 있는지 회의가 들 때가 있었다. 그러나 나는 이미 원하는 것에 목숨을 걸만큼 용감하지 못하다. 멀리 떠나와 버렸다. 나의 갈망을 남겨두고. 손을 뻗어 비석을 쓸어본다. 영원히 젊은 채로 명을 달리한 이상. 겨울바람이 차갑게 얼궈놓은 돌 위에 눈물방울 하나가 얹어진다.

시간에 닳은 이상 생가 내부

김수영

시여, 침을 뱉어라

1921~1968

| 노용무 |

나는 타락해 있는 것이 아닌가.
나는 마비되어 있는 것이 아닌가
이 극장에, 이 거리에, 저 자동차에, 저 텔레비전에…….
이 안락과 타협
마비되어 있지 않다는 자신에 마비되어 있는 것이 아닌가.

—「삼동유감」 부분

답사를 떠나는 날. 전날의 숙취가 엄습한다. 술에 지친 자여 냉큼 일어나라 외치는 알람 소리가 이리도 야속할까. 지난 밤 술잔을 기울였던 친구들의 얼굴이 자연스레 뇌리에 박힌다. 술을 기울이며 술잔 속에 녹여냈던 오늘의 일정이 꾸물거리며 두엄자리 같은 속을 뒤집는다. 오늘 답사를 가기 때문에 피하고 싶었던 술자리였지만 어디 그게 말처럼 쉽던가. 콩나물국밥만큼은 전국에서 최고라는 전주 현대옥의 끓는 해장국이 간절하다. 그러나 서울로 향하는 이번 답사는 실제 거리보다 심리적 거리가 더 크고 멀기만 하다. 서울이라는 공간 때문일까 아님 김수영이란 존재 때문일까.

몇 편의 김수영 관련 글을 쓰면서 지샜던 많은 날과 시골 아낙네들이 보고 또 보았던 딱지본 소설잡지처럼 누들거리던 그의 시집. 도서관 한 귀퉁이에서 그의 시를 읽으며 행복하고 괴로웠던 기억이 주마등이 되어 스친다. 김수영과 그의 시는 오늘의 동력이 되어 나를 이끌 것이다.

근대에의 모험과 나를 만나는 풍경

과연 내가 김수영이었다면 어떠했을까 하는 의구심, 한 편 한 편 김수영 관련 글을 써가면서 써내려 갔던 글귀보다 찢겨지고 삭제되었던 문구들이 알알이 일어서는 느낌 등등. 이번 답사 여행을 기다리며 천천히 그리고 불현듯 떠오른 단상이자 준비물들이다. 길

1961년 막내 여동생의 졸업식에
모인 김수영의 가족.
오른쪽에서 두 번째 김수영

은 언제나 열려 있고 아무데도 없다 혹은 길이 시작되자 끝났다 등 기행의 첫머리에 늘상 떠올리는 어구가 이제 진짜로 가야한다는 사실을 귀뜸 해준다.

문학은 나의 삶이자 우리의 역사이다. 문학을 전공한 나는 작품을 통해 주로 시인과 만나지만 오늘은 다르다. 김수영의 시집을 가방에 넣는다. 시에 형상화된 문학적 공간은 그가 태어난 곳, 살았던 풍경, 그를 추모하는 사물, 시인의 향내가 아직까지 풍겨나는 어떤 곳에 이르게 되면 비로소 장소가 된다. 오늘의 여정은 서울이라는 공간 속에 김수영의 장소를 찾아가는 길이다. 그래서 설렌다. 문학적 공간과 현실의 장소. 그 매개를 엮기 위해 떠난다. 쓰린 속을 달래면서.

동학들이 오늘의 여정에 대한 기대감으로 밝다. 전주에서 서울쪽으로 떠나는 이번 기행은 서울과 경기도 소재 시인들의 삶의 풍경과 그 여적을 쫓아가는 여정이다. 서울, 막연한 동경과 저항이 언제부터인가 나의 기억에 형성되어 있다. 서울은 첨단과 중심의 상징이자 변화의 속도가 가장 첨예한 공간이다. 시간을 선도하고 공간을 기획하는 마법의 도시. 마치 김수영을 만나러 서울로 가는 자체가 마법에 홀린 것은 아닐까.

나는 결코 울어야 할 사람은 아니며
영원히 나 자신을 고쳐가야 할 운명運命과 사명使命에 놓여있

는 이 밤에
나는 한사코 방심放心조차 하여서는 아니될 터인데
팽이는 나를 비웃는 듯이 돌고 있다

—「달나라의 장난」 전문

변화의 흐름과 권력의 중심인 서울. 서울을 표현하는 격언들은 모두 서울과 비서울 혹은 서울과 지방만이 존재하는 대한민국을 이야기하는 듯하다. 서울을 수사하는 한정사는 끝이 없지만 모두가 하나같이 이분법에 갇혀 있다. 이것 아니면 저것에서 항상 서울은 우열의 기준으로 나타나는 우성이나 중심의 은유이자 치열함의 대명사이기도 하다. 그곳에서 살아가려면 김수영이 자조했던 정녕 "한사코 방심조차 하여서는 아니될 것인가." 그는 서울에서 태어나고, 죽는 순간도 서울이라는 공간에서 생을 마감한다. 김수영. 그는 한사코 방심조차 허락하지 않은 삶을 노래했건만 순간의 방심으로 죽음에 이르렀던 시인이 아니던가.

속도는 속도를 반성하지 않는다

고속도로에 진입한다. 고속도로는 속도의 경연장이다. 그야말로 순간의 방심조차 허락하지 않는 긴장의 연속이자 끝없이 이어지는 공간의 지속이다. 속도계가 가파르게 오른다. 그만큼 연료계는 내려갈 것이다. 속도광은 기름값을 걱정하지 않는다. '더, 더, 더'는 음주 측정 때만 사용하는 언어가 아니다. 그것은 근대올림픽의 '더 빨리, 더 멀리, 더 높이'라는 슬로건의 약어이자 '조금만 더'에 중독된 인간의 욕망을 드러내는 기표이다. 따라서 속도광은 조금만 더 밟음으로서 욕망의 속도를 충족하지만 현실의 경제는 기꺼이 잊혀진다.

속도광이 욕망하는, 자신의 속도가 빠르면 빠를수록 삶의 품격과 비례하는 듯한 포스. 그것은 일시적 쾌감이자 유흥일 뿐이다.

막걸리 행상이 늘어선
도봉산 입구

커진 휠과 넓어진 타이어, 공기의 저항을 줄여주는 스포일러, 순간의 만족을 배가시키는 터보 혹은 스포츠 주행 버튼은 모두 짧은 시간에 연료를 축내는 기름 먹는 하마이자 환경오염의 주범이다. 그러나 여기에는 서울이 우리에게 거는 마법이 숨어 있다. 우리는 모두 앞만 보고 성공을 염원하면서 출세의 속도에 갈증을 느끼며 살아가지 않았던가. 너무도 느린 삶의 속도를 탓하면서.

고속도로의 차들은 모두 저마다의 속도가 있다. 저속과 정속 그리고 과속. 속도와 관련된 담론은 모두 우리들의 삶을 함축한다. '5분 빨리 가다 50년 먼저 간다'라는 표어가 그것이다. 그야말로 속도는 모더니티의 정수이다. 김수영이 성찰하고 경계했던 시적 화두였기에 더욱 의미심장하고 아이러니하다. 과연 속도광에게도 유효한 표어일까. 과연 나의 삶의 속도는 얼마일까. 빠른 속도가 느린 것보다 값지고 진실된 것일까. 변화의 속도가 가장 빠른 서울이 그보다 현저하게 느린 전주보다 정말로 좋은 것일까. 빠른 것은 세련되고 현대적이며 착하기만 할까. 혼란스럽다.

풍경이 풍경을 반성하지 않는 것처럼
곰팡이 곰팡을 반성하지 않는 것처럼
여름이 여름을 반성하지 않는 것처럼
속도가 속도를 반성하지 않는 것처럼
졸렬과 수치가 그들 자신을 반성하지 않는 것처럼
바람은 딴 데에서 오고
구원은 예기치 않은 순간에 오고
절망은 끝까지 그 자신을 반성하지 않는다

—「절망」 전문

어쨌든, 투덜거리는 사이에도 고속도로는 이어지며 규정 속도와 제한 속도를 보여준다. 그러나 사람들은 저마다 속도에 적응하면서 이제는 무감각해지거나 잠깐의 제동 장치에 발을 올렸을 뿐이리라. 김수영의 시구가 떠오른다. "속도는 속도를 반성하지 않는다."

참으로 명쾌하게 우리시대를 읽어내는 그의 명석함에 가속도를 떠올린다. 역시 그가 말하려 했던 것은 욕망의 속도, 속도의 사회학이었다. 지금보다 반세기 전에 현대성의 정곡을 찌른 탁월한 감각과 시대를 정확하게 짚고 미래를 내다보는 예지력에 감탄하며 경외감마저 든다. 더 더욱이나 김수영이 살았던 당대의 서울은 지금의 보통 소도시보다도 더 시골이었다는 사실이다. 물론 그때 그 시절에도 서울은 최고였음을 부인할 수 없지만 지금으로 따지면 중심가의 신작로나 몇몇 큰 건물을 제외하면 한적한 시골의 풍경과 별반 다름없었을 것이다.

지난 답사는 허름하고 남루할지라도 스치는 차창 풍경이 자연스러웠었다. 그곳은 논과 밭이 있었고 논둑과 강둑을 거닐 수 있었다. 그리고 정지된 시간 혹은 몇 십 년 전 과거로의 시간 여행을 하는 기분도 느낄 수 있었다. 시인이 살았던 모습도 별반 다르지 않았을 것이다. 그러나 지금의 서울, 김수영의 향내를 맡으려하는 종로

휴일 오후 광화문 네거리

도봉산 탐방로 입구 풍경

에서 과연 올곧이 그러한 풍경을 볼 수 있을까.

고속도로의 끝, 우리의 목적지가 보인다. 인터체인지다. 여기에도 속도의 마법은 존재한다. 차를 정차시키고 통행권과 통행료를 주고받는 모습이 눈에 띄게 줄었다. IC를 통과하는 시간을 단축하기 위한 하이패스 때문이다. 고속도로를 열심히 고속으로 달려 왔어도 이 대문 앞에서 서성이는 시간에 통행권은 하이패스를 따를 수 없다. 우리 일행도 여기에서 차이를 느끼지만 빠른 속도와 규정 속도가 극적으로 만나는 시간이기도 하다. 빠름과 느림이 교차하는 정렬의 공간엔 다시 만남의 시간이 허락되기도 한다. 우리 일행이 다시 만나 채비를 갖춰 목적지를 향한 곳은 김수영 시비이다.

풀은 바람보다 빨리 눕고 그리고

확 트인 고속도로를 빠져 나오자 이어지는 빌딩 숲과 가다 서다를 반복하는 긴 자동차의 행렬. 이제부터 본격적인 서울나들이의 시작이다. 김수영의 시비는 도봉산역 건너편, 북한산 국립공원 도봉산 입구에 있다. 그러나 우리는 자동차를 이용한 여행이었기에 내비게이션의 주문대로 따라갈 수밖에 없다. 따라서 내비게이션 없는 답사는 생각조차 하기 힘든 시대가 돼버렸다. 내비게이션을 따라가면 어렵지 않게 목적지를 찾아가는 시대, 정확하게 목적지 주변을 탐지해 운전자에게 정보를 제공하는 마법의 기계. 그러나 서울에서는 내

도봉산 안 도봉서원 옆
김수영 시비

비게이션도 헷갈리나 보다. 너무 많은 차와 거미줄처럼 얽혀 있는 도로 상황은 지방에서 올라 온 내비게이션을 당황하게 했나 보다. 촌스럽게 보이지 않기 위해 애써 서울사람인 척 말 끝을 올리고 우리는 열심히 달리며 뒤를 돌아보지 않았다.

어렵사리 도착한 도봉산 입구. 주차장에서 시비에 이르는 길은 등산객들의 울긋불긋한 옷차림이 인상적이다. 시비를 찾아가는 길 군데 군데 잔설이 음지에 숨어 있다. 조금씩 올라 갈수록 잔설이 많아진다. 도봉산 탐방로 입구는 등산객의 신발과 스틱 소리로 경쾌하다. 올라가는 사람은 초입이니 힘이 남아 있을 터이고 내려오는 사람은 등산의 끝이니 파전과 동동주를 떠올리며 마지막 힘을 내는 곳이기 때문이다. 우리는 초입이지만 힘들다. 서울 시내를 휘젓고 온 우리들은 이미 힘을 많이 써버린 듯하다.

한 겨울, 서울 도심의 한복판에 있는 도봉산. 이곳의 등산객들은 가을 단풍이 절정인 내장산 단풍잎보다 더 많게 느껴진다. 어찌보면 동네 산이라 할 수 있는 시내의 산에 전국의 등산 인파가 다 모인듯하다. 그토록 많은 사람들 사이에서 우리들도 함께 걷는다. 모두가 산을 찾는 이유는 다르다. 도심 속 빌딩 사이에서 지나쳤다면 눈길 한 번 주지 않았겠지만 산행에서 만나는 사람들은 모두 정겹다. 보도블럭 위의 인연보다 소중하고 더 따뜻하다. 마치 아스팔트의 딱딱함과 산길의 말랑말랑함과 견줄 수 있다. 그래서 그런지 사람들은 모두 가벼운 눈인사를 주고 받는다. 그렇게 입구에서 얼마간 올라가니 오른쪽으로 급격하게 굽어지는 길가에 김수영의 시비가 있다. 그리고 그의 시가 있다.

풀이
눕는다
바람보다도
더 빨리 눕는다
바람보다도
더 빨리 울고
바람보다도
먼저 일어난다

—「풀」 전문

김수영의 마지막 작품 「풀」의 2연이 새겨 있다. 시비에 새겨진 시구는 전집의 원문과 배열이 약간 다르지만 시의 전체적인 맥락을 훼손하고 있지는 않다. 「풀」은 풀이 눕고 일어나는 과정을 바람과의 관계를 들어 우리 사회의 첨예한 문제를 상징적으로 드러낸 작품이다. 시비의 전면에 새겨진 글귀는 풀과 바람 그리고 눕고 일어남의 행위가 어우러진 문학 속의 현실을 환기시킨다. 거기에는 팍팍한 현실을 살아가는, 아픈 우리의 삶을 떠올릴 수밖에 없는 긴밀함이 있다.

몇 글자 속에 녹아 있는 우리 시대의 자화상과 당대 김수영이 살았던 시대가 겹친다. 자욱한 최루가스와 연일 계속된 반정부 시위,

표현의 자유와 행동하는 지식을 말했던 김수영의 시론, 진리의 탐구와 학문의 정진을 위해 공부했던 이들과 교문 밖의 현실에 자신의 전존재를 내걸었던 시위대의 행렬. 60년대와 80년대가 공존하는 시간이자 90년대가 진 역사의 채무이다. 그러한 풍경은 90년대 동구권의 몰락 이후 대두되었던 변화의 물결을 이루는 현시대의 토대이기도 하다.

등산객들은 김수영의 시비를 바라보며 각자의 길로 간다. 오로지 시비만을 보기 위해 이곳에 온 우리들과 사뭇 다르다. 어쩌다 발걸음을 멈추고 시비를 향하는 등산객이 고마울 정도이다. 역시 그 분도 우리들이 시비 주위에 삼삼오오 모여 사진을 찍고 이야기를 나누니 호기심으로 온 것 같다. 그러나 호기심으로 왔던 그분의 마음에 '풀'이 '바람'보다 먼저 일어난다는 시구를 읽어내기에는 어렵지 않았다. 그 분은 등산모 사이로 흰 머리가 보이는 노년의 등산객이었다. 시비를 쓸어내리는 그 분의 손잔등이 가볍게 떨린다. 올려다본 하늘이 너무나 파랗다. 그 파란 하늘을 나는 노고지리가 현대사를 관통하며 가슴 시리게 날아오른다.

푸른 하늘을 제압制壓하는
노고지리가 자유自由로왔다고
부러워하던
어느 시인詩人의 말은 수정修正되어야 한다

자유自由를 위해서
비상飛翔하여본 일이 있는

사람이면 알지
노고지리가
무엇을 복
노래하는가를
어째서 자유自由에는
피의 냄새가 섞여있는가를
혁명革命은
왜 고독한 것인가를

혁명革命은
왜 고독해야 하는 것인가를

—「푸른 하늘을」 전문

김수영의 「푸른 하늘을」은 1980년대 반독재 민주화 투쟁 시절, 소위 운동권 출신 학생의 머리맡에 놓여 있던 슬픈 자화상이자 현실을 극복하고자 하는 욕망의 분출구였다. 최루탄과 휴강, 팍팍한 현실과 높다란 이상의 아슬한 경계에서 고민해야 했던 386세대가 느끼는 삶의 정체성이 진하게 배어 있다. 먹고 살기 위한 처절한 몸부림과 역사와 민족을 위한 민주화 투쟁은 별개가 아니다. 모두 한 인간의 삶이자 욕망의 실현 방식이기 때문이다. 그들은 모두 '풀'이었고 '바람'이 아니었기에. "시대에 뒤떨어지는 것이 무서운 게 아니라/ 어떻게 뒤떨어지느냐가 무서운 것"(「광야」)이란 자조 섞인 시어를 써야 했던 김수영의 고뇌가 느껴진다. 고뇌의 발단은 한국현대사의 격동기였던 해방기로 거슬러 올라간다.

곧은 소리는 곧은 소리를 부른다

해방이 되었다. 해방은 우리 민족이 주체가 되지 못한 타율적 독립이었다. 해방군이 아닌 점령군으로 다가왔던 미군. 서울의 조선 총독부 정문의 깃대에 히노마루기가 내려지고 성조기가 올라갔다. 해방정국은 그야말로 혼탁함의 극치였다. 당시 좌우문학단체의 분립과 대립이 첨예하게 난립했지만 해외에서 혹은 서울이나 지방에 흩어졌던 문인들과 문인 지망생들의 문학을 향한 열정을 꺾을 수는 없었다. 명동으로 명동으로 모여드는 많은 문인들의 사이에 김수영이 끼어 있었다. '뷔엔나', '휘가로' 간판이 붙은 다방과 '무궁원', '명동장' 등의 술집은 각자의 문학적 성향과 지역적 연고 등으로 모여 다닐 수 있었던 해방구였다. 아직 연극계에 종사하고 있었던 김수영은 연극에서 문학으로 전향을 한다.

이 때 문학으로의 전향과 시적 변모에 계기를 준 인물은 임화이다. 소위 '모던 보이', '조선의 발렌티노' 등으로 불렸던 임화는 당대 문단의 중심에서 활동했던 혁명가이자 문인이었다. 김수영은 〈문학가동맹〉을 드나들었다. 당시에 연극계에 몸 담았던 김수영은 영화배우로도 활약했던 임화의 이력과 그의 시편들에 형상화되어 있던 혁명의 기운을 느낀다. 임화에 대한 김수영의 경사는 그의 유일한 단편소설이자 자전인 「의용군」에서 '존경하고 있는 시인 임동은'이란 표현에서 나타난다. '시인 임동은'은 임화이다. 문학으로 전향할 무렵 임화와 더불어 영향을 미친 존재는 박인환과 그의 서점 〈마리서사〉이다.

김수영 시비에서 바라본
북한산 국립공원

폭포瀑布는 곧은 절벽絶壁을 무서운 기색도 없이 떨어진다
규정規定할 수 없는 물결이
무엇을 향向하여 떨어진다는 의미意味도 없이
계절季節과 주야晝夜를 가리지 않고
고매高邁한 정신精神처럼 쉴사이없이 떨어진다

금잔화金盞花도 인가人家도 보이지 않는 밤이 되면
폭포瀑布는 곧은 소리를 내며 떨어진다
곧은 소리는 소리이다
곧은 소리는 곧은
소리를 부른다

번개와같이 떨어지는 물방울은
취醉할 순간瞬間조차 마음에 주지 않고
나타懶惰와 안정安定을 뒤집어놓은 듯이
높이도 폭幅도 없이
떨어진다

—「폭포」 전문

김수영과 박인환의 모습

김수영과 박인환의 얼굴이 겹친다. 휘황한 건물들 사이에서 수많은 사람들이 저마다 바삐 움직인다. 자동차들이 길게 이어진다. 그 행렬 한 부분에 우리들의 여로가 조급하게 걸려 있다. 한번 막히면 기다림뿐이어서 우리들의 일정이 자꾸 미루어진다. 불안한 마음은 내비게이션의 도착 예정 시간이 계속 지연되는 화면을 보면 볼수록 심해진다. 우리들의 목적지는 파고다 공원 근처 박인환이 경영하던 〈마리서사〉이다. 그러나 도착 시간은 하염없다. 이제 차가 슬슬 움직인다. 항상 생각하는 것이지만 교통 정체의 이유가 무엇인지 모르겠다. 기다림의 짜증이 병목 현상이나 나들목 등 차량의 흐름과 관련한 논리적 분석을 막아 버리기 때문이다.

시인이여, 다시 기침을 하자

파고다 공원을 향한다. 이 공원은 우리나라 역사에서 심심찮게 등장했던 곳이고 〈마리서사〉를 찾아가는 이정표이기도 하다. 박인환은 종로3가 2번지 지금의 파고다 공원에서 조금 떨어진 교동골목 입구에 〈마리서사〉라는 서점을 열었다가 2년 만에 문을 닫는다. 파고다 공원에서 백 미터쯤 내려가면 찾을 수 있겠거니 했지만 지금은 그 흔적조차도 볼 수 없다. 대로에서 한 블럭만 들어가면 딴세상이다. 엄청난 대형 빌딩과 고즈넉한 한옥 단층건물 그리고 좁다란 길목에 이발소, 국밥집, 슈퍼, 빈대떡집, 막걸리집 등등이 모여있는 시장통. 이곳엔 할아버지들이 즐겨찾는 경로당 분위기가 난다. 생각할수록 부조화이다. 그런데 그 어울리지 않음이 여기에 있다.

오장환의 〈남만서점〉이 해방 전 문인들의 사랑방이었다면 박인환의 〈마리서사〉는 해방 후 모더니즘 계열의 〈신시론〉 동인의 모태가 되는 곳이다. 박인환은 해방이 되고 나서 파고다 공원 근처에 '茉莉書舍'라는 책방을 연다. 〈마리서사〉는 세련된 외관과 더불어 내부에 진열된 책 또한 동경서점을 그대로 옮겨온 듯한 모습이었다. 김수영은 유학시절 동경의 서점에 있는 듯한 착각에 빠진다. 당대 최신의 동·서양서가 서가에 꽂혀 있었고, 〈마리서사〉에 출입하는 사람들도 매력적이었고 신선했다. 이후 김수영의 삶과 문학에 화두를 이루는 '바로보기'의 관점은 이 때 형성된다.

너의 이름과 너와 나와의 관계關係가 무엇인지 알아질 때까지

소금같은 이 세계世界가 존속存續할 것이며
의심疑心할 것인데
등 등판 광택光澤 거대巨大한 여울
미끄러져가는 나의 의지意志
나의 의지意志보다 더 빠른 너의 노래
너의 노래보다 더한층 신축성伸縮性이 있는
너의 사랑

—「풍뎅이」 전문

〈마리서사〉의 흔적을 찾아 종로3가를 탐방한다. 길거리엔 남녀노소가 제각기 삶의 한 부분을 이루며 저마다 분주하다. 60여년 전 김수영이 생활했던 이 거리엔 그 당시의 풍경 중 어느 것이 남아 있을까. 신작로에서 겨울을 감내하고 있는 가로수만이 그날의 흔적을 간직하고 있을 법하다. 그러나 플라타너스의 나이테도 그만큼의 세월을 담아내지는 못할 것 같다. 마침내 우리의 발걸음이 멈춘 곳은 벽면 전체를 빨간색으로 도배한 '대한보청기' 건물이다. 건물을 이리저리 보아도 이곳이 예전의 〈마리서사〉였음을 알리는 표식은 어디에도 없다. 근처 상가의 덕지덕지 붙은 간판들, 너무도 변해버린 시가지, 김수영이 걸어다녔을 이 거리는 도시의 상징 회색뿐이다. 즐비한 빌딩들이 하늘을 가린다. 먼 곳으로부터 여기에 서 있는 빌딩들이 화면의 원근법을 그려낸다. 캔버스를 채운 원근법의 중심은 사람이 아니라 자동차이다. 앞만 보며 나아가는 차들이 화면 구도의 중심이다. 다시 서울의 황량함이 다가온다.

〈마리서사〉를 찾아가는 길에. 서울 종로 파고다공원 입구

서울, 그 쓸쓸함과 삭막함을 위하여

서울의 쓸쓸함은 김수영의 생가터를 찾아가는 길에서 삭막함으로 다가온다. 수많은 사람들 사이에서 느끼는 고독 혹은 엄청난 스피커 앞에서 들리는 고요가 이런 것일까. 이 화려한 거리에서 과연 김수영 삶의 저장고인 생가터를 엿볼 수 있을 것인가. 회의적이다. 스마트폰으로 검색하고 주위 사람들에게 묻고 하면서 찾은 김수영의 생가터는 대로변에 있었다.

파고다 어학원 1층 바로 앞 횡단보도가 시작되는 지점에 한 평 남

서울 종로 3가 마리서사의 옛 터
(대한보청기 건물)

짓한 공간. 신호등을 기다리는 분주한 시민들이 각자의 삶을 이어주는 길. 파란불과 빨간불이 교차하는 점이지대에 이 겨울을 감내하고 있는 생가터 표지석. 김수영의 간단한 이력과 그가 시인이었다는 사실, 그리고 이곳이 그가 태어나고 살았던 터전이었다는 사실을 드러내고 있다.

횡단보도 앞 많은 사람들이 무심히 빨간불을 응시하고 있다. 우리 일행이 김수영의 생가터를 살피며 연신 카메라를 눌러대고, 표지를 어루만지며 관심을 보이자 옆에 서있던 사람들도 고개를 우리 쪽으로 돌리며 반응을 보인다. 하루에도 여러번 지나는 이 길에 낯선 사람들이 무슨 보물인 양 호들갑을 피우니 호기심과 의아함으로 표지석과 우리들을 번갈아 쳐다본다. "여기에 이런 게 있었네", "김수영이 누구야", "이게 뭐지", "으응 이 사람, 수능에 나왔던 시인이잖아" 등등 반응도 다채롭다. 가로수 보조목에 살짝 가리운 생가터 표지석을 쓸어본다. 저 건너편 길가 비상등을 켜고, 서울의 공포스러운 주정차 위반 딱지를 경계하는 우리 일행을 향해 횡단보도의 깜빡거리는 파란불을 보며 우리도 뛴다. 이렇게 혼란스럽고 경박한 기행이 또 있을까.

눈이 온 뒤에도 또 내린다

생각하고 난 뒤에도 또 내린다
응아 하고 운 뒤에도 또 내릴까

한꺼번에 생각하고 또 내린다
한줄 건너 두줄 건너 또 내릴까

폐허廢墟에 폐허廢墟에 눈이 내릴까

—「눈」 전문

김현경과 결혼한 1950년 한국전쟁이 터진다. 서울의대 부설 간호학교에서 영어강사를 하고 있던 김수영은 피란을 가지 못한다. 그는 서울에 남아 있다가 인민군이 서울을 퇴각할 때 의용군으로 강제 징집되어 이북으로 끌려 간다. 김수영은 평남 야영 훈련장에서 1개월을 훈련받은 뒤 북원훈련소에 배치된다. 김수영은 유엔군이 평양을 탈환하면서 탈옥하듯 도주하여 서울로 서울로 걸어 남하한다. 이때 집 근처인 충무로까지 왔으나 경찰에 체포되어 거제도

파고다어학원 1층 앞 횡단보도 가장자리 김수영 생가 터

포로수용소에 수용된다.

포로수용소 야전병원의 외과원장의 통역일을 하다가 석방된 김수영은 그 이후 수송관의 통역, 선린상고 영어교사, 평화신문사 문화부 차장 등의 직업을 가졌다. 마포구 구수동 41의 2의 주택으로 이사한 1955년 무렵부터는 주로 양계와 번역 일을 하며 힘겹게 가족부양을 했다. 전후 서울은 폐허였다. 폐허에서도 꽃은 피지 않던가. 그러나 그 과정은 힘겹다. 다시 명동으로 모인 문인들의 풍경은 고은이 말했던 "아아 1950년대"라는 탄식에 농축되어 있다.

"독서와 생활을 혼동해서는 안 된다. 전자는 받아들이는 것이고 후자는 뚫고 나가는 것이다." 명동으로 나간 김수영은 '뷔엔나' 다방 한 구석에서 서울의 풍습을 생각한다. '서울은 차디찬 곳이다.' 서울에서 태어난 서울 토박이가 이런 생각을 했다. 그래서일까, 그는 결론이 없는 인생과 같은 서울, 괴상하고 불쌍한 서울, 김수영의 서울에 대한 수사가 시공을 초월하여 현재 내가 느끼는 서울에서의 고독과 교감한다. 여정에는 머무름이 필요하듯 김수영의 족적을 따라가는 길 역시 약간의 쉼표가 필요하다. 서울 토박이 김수영과 시골 촌놈인 나의 교감은 우연일까 필연일까. 대로변 웅장한 식당은 비싸기도 하지만 왠지 심정적으로 싫다. 어쩔 수 없는 시골뜨기다. 이곳은 오묘하다. 큰길가 한 두 블록만 들어가면 풍경이 급변한다. 어느 도시인들 그러지 아니할까만 여기는 유독 심하게 느껴진다. 그 사이사이엔 김수영이 절망하면서 호기롭게 주사를 부렸을 법한 주점이 있을 것만 같다.

첨단의 노래와 정지의 미

50년대 문단에서 김수영은 '노랭이'라는 별명을 얻었다. 누군들 그렇지 않을까만, 모두들 가난했던 당시의 문인들의 경우 원고료는 술값이었고 현실의 경제였다. 김수영은 그러지 않았다. 그것은 문인들의 관행을 거스르는 행동이자 시인답지 않은 모습이었다. 그러나 그에게 있어서 시쓰기는 생활이자 노동이었기 때문에 스스로도 정당했다. 그가 스스로에게 다짐하듯 메모하지 않았던가. 생활은 뚫고 나가는 것이라고.

……활자活字는 반짝거리면서 하늘아래에서
간간이
자유를 말하는데
나의 영靈은 죽어있는 것이 아니냐

벗이여

그대의 말을 고개숙이고 듣는 것이

그대는 마음에 들지 않겠지

마음에 들지 않어라

모두다 마음에 들지 않어라

이 황혼黃昏도 저 돌벽아래 잡초雜草도

담장의 푸른 페인트빛도

저 고요함도 이 고요함도

그대의 정의正義도 우리들의 섬세纖細도

행동行動이 죽음에서 나오는

이 욕된 교외郊外에서는

어제도 오늘도 내일도 마음에 들지 않어라

그대는 반짝거리면서 하늘아래에서

간간이

자유를 말하는데

우스워라 나의 영靈은 죽어있는 것이 아니냐

—「사령」 전문

4.19는 김수영의 시세계를 꽃 피운다. 그의 언어들은 풍자와 해탈 사이를 질주한다. 그의 시는 독재, 빈곤, 무지, 허위, 속물 근성을 사정없이 질타했고, 후진국 지식인의 설움을 독자와 허심탄회하게 나눈다. 자신 내부의 '적'을 향한 '나는 왜 조그만 일에만 분개하는가'를 정직하게 고백한다. 그리고 김수영은 소시민적 자아의 소심함과 비겁함을 까발리며 치를 떤다. 김수영은 보았다. 피를 흘리며

달리는 학생, 더 달리지 못하고 쓰러지는 학생, 힘없이 처진 학생의 어깨를 질질 끄는 경찰, 안타깝게 바라보는 방관자와 적극적으로 참가하는 시민. 가슴이 쿵꽝거린다. 다리가 후들거린다. 손가락이 꼬물꼬물 한시도 가만히 있을 수 없다.

미네르바의 부엉이는 황혼녘이 되어서야 난다

김수영의 작시는 4월 혁명 무렵 집중적으로 나타난다. 그러나 이듬해 군사쿠데타로 인해 정국에는 다시 공포와 고요가 흐른다. 당대 문단의 상황 또한 이와 다르지 않았다. 김수영은 침잠하고 내밀화된다. 그는 스스로에게 묻는다. "자꾸자꾸 소심해져만간다/ 동요도 없이 반성도 없이/ 자꾸자꾸 소인小人이 돼간다/ 속俗돼간다 속俗돼간다/ 끝없이 끝없이 동요도 없이"(「강가에서」), "모래야 나는 얼만큼 적으냐/ 바람아 먼지야 풀아 나는 얼마큼 적으냐/ 정말 얼마큼 적으냐……"(「어느날 고궁을 나오면서」). 김수영은 왕궁의 음탕에 정당하게 저항하지 못하고, 끌려간 작가를 위해 항변하지 못하고, 동회 직원이나 구청 직원에게도 제대로 된 물음표 하나 던지지 못하면서 갈비탕집 주인네같은 소소하고 소외된 타자들에게 화풀이를 하는 소시민적 자아를 정직하게 드러낸다. 정말로 진실된 용기로 그리고 정직하게.

나는 너무나 많은 첨단尖端의 노래만을 불러왔다
나는 정지停止의 미美에 너무나 등한等閑하였다
나무여 영혼靈魂이여
가벼운 참새같이 나는 잠시 너의
흉하지 않은 가지 위에 피곤한 몸을 앉힌다
성장成長은 소크라테스 이후의 모든 현인賢人들이 하여온 일
정리整理는
전란戰亂에 시달린 이십세기二十世紀 시인詩人들이 하여놓은 일
그래도 나무는 자라고 있다 영혼靈魂은
그리고 교훈敎訓은 운명運命은
나는
아직도 명령命令의 과잉過剩을 용서할 수 없는 시대時代이지만
이 시대時代는 아직도 명령命令의 과잉過剩을 요구하는 밤이다
나는 그러한 밤에는 부엉이의 노래를 부를 줄도 안다

지지한 노래를
더러운 노래를 생기生氣없는 노래를
아아 하나의 명령命令을

—「서시」 전문

김수영은 명령의 과잉을 용서할 수 없는 시대에 살지만 그 시대가 아직도 명령의 과잉을 요구하는 밤이란 걸 느낀다. 그리고 그 밤에 지지하고 더럽고 생기없는 노래를 미네르바의 부엉이가 되어 부른다. 반세기가 더 지난 지금. 99%의 힘으로 1%의 권력에 대항하

는 전세계적 흐름을 떠올린다. 소수의 절대 권력과 다수의 권력 대상화. 그가 살았던 시대에도 지금에도 여전히 유효하다. 자신이 '바로 보기' 위해 노력했던 현대의 속도는 아이러니하게도 속도의 상징인 자동차(버스)에 의해 김수영의 삶을 마감시킨다. 그가 불렀던 노래는 1968년 6월 15일 밤 11시 30분경에 멈추지만 '첨단의 노래'만이 미덕인 이 사회에서 여전히 '정지의 미'로 메아리 친다.

문학기행을 정리하며 다시 경부고속도로 톨게이트로 방향을 잡는다. 고속도로에 진입하기 위한 진저리치는 서행이 계속된다. 조금

도봉산 등산로에서 색소폰을 연주하는 거리의 악사

만 더 참는다면 시원스레 밟을 수 있을 것이다. 속도가 속도를 반성하지 않듯 더욱 빠른 속도로 이곳 김수영의 삶과 문학이 깃든 서울을 내뺄 것이다. 그러나 아무리 빨리 달린다 하더라도 그의 노래를 추월할 수는 없다. 정지의 미를 등한시 했기 때문이다. 그의 노래는 지지하고 옹색하다. 그러나 첨단의 노래만이 세련되고 현대적이며 최신의 경향을 반영하는 것이라 생각하는 나를 옹졸하게 만든다. 과연 나는 정지와 느림의 미를 생각한 적이 있었는가. 김수영이 첫째도, 둘째도, 마지막도 나의 욕망은 '표현의 자유'라고 항변했던 절규의 본질이 나로부터 시작한다는 것을. 그리고 내가 나일 수 있는 나만의 그 무언가를 생각했는지, 그것이 아버지의 아버지의 아버지로부터 연원하는 '거대한 뿌리'라는 것을….

전통傳統은 아무리 더러운 전통傳統이라고 좋다 나는 광화문光化門
네거리에서 시구문의 진창을 연상하고 인환寅煥네
처갓집 옆의 지금은 매립埋立한 개울에서 아낙네들이
양잿물 솥에 불을 지피며 빨래하던 시절을 생각하고
이 우울한 시대를 패러다이스처럼 생각한다

도봉서원 옆 풀이 눕는다
바람보다도 더 빨리

버드 비숍여사女史를 안 뒤부터는 썩어빠진 대한민국이
괴롭지 않다 오히려 황송하다 역사歷史는 아무리
더러운 역사歷史라도 좋다
진창은 아무리 더러운 진창이라도 좋다
나에게 놋주발보다도 더 쨍쨍 울리는 추억追憶이
있는 한 인간人間은 영원하고 사랑도 그렇다

비숍여사女史와 연애를 하고 있는 동안에는 진보주의자進步主義者와
사회주의자社會主義者는 네에미 씹이다 통일統一도 중립中立도 개좆이다
은밀隱密도 심오深奧도 학구學究도 체면體面도 인습因習도 치안국治安局
으로 가라 동양척식회사東洋拓植會社, 일본영사관日本領事館, 대한민국
관리大韓民國官吏, 아이스크림은 미국놈 좆대강이나 빨아라 그러나
요강, 망건, 장죽, 종묘상種苗商, 장전, 구리개 약방, 신전,
피혁점, 곰보, 애꾸, 애 못 낳는 여자, 무식쟁이,
이 모든 무수無數한 반동反動이 좋다
이 땅에 발을 붙이기 위해서는
…제삼인도고第三人道橋의 물 속에 박은 철근鐵筋기둥도 내가 내 땅에
박는 거대한 뿌리에 비하면 좀벌레의 솜털
내가 내 땅에 박는 거대한 뿌리에 비하면

괴기영화怪奇映畵의 맘모스를 연상시키는
까치도 까마귀도 응접을 못하는 시꺼먼 가지를 가진
나도 감히 상상想像을 못하는 거대한 뿌리에 비하면……

—「거대한 뿌리」 부분

도회지를 서성이는 농경의 추억

| 변영로 | 시린 강물에 양귀비꽃 흘러라 안현수

| 홍사용 | 삶이여, 시인의 눈물을 읽어라 이승철

| 조병화 | 나를 잃는 예습을 하고 있습니다 신현미

| 기형도 | 우울한 도시에서의 짧은 기록 송지선

변영로

시린 강물에 양귀비꽃 흘러라

1897~1961

| 안현수 |

식민지 지성의 뼈아픈 자기반성
어서 여기와 무릎 꿇라
사랑은 깊고 짙푸른 하늘이 되어
시공을 뛰어넘는 애절한 사랑노래
죽음아, 너에게 입을 맞추리
너울거리는 흰 구름 한 장 가슴에 담아

식민지 지성의 뼈아픈 자기반성

올 여름 삼복은 유난히 길고 무덥다. 그런데 변영로를 만나러 가는 날, 견디기 힘들었던 무더위를 쫓아내는 기분 좋은 비가 내린다. 달궈진 승용차 지붕에서 모락모락 김이 오른다. 예감이 좋다. 이 비는 삼복지절 먼 길 떠나는 내내 값진 선물이 될 것이다. 무더위와 싸우며 낯선 곳에서 이방인이 되어 헤맬 생각만으로도 겁이 날 지경이었으니 말이다. 고속도로는 젖어 있었다. 질퍽거리는 노면이 갈 길을 더디게 한다. 그래도 좋다. 내비게이션 화면 속 목적지라고 표기된 점 위에 빨간 깃발이 펄럭인다.

여행은 늘 아름다운 유혹이다. 이따금 우중충한 회색의 도시를 벗어나고 싶을 때면 하얀 유리창을 톡톡 경쾌하게 두드리는 빗방울처럼 가벼운 걸음으로 나는 드넓은 자연의 품속으로 달음질한다. 동행이 있어도 좋고 혼자라도 괜찮다. 제법 굵은 빗줄기가 차창을 때린다. 창문을 조금 내리고 휘파람을 불었다. 휘파람 소리는 비 내리는 도로 위에 흩어진다.

휘파람을 불던 여유는 간 데 없고 가다 서다를 반복하는 차량 행렬에 한숨만 켜켜이 쌓인다. 짜증과 답답함이 극에 달할 즈음 휴게소가 눈에 들어온다. 핸들을 꺾어 들어서니 주차장은 이미 만원이다. 주유소 입구에 억지로 차를 세웠다. 손님인 줄 알고 달려 나오던 주유원이 불편한 얼굴로 사무실로 다시 들어가며 뒤를 돌아본다. 손 한 번 들어주는 것으로 미안함을 대신한다. 휴게소를 점령한 이들 대부분이 휴가객들이다. 삼삼오오 군것질 삼매경에 빠져 있다. 하기야, 나들이 떠나는 길에 어떤 음식이야 맛이 없으리. 잡다한 수다로 휴게소는 주차장보다 더 어수선하다.

사람들 틈새를 비집어 자판기 커피 한 잔을 뽑아들고 급히 차에 들어와 앉았다. 진한 커피 향이 차 안을 채운다. 수증기로 차창이 이내 뿌옇게 흐려진다. 지붕을 두드리는 경쾌한 빗소리가 비발디 사계의 여름을 노래하는 것만 같다. 의자를 눕혀 잠시 눈을 감았다. 이번 여행으로 여름이 지나갔으면 생각했다. 아니 수주를 만나 여름을 떠나보내고 싶었다. 더위를 견디지 못하고 무료하게 보내는 일상이 지루하기 짝이 없던 터라 변영로의 시를 읊조리며 보낸 시간을 무더위 때문에 잃고 싶지 않은 까닭이다.

변영로는 박람강기博覽强記의 삶을 살았다. 서울에서 태어나 재동보통학교를 거쳐 1915년 조선중앙기독청년학교 영어반에 입학해 3년 과정을 6개월 만에 마쳐 수재로 불린다. 3·1운동 때는 YMCA의 구석진 방에서 일경의 눈을 피해가며 3·1독립선언서를 영역해 해

길은 멀고 비는 온다,
빗속의 여름.

1953년 모 부대행사에 참여한 시인, 가운데.

외로 발송하던 일도 도맡는다.

『여성동아』의 전신인 『신가정』 주간으로 재직하던 중, 베를린올림픽 마라톤을 제패했던 손기정 선수의 다리만을 게재하고 '조선의 건각'이라는 제목을 붙이는 기개를 숨기지 않더니 일본 총독부의 비위를 건드려 끝내 직장에 사표를 내던지고 만다.

하지만 자신이 발표한 글들이 총독부 검열에서 붉은 줄이 그어지고 함부로 첨삭 가감당하는 수모에 분개하며 "굶어 죽을지언정 뼈 없는 글을 쓰지 않겠다"며 붓을 꺾고 고향 부천으로 내려간다. 그의 호 수주樹州는 고려시대 부천의 이름이다. 조상이 500여년을 살아 온 고향의 옛 이름을 호로 삼은 것이다. 고향에 대한 특별한 애정은 수주라는 호에서도 찾을 수 있지만 그러고 보니 변영로의 고향에 대한 정서가 「향수」로 대변되는 정지용의 시 「고향」과 닮았다.

여러해만에 그립던 고향을
찾았더니 사람도 낯설고
마을 옛 모습 씻은 듯하구나.
햇볕 사립짝에 졸고 졸던 고향
키당다리 어송화들 너머로
기웃대던 고향
앉은뱅이 채송화 섬돌 밑에
기기만 하던 고향
눈 유난히 어진 소 밭 갈면서 졸던 고향

눈딱부리 개구리는 모른다는 듯
인사성 없이 한창 재준 체 풍덩 물속
뛰어들던 그 고향
점잖은 체 곧잘 서 있던 껑정한
흰 백로는 뉘 저 잡을세라
뻥 날아가던 고향

아—그리웁고나 평화롭던 옛 고향이여!
거칠고 쓸쓸코 요란해진 내 고향이여!
이렇고 저렇고 턱없이 서투르기만 하네
반갑던 그 얼굴 정다웁던 그 음성
이제엔 어디메로
사람도 바뀌고 마을 옛 모습 찾을 길 없거니.

—「고향」 전문

누구나 고향이 있다. 마음만 먹으면 달려갈 수 있는 지척지간에

진주성 촉석루 앞에 있는
「논개」 시비, 의기와 절개의
언어가 돌보다 단단하다.

있거나 행장을 차려야 하는 먼 거리에 있는 경우도 많다. 태어날 때부터 고향에서 생활하는 이들도 있겠지만 많은 이들의 공통점은 고향을 떠나있다는 사실이다. 그래서 고향은 항상 어릴 적 추억으로 장식되어 그립고 다시 돌아가고 싶은 곳으로 각인된다. 타지에서의 삶이 아무리 풍요롭고 여유롭다 하더라도 고향을 잊게 만들 만큼의 힘은 가지지 못한다. 더욱이 지치고 힘들어 쉬고 싶다는 단순한 일상의 생각들이 스멀스멀 일어날 때 제일 먼저 떠오르는 심상에 고향은 늘 중심을 차지하고 있다. 하지만 달려간 고향의 모습은 예전과 너무나 다르다. 벌판처럼 넓고 높던 마당은 두어 발자국 내딛으면 넉넉하고, 손만 내밀어도 닿을 것 같은 뒤란 장독대 옆 대추나무는 오히려 키가 작아져 있기 일쑤다. 아니, 고향은 옛 모습 그대로인데, 세상의 풍파에 시달려 때가 묻고 감성이 사라진 자신의 서글픈 형상 때문이다.

시인이 노래한 고향도 이미 예전의 고향은 아니었다. 풍경, 정경은 모두 예와 다름이 없는데, 정작 마음은 낯설어 타향처럼 느껴지는 것이다. 고향을 떠나 있는 동안 그가 겪었을 상처가 깊고 컸던 탓도 있을 것이다. 그런데 어떤 이들은 시인이 느끼는 고향은 식민지치하 지식인의 고향 상실 의식, 그것은 곧 나라를 잃은 설움과 직결된다고 읽는다. 고향에 돌아와도 예전의 고향이 아니라고 느끼는 의식은 식민지 지성의 뼈아픈 자기반성이라는 것이다. 그러고 보니 일제하에 지어진 우리의 시에 나그네의 비애나 고통을 다루거나, 부모 상실의 아픔을 암시하는 시가 유난히 많았다는 사실은 이와 유사한 맥락으로 볼 수도 있다.

변씨 문중의 선산 입구에 있는 천연색 이정표, 부천시 고강동.

하지만 수주에게 있어 고향은 “반갑던 그 얼굴”과 “정다웁던 그 음성”이 떠나고 없는, 돌담 돌아 아침마다 마주치던 옆집 누나의 해맑은 미소일 수도 있고 “눈딱부리 개구리” 잡아 놀다가 기진하면 “앉은뱅이 섬돌 밑”에 묻어두고 주문을 외던, 어쩌면 고향이라는 단어만으로도 맨 먼저 떠오르는 고만고만한 그리움의 대명사로 읽어도 좋을 것이다.

어서 여기와 무릎 꿇라

비는 잠시 뜸해지고 구름 사이로 햇살이 고개를 내민다. 고속도로 휴게소에서 잠깐 눈을 부친 새 깜빡 잠이 들었나 보다. 예기치 못한 망중한이 사치처럼 느껴진다. 괜히 또 마음이 급해진다. 고속도로에 진입해 페달을 깊게 밟는다.

휴게소에서 지체한 시간이 괜히 마음을 조급하게 만든다. 그 조급함으로 쉼 없이 달려 도착한 부천. 바다로 산으로 떠나는 나들이는 아니었지만, 목적지에 도착했다고 생각하니 피곤함마저 기분이 좋다. 예정대로 나름의 일정표에 꼼꼼하게 밑줄을 그으며 맨 먼저 부천시 오정구 고강동에 위치한 수주 기념비와 묘지를 찾는다.

거리는 한산하다. 내비게이션의 안내를 착실하게 따라가니 차 한 대 겨우 몸부림치며 빠져나갈 골목으로 들어선다. 허름한 주택가 담벼락에 기대듯 차를 세웠다. 비는 그친 지 오래지만 오가는 이들의 손에는 아직 우산이 들려있다. 차 문을 열었다. 훅~ 열기가 얼굴을 때린다. 비로 인한 습기와 만나 체감되는 열기가 갑절 이상이다. 여기저기 질퍽거리는 흙탕물이 흘러내린다.

골목을 돌아 올라가니 '수주 변영로 선생 기념비 입구'라고 새겨진 대리석이 떡 하니 서 있다. 그러고 보니 골목 여기저기 문패에 변卞씨 성이 자주 눈에 띈다. 이곳이 변씨 문중 소유의 산이라는 것을 짐작할 수 있다. 화살표를 따라 다시 걷는다. 묘지로 가는 작은 오솔길이 정겹다. 어깨를 툭툭 치는 물기 먹은 나뭇잎들은 초록빛만으로도 싱그럽다. 나무들은 비로 몸살을 앓은 듯 축 처진 채 서 있고, 나직이 엎드려 있는 초록빛 풀잎에서 빗방울이 또르르 굴렀다.

수주 변영로 선생의 묘는 고강동 야트막한 선산에 자리하고 있다. 잡풀 무성하게 이방인의 허리를 감아 당기는 묘지에는 생전의 기록들을 빼곡이 적어 놓은 오래된 비석들만 말없이 지키고 있다. 나뭇가지 하나를 집어 휘저으며 잡풀과 웃자란 개망초를 넘어뜨려 길을 만들어 겨우 발을 내딛는다. 석장승은 무표정하게 세월의 무상함을 대변하고 있다.

묘지 앞에 있는
「생시에 못 뵈올 임을」 시비

이곳에는 조부모와 부모의 묘도 함께 자리하고 있다. 가족묘인 셈이다. 영만榮晩·영태榮泰와 더불어 '한국의 삼변三卞'으로 불린 형제의 묘도 나란하다. 그리고 카메라 파인더에 비친 비석 하나. '수주 변영로 선생 기념비'다. 입구에 현대식으로 매끄럽게 세워져 있던 키 큰 안내비와 그 초라함이 너무 대조적이다. 습기와 비에 젖은 풀밭에 몇 번이고 미끄러져 넘어지며 묘비를 한 바퀴 둘러보았다.

앞면에는 변영로의 시 「생시에 못 뵈올 임을」의 전반부가 음각으로 새겨 있고, 뒷면에는 성균관대학교 재직 시절 동료였던 일석 이희승李熙昇이 찬한 글이 새겨 있다.

> 생시에 못 뵈올 임을 꿈에나 뵐까 하여
> 꿈 가는 푸른 고개 넘기는 넘었으나
>
> 꿈조차 흔들리우고 흔들리어
> 그립던 그대 가까울 듯 멀어라.
>
> 아, 미끄럽지 않은 곳에 미끄러져
> 그대와 나 사이엔 만 리가 격했어라.
>
> 다시 못 뵈올 그대의 고운 얼굴
> 사라지는 옛 꿈보다도 희미하여라.
>
> ―「생시에 못 뵈올 임을」 전문

임과의 이별과 애틋한 그리움을 기가 막힌 은유와 상징으로 형상화한 아름다운 노래다. 손에 잡힐 듯 멀기만 한 사랑을 꿈 속에서라도 만나고자 했던 시인의 간절함이 행간마다 가득하다.

세월의 더께만큼 닳아 반질해진 시비만큼이나 반복되는 이론만으로는 설명되지 않는 수주의 "임"은 누구일까? 무엇일까? 설령 그것이 나만의 상상이라 해도 상관없다. 너무나 그리워 염원하던 임을 만나기 위해 "꿈 가는 푸른 고개"를 넘고 있는 수주를 따라가고 있는 나를 보았기 때문이다. 현실에서는 만날 수 없는 임, 그래서 꿈에서나마 만나고자 했으나 우리를 "미끄러"지게 만드는 것들 때문에 안타까운 것은 그 때나 지금이나 별반 다르지 않을 것이다. 사랑은 동서고금을 막론하고 시인들이 가장 오래, 가장 많이 다룬 소재이다. 그럼에도 시로 표현된 사랑의 모양과 감성들이 천차만별이다. 사랑마저 인스턴트라는 낯선 용어가 접두사처럼 붙어야 설명되는 지금의 세태를 생각하면 묘비에 새겨진 수주의 시는 작은 희열마저 느끼게 한다.

그리고 1998년 세워졌다는 바로 옆 묘비 건립기 맨 마지막에는 다음과 같은 글이 떡 하니 새겨져 있다.

> 얄팍한 사람들아
> 누가 수주를 주정뱅이라고 했더냐
> 어서 여기와 무릎 꿇라

대단한 반전이다. 그의 작품과 정서를 느끼기도 전에 술을 먼저 연상하는 이들에 대한 일갈一喝인 것처럼 느껴진다. 그러고 보니 시를 읽고 감동을 받는 데 방해가 되는 "미끄러"지게 만드는 것들이 도처에 널려 있다. 작품을 보기 전에 세태를 읽고 주변의 이목을 신경 쓰는 우리네 편협하고 얄팍한 학문적 견해와 경직된 사고가 그것이다. 나도 그곳에 무릎을 꿇어야 했다.

산에서 내려오는 길에 만난 아낙의 색 바랜 바가지에는 아직 다듬지 않은 채소 한 움큼이 담겼다. 아마도 저녁 찬거리인 모양이다. 염치없이 허기가 꼬르륵 소리를 낸다. 그 푸성귀 바가지 채로 고추장 듬뿍 비벼 한 숟갈 떠 넣었으면 더 할 나위 없을 것이다. 군침을 삼키며 말을 건넨다. 변卞씨가 선명한 문패 걸린 철문을 배경으로 선 아낙은 변영로라는 이름을 앞세웠지만 지레짐작한 듯 손사래를 친다. 그간 이런저런 이유로 찾아온 사람들이 나 말고도 또 있었나 보다.

총총 걸음으로 대문 안으로 들어가는 모습이 원망스러워 몸을 돌리려는데 세월의 무게만큼 먼지가 앉은 청수정淸水井이라는 우물이 발길을 잡는다. 이 우물은 1443년 세종 15년에 공장공 자헌대부 공조판서 변공종인卞公宗仁이 이곳에 정주할 때 판 우물이다. 이름 그대로 물맛이 신선하고 청아하여 약수로 이름났다는데 정작 지금은 물맛을 볼 수 없다. 양철로 뚜껑을 덮고 굵은 자물통마저 채웠다. 우물이 마른 것도 이유지만 관리의 어려움 때문이라니 그 무던함에 한숨이 나왔다. 푸성귀에 고추장, 그리고 청수정의 시원한 약수로 버무린 비빔밥이 자꾸만 아른거린다.

수주 변영로 기념비 입구에 있는 안내비석

문득 땀에 젖은 목덜미가 가렵다. 산모기에 뜯긴 종아리며 팔에는 노을처럼 불그스레 훈장이 남았다. 구름 낮게 깔린 하늘에서는 굉음과 함께 사선을 그으며 비행기가 지나가고 있다.

사랑은 깊고 짙푸른 하늘이 되어

해방 이후 6·25 동란 등의 변란으로 부산 피난 시절을 맞고 진해 해군 사관학교 교관과 대한공론사 사장 등 많은 직업적 변신을 거듭했던 수주. 1953년에 펴낸 수필집 『명정 40년』은 장안의 화제를 불러일으키기도 했다. 어쩌면 그에게 있어 시는 전문적이고 직업적인 대상이 아니었는지도 모른다. 그러나 그는 한 시대를 살다 간 뜻 있는 선비의 정신적 방황과 애국적인 격정, 비애의 시혼을 소유했던 사람이었다.

> 역시 혜화동 우거에서 지낼 때였다. 주도酒道의 명인들인 공초空超 오상순, 성재誠齋 이관구, 횡보橫步 염상섭, 3주선酒仙이 내방하였다.(…중략…)
>
> 참으로 그날에 한하여서는 쾌음快飮, 호음豪飮하였다. 객담客談, 고담古談, 농담弄談, 치담痴談, 문학담文學談을 순서 없이 지껄이며 권커니 자커니 마셨다.(…하략…)
>
> —「백주白晝에 소를 타고」 부분

변영로의 술과 풍류행각은 가히 전대미문의 그것이다. 그는 한 번 술을 마시면 몇 날 며칠 밤을 앉은 채로 꼬박 새우기 일쑤였다. 당대의 4대 주선酒仙으로 일컬어지던 오상순, 이관구, 염상섭 등과 함께 대취하여 성균관대학 뒷산 사발정 약수터로부터 옷을 홀딱 벗은 채 소를 타고 내려와 인근 주민들을 기겁하게 만들더니 결국

신고를 받고 출동한 순경에 끌려가 곤경을 치른다.

또, 술에 대취한 그가 홍난파의 집 안방에서 몸에 아무 것도 걸치지 않은 알몸뚱이로 벌거벗고 자다 심한 갈증으로 깨어나 물을 마시려고 마루로 나섰다가, 마침 여름철이라 마루에 모기장을 쳐 놓고 자고 있던 그 집 아낙네들 위로 넘어져 혼비백산하게 만들었다는 얘기들은 그 전대미문의 신화 한 조각에 불과하다. 변영로는 이미 소학교 취학 연령 이전부터 아버지 무릎에 앉아 한 두 잔씩 얻어마시던 버릇이 누구도 감히 흉내 낼 수 없는 주객의 길로 곧장 직진하게 만들어버린, 고색창연한 주도酒道의 역사를 갖고 있다.

이런저런 생각으로 시간을 보내다보니 해가 떨어졌다. 하루 일정으로는 무리라는 걸 알았지만 그래도 묘에서 너무 오래 머물렀다. 핸드폰 배터리도 수명을 다했다. 묘지에서 3Km 밖에 있는 「봄비」 시비와 변영로 선생 기념좌상으로 바쁜 걸음을 옮긴다.

선산에 있는 변씨 문중의 묘소들.

경기도 부천시 오정구 고강동 11-26번지. 뿌연 안개 자욱이 내려앉은 왕복 8차선 도로 한 가운데 '오정큰길'이라는 커다란 돌비석 이정표가 길을 막는다. 부천과 서울의 경계지점인 고강지하차도 삼거리 교차로에 변영로 선생의 기념동상(좌상)과 「봄비」 시비가 있다.

나즉하고 그윽하게 부르는 소리 있어
나아가 보니 아, 나아가 보니
졸음 잔뜩 실은 듯한 젖빛 구름만이
무척이나 가쁜 듯이 한없이 게으르게
푸른 하늘 위를 거닌다
아, 잃은 것 없이 서운한 나의 마음!

나즉하고 그윽하게 부르는 소리 있어
나아가 보니 아, 나아가 보니
어렴풋이 나는 지난날의 회상같이
떨리는 뵈지 않는 꽃의 입김만이
그의 향기로운 자랑 안에 자지러지노라!
아, 찔림 없이 아픈 나의 가슴!

나즉하고 그윽하게 부르는 소리 있어
나아가 보니 아, 나아가 보니
이제는 젖빛 구름도 꽃의 입김도 자취 없고
다만 비둘기 발목만 붉히는 은실 같은 봄비만이
소리도 없이 근심같이 나리누나!
아, 안 올 사람 기다리는 나의 마음!

—「봄비」 전문

시인은 봄비를 형용하고 비유하여 "비둘기 발목만 붉히는 은실 같은 봄비"라고 했다. 소리 없이 내리는 비의 모습을 "은실과 같"이

고강동에서 변시 문중의 역사를 함께한 샘의 이력

내린다고 한 것이다. "은실 같은 봄비"가 수주 변영로 선생에게는 한 편의 시를 쓰지 않으면 안 될 동기가 되었나 보다. 시인에게는 "찔림이 없"어도 가슴이 아픈 절절한 감성이 살아있다.

또한 '졸음 잔뜩 실은 듯한 젖빛 구름', '푸른 하늘 위를 거닌다', '뵈지 않는 꽃의 입김', '찔림 없이 아픈 나의 가슴' 등의 구절에서 읽을 수 있는 것은 섬세한 상상력과 폭넓은 수용자세이다. 시인이 시적 대상을 어떤 시점에서 수용하는가는 시가 주는 감동의 빛깔을 좌우한다. 변영로는 이처럼 노래하고자 하는 사물과 대상을 미세한 관찰을 통해 서정적으로 인식하는 힘이 놀랍다. 그래서인지 이 시를 읽고 있으면 마치 봄비 소리가 마음속에 들려오듯 한층 고조된 미적 감흥을 느끼게 된다. 미처 느끼지 못했던 봄비의 이미지가 새롭게 살아난다.

변씨 문중이 고강동에 정착할 때 판 청수정을 현대식으로 정비했다.

변영로의 좌상은 지난 2001년 선생의 서거 40주년을 맞아 부천시와 후손들이 세운 것이다. 깔끔하게 단장된 잔디와 고즈넉한 벤치까지 작은 소공원을 방불케 한다. 공공근로를 마치고 돌아간다던 손마디 거친 아주머니는 밤에 형형색색의 조명이 선생의 동상을 비추면 "끝내주게 멋지다"며 자랑이다. 선생의 삶이나 시보다는 화려한 조명을 먼저 생각한 것이다. 문학도 현실과 동떨어진다면 일부의 향유물로 전락할지도 모르는 일, 그렇다면 대로변에 부천을 알리는 이정표가 되어 조명을 받고 있는 선생의 동상도 지역민들에게는 나름의 자랑이 될 수 있을지 모른다.

고개를 들었다. 비가 그친 후 하늘은 끝없이 깊고 짙푸르렀다. 수주가 하늘이 되어 있었다. 나무 벤치에 앉아 지친 다리를 쉰다. 아직 식지 않은 벤치를 달궜던 한낮의 열기가 묘지에서 산모기에 일격을 당한 엉덩이를 어루만진다.

시공을 뛰어넘는 애절한 사랑노래 따라 부르다

이번 여행에서 얻은 가장 큰 수확이라면 변영로를 생각하며 '사랑'이라는 단어를 새롭게 떠올리게 되었다는 것이다. 변영로라는 이름을 떠올리면 대부분의 사람들은 그의 대표작이라 할 수 있는 「논개」나 「봄비」를 언급하기에 주저하지 않는다. 「논개」는 1924년 발간된 그의 첫 시집 『조선의 마음』에 수록됐다. 우국충절, 애국심을 느낄 수밖에 없는 강렬한 「논개」 뿐만 아니라 시집에 실린 작품 대부분이 민족적 색채가 짙다. 아니, 그렇게 읽힌다. 그래서인지 변영로의 시는 올곧고 저항적인 시편들로 알려져 있다.

시인의 기념물인 있는 오정큰길 교차로의 공터.
이곳은 변씨 문중이 오백년 동안 세도한 곳으로서 '오정'은 인조 때 도총관을 지낸 변삼근의 아호이다.

한편으로는 우리말의 아름다움을 잘 표현한 서정성 짙은 작품이라는 데 이견이 없다. 묘비에 새겨진 시가 그렇고 다음의 「낮에 오시기 꺼리시면」 시가 그렇다. 아름다운 언어의 조탁으로 사랑과 그리움이 행간 곳곳에 스며든 연시는 변영로 시의 또 다른 서정성을 느끼기에 충분하다. 누군가는 '사람만이 희망'이라고 노래한다. 변영로는 사람을 그리워하고 사랑을 노래한 희망의 시인이었다.

낮에 오시기 꺼리시면
꿈에나마 오소사
꿈에까지도 안 오시면
'꿈까지도 버리시나' 하고
나는 야속하여 하렵니다
계신 곳 모를 아낙네시여

오소사 오소사
꿈에나마 오소사
물결 따르는 달빛같이
물결 따르는 달빛같이
오소서 빛 없는 나의 꿈을
태우듯이 비치소사

—「낮에 오시기 꺼리시면」 전문

중절모를 쓴 시인의 좌상과
그가 부른 노래가 봄날의
비처럼 쓸쓸하게 서 있다.

많은 시인들이 꿈을 소재로 삼는다. 비단 시인들만 그런 것은 아닐 터. 현실에서는 불가능한 것들을 꿈에서나마 소원하는 마음이 '꿈'이라는 단어에 응축되어 있음을 변영로의 작품 전편에서 수시로 만날 수 있다. 변영로가 살았던 고단했던 시대상황을 엿볼 수 있는 작품들에 자주 등장하는 '꿈'은 어쩌면 지금 우리의 삶과도 그 끈이 이어져 있다. 만나고 싶고, 손목을 잡고 싶고, 그냥 생각만 해도 마음이 넉넉해지는 사랑, 하지만 볼 수 없고 만질 수 없는 마음을 표현하기에 '꿈'보다 적절한 시어가 어디 있을까.

꿈에서는 모든 것이 가능하다. "물결 따르는 달빛같이" 사랑하는 임이 올 수 있는 길을 시인은 만들어 놓았다. 그 이유는 "낮에 오시기 꺼"려 하는 까닭이다. 그렇다고 어두운 밤길을 강요하지 않는다. 달빛이 있기 때문이다. 그래서 사랑은 겁이 없다. 그 어떤 장애물도 뛰어넘을 수 있는 에너지원이다. 변영로의 사랑이 구구절절 가슴을 일렁이게 한다. 시공을 뛰어 넘는 시인의 애절한 사랑노래에 정신이 혼미할 지경이다.

사랑은 겁 없는 가슴으로서
부드러운 임의 가슴에 건너 매여진

일렁일렁 흔들리는 실이니
사람아 목숨 가리지 않거든
그 흔들거리는 실 끊어지기 전
저편 언덕 건너가지

—「사랑은」 전문

죽음아, 너에게 입을 맞추리

중동 신시가지 중앙공원에 「논개」 시비가 있다. 변영로의 좌상이 있는 고강동에서 멀지 않은 곳이다. 중학교 국어시간에 주제는 어떻고, 소재는 어떻고 하며 밑도 끝도 없이 받아 적던 기억이 떠오른다. 그때 「논개」는 무조건 외워야 되는, 그래서 답안지 작성을 잘 해야 하는 공부해야할 대상일 뿐이었다. 그 시절 김밥 싸들고 야유회 떠났던 진주 촉석루에서조차 「논개」 시비는 기념촬영의 배경이었다.

거룩한 분노憤怒는
종교宗敎보다도
불붙는 정열情熱은
사랑보다도 강하다.
아! 강낭콩 꽃보다도 더 푸른
그 물결 위에

양귀비꽃보다도 더 붉은
그 마음 흘러라.

아리땁던 그 아미蛾眉
높게 흔들리우며
그 석류石榴 속 같은 입술
죽음을 입맞추었네!
아! 강낭콩 꽃보다도 더 푸른
그 물결 위에
양귀비꽃보다도 더 붉은
그 마음 흘러라.

흐르는 강물
길이길이 푸르리니
그대의 꽃다운 혼魂
어이 아니 붉으랴.
아! 강낭콩 꽃보다도 더 푸른
그 물결
양귀비꽃보다도 더 붉은
그 마음 흘러라.

—「논개」 전문

민족적 분노를 극적으로 보여주었던 한 기녀의 애국적 행위가 조선 사람들의 마음속에 설화처럼 심어져 왔다. 한 여인의 정조관, 애국적 행위, 죽음으로 대신하는 결연한 정신은 우리 민족이 지닌 설화적 배경이기도 하나, 이러한 설화의 사실성을 관념적인 구조로 집약시킨 것이 「논개」라고 할 수 있다. 수주는 '거룩한 분노'와 '종교', 그리고 '불붙는 정열'과 '사랑'의 비유는 인간이 추구하는 엄숙미와 집념을 고전적인 미의식으로 표출해내고 있다. 다시 말하면 특정 인물을 시의 제목으로 삼았으나 그 내용은 단순히 한 여인을 노래했다기보다는 민족의 역사적 질곡을 정서적으로 반영하고 있는 것이다. 즉, 비유적인 상징성을 고도화시킨 데 이 시가 성공할 수 있는 비결이 숨어 있는 것으로 보인다. 그래서 읽는 이에게 공감의 폭을 크게 하는 힘으로 작용하고 있다.

오늘 새로운 「논개」를 읽으며 '논개'의 마음을, 「조선의 마음」을 생각한다.

조선의 마음을 어디 가서 찾을까
조선의 마음을 어디 가서 찾을까
굴 속을 엿볼까.
바다 밑을 뒤져 볼까.
빽빽한 버들가지 틈을 헤쳐 볼까
아득한 하늘가나 바라다볼까
아, 조선의 마음을 어디 가서 찾아볼까
조선의 마음은 지향할 수 없는 마음, 설운 마음!

—「조선의 마음」 전문

그런데 시집의 제목이 시사하듯 개인적인 우울과 분노, 혹은 시대적 상황이 주는 좌절과 패배의식을 주체하지 못하고 수주는 집단의식의 방법을 썼다. 대체로 시어가 개인적인 데 반해 그는 조선의 마음, 조선 사람의 심정이 어떠한가를 밝히고 있는 것이다. 이 시에서는 개화기부터 의식되어 온 무지와 빈궁, 식민지 시대의 짓눌린 자존심 따위를 민족의 뼈아픈 상처로서 보편적인 자아의 탈을 씌운 것으로 볼 수 있다. 다시 말하면 변영로가 첫 시집의 제목을 『조선의 마음』으로 정한 것은 그의 관심사가 어디에 있었는지를 짐작케 해준다. 당시 그의 감정을 지배했던 민족적 자존심에 대한 동경의 결과라고 보아도 좋을 것이다.

그의 시적 체험은 식민지적 상황하의 민족적 부끄러움, 이에 대한 각성이 서정적 반영으로 나타난 것이다. 사회 집단의 차원이든 개인적 차원이든 부끄러움, 놀라움, 혹은 각성의 체험은 윤리나 도덕적인 분별이나 찰나적인 정서적 감동에 이르기까지 모두를 시적 대상으로 승화시킬 수 있다는 것을 보여주었다.

시인은 식민 치하에서 조선의 마음은 지향할 수 없는 마음이며, 서러운 마음이라고 말하고 있다. 그리고 참다운 조선의 마음, 그 진실을 확립하여 시인은 식민지 상황에서의 민족적 슬픔을 극복하려 했던 것이다. 이런 그의 마음, 조선의 마음은 「논개」를 통해 구체적으로 행동화된다. 왜장 게야무라 로구스케毛谷村六助를 껴안고 남강으로 떨어져 죽은 논개論介의 애국충절을 노래한 것이 바로 일제에 대한 저항의식의 또 다른 표현이라고 생각했을 것이다.

논개의 아름다운 혼은 아직 "흐르는 강물에 길이길이" 남아 있는데, 분노마저도 '거룩'했던 그 '조선의 마음'은 죽음마저도 두려워하지 않고 "입 맞추"게 했는데, 지금 우리는 아직도 그 갈등과 반목을 반복하고 있지는 않은지, 지금의 우리에게서 과연 '조선의 마음'을 제대로 찾을 수나 있을지 모르겠다.

너울거리는 흰 구름 한 장 가슴에 담아

1950년대 좌로부터
김광섭, 변영로

돌아오는 길, 고속도로 휴게소에서 허기를 때울 요량으로 급히 먹은 우동 한 그릇이 채 소화가 안 됐는지 자꾸만 속이 거북하다. 여행길 휴게소에서 먹는 우동이 무엇보다 맛있다던 말은 적어도 내게는 신뢰를 잃었다.

커피 한 잔을 뽑아 놓고 짐짓 여유를 부린다. 노트북을 연다. 수주 시 동인회에서 보내온 자료들이 한 보따리다. 미처 둘러보지 못한 곳도 세세한 약도까지 첨부돼 있다. 차분한 마음으로 파일들을 열어본다. 그 세심함과 친절함이 고마워 늦은 시간이지만 문자 메시지를 보냈다.

행동이 굼뜬 이유가 컸지만, 정해진 시간이 촉박해 수주가 다녔던 재동초등학교와 가회동 일대는 다음 기회로 미룬 것이 못내 아쉬워 그 해 겨울에 찾았던 서울의 재동초등학교는 교문이 굳게 잠겨 운동장에 발도 들여놓지 못했다. 방학인 탓도 있었지만 그나마 교문 옆에 새겨진 작은 표지석이 이곳이 수주가 다녔던 학교였음을 증명할 뿐이었다. 사람이 가고 나면 이름만 남는 것 같아 돌아오는 발걸음이 무거웠다.

고속도로는 시원하게 뚫렸다. 차창 밖으로 별들이 쏟아진다.

유난히 사람을 그리워하고 술을 좋아한 수주 변영로. 술은 우리 삶과 아니 인생과 너무 가깝다. 취중진담이라는 말도 괜히 생기지는 않았을 것이다. 하지만 변영로에게 있어 술은 술 그 이상의 것으로 늘 함께 했다. 그것은 사랑이었다. 또 그 속에는 고뇌가 있고, 아픔이 있고, 변하지 않는 임에 대한 그리움이 녹아 있다.

가로등 숨죽인 하늘을 보았습니까?
내가 무엇이라고 말할 수 없도록
그렇게 가버린 하늘을
적막감 속에 맴도는
작은 굴레의 빛놀음 속에
당신은 저만큼 갑니다
내 하늘이…
젖어들 듯한 시간의
까만 어둠을 본 적이 있습니까?
내가 무엇이라고 말할 수 없도록
그렇게 녹아버린 초점 잃은 어둠을
작은 눈동자 촉촉이 젖은 샘물가에
여울 닮은 시내가 흐릅니다
그 속에 내가 있습니다

이 어둠속에
아프지 않도록 다가올 수 있다면
그냥 기다리겠습니다
향기 은은한 들꽃 필 그 날을 기억하며
사랑을 담지 않은 그리움으로
이 하늘과 이 어둠에 있겠습니다.

—「사랑을 위한 기다림」 전문

회갑연 중 지인과 친지들과 함께.

변영로는 사랑을 기다린다. 사랑이 돌아온다는 확신만으로 지금의 아픔조차 견딜 수 있다고 노래한다. 그래서 "향기 은은한 들꽃 필 그 날"을 염원한 것이다.

들꽃이라는 단어를 되뇌이니 비에 젖어 눅눅했던 잡풀로 인상을 찌푸리게 했던 그의 묘지 주변에 그토록 무리지어 피어있던 개망초 군락이 떠오른다. 그곳엔 녹슬어 무용지물로 변해버린 지 오랜, 하지만 「생시에 못 뵈올 임」의 발걸음을 은은한 불빛으로 비추었을 가로등도 있다. 오솔길 주변에도 이름 모를 만개한 들꽃들이 있다. 고강동 대로변에 자리한 중절모 눌러쓴 좌상 주변 잔디밭에도 수국이 탐스러웠다. 올려다 본 하늘엔 흰 구름이 한 장 너울거리고 있었다. 사랑을 하면서도 그것이 정작 사랑인 줄 모르는 이들이 많다. 사랑이 아닌 것을 사랑이라고 착각하고 어울리지 않는 미사여구로 포장하며 살아가는 이

서울 종로구 가회동,
변영로가 다녔던 재동초등학교

들도 있다. 사랑은 향기 은은한 들꽃 같은 것일 수도 있음을 모르는 이유다.

돌아오는 길 내내 창문을 열어 놓았다. 먹먹한 귀가 오히려 생각을 정리하기에 나을 듯 싶었다. 쏜살같이 곁을 스쳐 추월하는 차들 때문에 깜짝깜짝 놀라기도 했지만 창문은 그대로 두었다. 힐끔 돌아본 조수석, 아직 물기 마르지 않은 땀에 전 손수건 위로 카메라가 널브러져 있다. 어지럽게 흩어진 메모지와 복사물들도 엉켜 있다. 이윽고 그 메모지와 복사물들이 열어놓은 창문 밖으로 자연스럽게 비상을 한다. 한 장씩 한 장씩.

돌아가면 다시 무더위와 씨름을 해야 하지만 그래도 다시 만난 수주의 시와 애틋한 사랑의 노래들을 가슴에 담아 견딜 것이다. 차창을 올렸다. 채널을 맞추고 라디오 볼륨을 높였다. 동해안과 해운대에, 그리고 지리산 계곡에 몰려든 인파들을 소개하는 취재기자의 목소리가 통통 튄다. 여름이 끝났으면 했지만 장마가 끝났다.

"내일부터 다시 무더위가 시작되겠습니다. 남부지방에서는 열대야까지 찾아와 당분간 폭염이 기승을 부릴 것으로 전망됩니다."

홍사용

삶이여, 시인의 눈물을 읽어라

1900~1947

| 이승철 |

세상을 알고자 시인의 길을 따라가네
주름진 인생의 오솔길을 오를 때면
달캉달캉 가슴도 함께 달리네
시인은 인생을 눈물로 은유하지만
그의 시와 나누는 키스는 고숩다

가슴이 달캉 달캉 달리다

아파트 창문 안으로 도시가 밝아온다. 유리창에 반짝이는 오색 영롱한 빛이 도시의 아침을 흔들어 깨운다. 나무들이 내뿜는 자연의 생기가 하늘에 닿아 아침부터 양떼구름이 찬란하게 피어난다. 오늘은 차를 말달리며 저 양떼들을 시인의 숲으로 몰고 갈 참이다.

서울을 향해 내달리던 차는 주말이어서인지 대전을 넘어서자 달팽이 걸음을 걷는 중이다. 달리지 못 하는 마음들이 착석한 차 안은 절간 같다. 그래서 고속도로 바닥을 핥고 지나가는 바퀴의 미세한 미각을 느낄 정도이다. 앞 차 엉덩이를 집중해서 응시하다보면 마음도 깜박깜박 나갔다 들어오고…….

멀리서 뭉게구름이 자라나 상승하며 소나기구름으로 변하고 있다. 구름이 자동차를 향해 비를 일제히 집중 포화한다. 자연은 때때로 무식한 것 같다. 그래도 나는 그 무식한 생명력이 좋다. 앙큼한 날씨가 고양이처럼 할퀴고 가더니 금세 구름 사이로 햇살이 두 갈래로 퍼져 나온다. 푸른 하늘이 열리는가 싶더니 저 앞에 눈구름이 마중나온다. 고양이를 길들일 수 없으니 날씨에 항상 겸손할 수밖에. 가슴이 달캉달캉 고속도로를 달린다.

가장 어진 조선의 심장이
이날 또 하나 멎었나니
조선의 아들이며 다친 새 모양 다리 오그리고
가오셨을 영원한 소망의 길

여행 전 전주의 새벽 풍경

아쉽게 불탄 그 애달픈 청춘의 실상
죽지 않는 하나 호롱으로
이 땅의 뒤따르는 젊은 예지를 길 밝혔나니
주름주름 남아 스민 겨레의 흐느낌을
아아 당신 어찌 못다 울고 가셨나이까

—「조시弔詩」 전문

이 시는 유치환이 노작 홍사용의 죽음을 애도하며 지은 것이다. 유치환은 홍사용을 가리켜 '조선의 심장'이라고 말한다. 심장은 팔만 킬로미터에 달하는 혈관에 피를 순환시키는 생명의 근원이다. 이렇듯 홍사용은 우리의 가슴에 조선의 얼을 공급하는 심장이 되고자 했다. 그는 조국에 대한 사랑과 예술에 대한 열정으로 언제나 삶의 입김이 뜨거웠다.

도스토예프스키는 "대지에 입맞추고 끊임없는 열정으로 사랑하라. 환희의 눈물로 대지를 적시고 그 눈물을 사랑하라. 또 그 환희를 부끄러워하지 말고 그것을 귀중히 여기도록 하라."고 말했다. 끊임없이 열정을 발산하고 사랑할 수 있는 힘의 근원은 무엇일까. 내 안에 뛰고 있는 사랑이 아닐까.

시는 겨울을 이기는 나무이다

차가 트로트 리듬을 타면서 콘크리트 노면을 내달린다. 덩달아 나의 목이 쿵짜자 쿵짜 네 박자로 놀아난다. 양떼구름이 사라지고 잿빛 구름이 차창 밖 배경을 덮는다. 이제는 눈 날리는 하늘이 얄망스럽다. 와이퍼로 하늘을 비질해도 당췌 바람난 눈들은 난리 블루스다.

안개등을 켜자 무채색이 커피향처럼 피어오른다. 달달한 자판기 커피를 찾아 천안휴게소에 들른다. 아궁이에 군불을 지피듯이 일행들과 커피를 호호 불어 마신다. 눈이 땅에 내려와 점 하나를 찍는다. 그 위로 또 한 점을 찍는다. 이 단순반복적인 점찍기로 세상의 모든 빈틈을 겹겹으로 쌓는 눈송이의 묵언 수행이 웅숭깊다.

휴게소 처마 밑에서 눈 구경하는 강아지마냥 죽 늘어서서 모두들 더운 콧김을 내뱉는다. 겨울이 추워질수록 숨결은 난로처럼 더욱 뜨거워지나보다. 뜨거운 커피를 훅 들이키자 입술이 시원해진

장남 규선의 결혼식.
주례 춘원 이광수

다. 눈송이가 자동차에 새치처럼 내려앉고 내 이마에는 첫사랑 추억처럼 머물다 이내 녹는다.

"거저 미더라……"
봄이나 꽃이나 눈물이나 슬픔이나
온갖세상을, 거저나 미들가?
에라 미더라, 더구나 미들 수 업다는
젊은이들의 픗사랑을……

봄은 오더니만, 그리고 또 가더이다
꽃은 피더니만, 그리고 또 지더이다
님아님아 울지말어라
봄도가고 꽃도지는데
여기에 시들은 이내몸을
왜 꼬닥여 울리랴하느냐

님은 웃더니만, 그리고 또 울더이다
(…중략…)
바람이 소리없이 지나갈때는
우리는 자취없이 만날때였다
청請치도 안는, 너털웃음을
누구는 일부러 웃더라마는
내가 어리석어 말도못할제
훨훨 버서버리는, 분홍초마는
"봄바람이 몹시분다" 핑계이더라

—「봄은 가더이다」 부분

겨울이 되면 우리는 나무가 된다. 심장은 땅 속 뿌리에 숨겨놓고 맨몸으로 겨울에 항복 선언을 한다. 새근새근 잠자는 심장을 깨우는 것은 봄이다. 봄이 되면 생명들이 아장아장 걸음마하듯 땅 위에 선다.

계절은 왔다가 또 가고 다시 돌아오는 것이 나그네와 유사하다. 우리는 종종 민들레 홀씨처럼 바람따라 여행하는 나그네를 꿈꾼다. 그래서 몸은 진달래처럼 옷을 입고 마음은 봄바람이 난다.

이 시는 인생을 '가다'의 속성으로 파악한다. 봄이 오고 가고, 꽃이 피고 지고, 사랑도 잠시 왔다가 떠나는 것이다. 사랑도 꿈도 아지랑이 같아서 우리는 인생을 속은 것처럼 사는 것이다. 그래도 다행인 것은 눈물이나 슬픔도 흘러간다는 것이다.

꽃이 지듯 우리 몸도 시든다. 삶은 나이테가 늘어갈수록 겹겹이 단단한 외벽을 쌓는다. 그래서 웬만한 충격은 살찐 아랫배로 통통 튕겨내며 견딘다. 그런데 마음은 나이들수록 할머니 손등같이 꺼

끌꺼끌해지고 생선비늘마냥 얇게 닳아진다. 슬픔이나 눈물은 깊은 우물에서 길어올리는 샘물과 같이 차갑고 마르지 않는다. 매번 처음 당하는 것처럼 마음이 상처난다. 희한하게 슬픔과 이별과 눈물은 나이를 먹을수록 그 아픔이 깊은 곳에서부터 울려온다.

젊은 시절 풋사랑은 꽃무릇처럼 추억된다. 이루지 못할 것을 알면서도 잎을 내고 꽃을 피운 사랑은 언제나 운명이고 그리움이다. 그러나 사랑도 나그네처럼 떠나간다. 진달래꽃 즈려밟고 가시는 임을 원망하면서도 속으로만 우는 것이 사랑이다. 지나간 사랑을 두고 봄바람이 몹시 불었나보다고 괜한 핑계를 찾으며 일부러 너털웃음을 웃는다. 그럼에도 우리는 대일밴드 같은 사랑을 애용한다.

휴게소는 음식의 온기와 나그네의 더운 숨이 피어오른다. 울고 넘는 박달재란 옛 노래가 떠오른다. 인생의 고개는 마음으로 넘는가보다. 슬픔도 넘고, 아픔도 넘고, 이별도 넘고, 사랑도 넘고, 죽음도 넘고. '넘고'와 '가고'의 인생길 속에 휴게소가 있다. 다시 차를 몰아 화성으로 향한다. 뒤에서 개업집 바람인형처럼 눈발이 양손을 마구 흔든다.

경기도 화성시.
홍사용의 호를 따 지은
노작근린공원의 모습

시인은 눈물을 인생으로 은유한다

노작 홍사용 문학관 옆
「나는 왕이로소이다」 시비

살얼음 낀 도로를 차가 썰매 타듯이 미끄러져 나간다. 경부고속도로를 즈려밟고 노작 홍사용문학관에 도착한다. 문학관에 내리던 눈송이의 묵언 수행이 멈추고 차가운 바람도 양반걸음으로 쉬엄쉬엄 걸어간다. 문학관은 낮은 뒷동산을 병풍처럼 두르고 단정하게 서 있다. 그렇다고 고즈넉이 저만치 떨어진 섬이 아니라 아파트 단지와 한 발치 붙어 있어서 사람들의 왕래가 꽤 있어 보인다.

문학관 현관 옆으로 「나는 왕이로소이다」 시비가 문패처럼 서 있다. 나는 눈물의 왕이라는 문패를 단 홍사용의 나라에 입국한다.

> 나는 왕이로소이다. 나는 왕이로소이다. 어머님의 가장 어여쁜 아들, 나는 왕이로소이다. 가장 가난한 농군의 아들로서…….
> 그러나 시왕전十王殿에서도 쫓기어난 눈물의 왕이로소이다.
>
> "맨 처음으로 내가 너에게 준 것이 무엇이냐?" 이렇게 어머니께서 물으시면은
> "맨 처음으로 어머니께 받은 것은 사랑이었지요마는 그것은 눈물이더이다" 하겠나이다. 다른 것도 많지요마는…….
> "맨 처음으로 네가 나에게 한 말이 무엇이냐?" 이렇게 어머니께

서 물으시면은

"맨 처음으로 어머니께 드린 말씀은 '젖 주셔요' 하는 그 소리였지마는, 그것은 '으아!' 하는 울음이었나이다." 하겠나이다. 다른 말씀도 많지요마는…….

(…중략…)

할머니 산소 앞에 꽃 심으러 가던 한식날 아침에
어머니께서는 왕에게 하얀 옷을 입히시더이다.
그리고 귀밑머리를 단단히 땋아 주시며
"오늘부터는 아무쪼록 울지 말아라."
아아, 그때부터 눈물의 왕은!
어머니 몰래 남 모르게 속 깊이 소리없이 혼자 우는 그것이 버릇이 되었소이다.

누우런 떡갈나무 우거진 산길로 허물어진 봉화烽火 둑 앞으로 쫓긴 이의 노래를 부르며 어슬렁거릴 때에, 바위 밑에 돌부처는 모른 체하며 감중련坎中連하고 앉았더이다.
아아, 뒷동산 장군 바위에서 날마다 자고 가는 뜬구름은 얼마나 많이 왕의 눈물을 싣고 갔는지요.
나는 왕이로소이다. 어머니의 외아들 나는 이렇게 왕이로소이다.
그러나 그러나 눈물의 왕! 이 세상 어느 곳에든지 설움이 있는 땅은 모두 왕의 나라로소이다.

—「나는 왕이로소이다」 부분

홍사용 문학관 뒤 묘로 향하는 길 계단 옆 시비.

왕의 영토는 울음과 설움이다. 울음과 설움을 이불 덮고 사는 게 우리네 삶이다. 그렇다면 왕은 광활한 삶의 영토를 가진 칭기즈칸이다. 이 제국의 왕은 늘 눈물이다. 어머니를 사랑해서 울고, 죽음을 슬퍼해서 울고, 이 땅에 태어나서 운다.

나는 울음은 몰래 혼자서 소리 없이 우는 것이라는 것을 할머니에게서 배웠다. 열한 살 겨울, 할아버지가 돌아가셨을 때 내가 본 것은 아무도 없는 집 뒤안에서 소리 없이 어깨로 우시던 할머니의 눈물이었다. 그리고는 코 한 번 팽 푸시고 부엌으로 돌아와서 동네 아줌마들이랑 웃으시던 할머니의 젖은 눈에서 나는 슬픔과 죽음을 읽었다. 그리고 그 눈물이 사랑임을 커서 알았다. 그 날 할머니의 눈물은 사랑과 동의어였다.

이 시에서 눈물은 한 개인의 삶이며 비망록이다. 태어날 때부터 눈물이 배경인 왕이 있다. 눈물의 배경 속에서 사는 왕이 처음 배운 언어는 울음이다. 아이의 울음은 사랑과 관심을 요구하는 갈증의 언어적 표현이다. 또한 어린 왕의 울음은 어머니의 젖을 부르는 행복의 언어이다. 이와 반대로 어머니의 울음은 삶의 그림자처럼 어둡고 한숨이다.

왕의 눈물은 크면서 어머니를 닮아간다. 죽음은 때로 목 잘린 그림자로 겁을 준다. 왕은 운명의 그림자를 벗어나려 큰 울음으로 대항해보지만 자신은 가시덤불에 갇힌 처량한 파랑새 신세임을 알게 된다. 이제 왕의 눈물은 갈대의 울음처럼 고독하고 어머니의 한숨처럼 깊은 슬픔이다.

언젠가는 죽음이라는 허방을 짚어야 한다는 것을 알면서도 우리는 오늘을 산다. 인생길 어딘가에 있을 구덩이를 생각하면 사는 게 허무하다. 이렇게 생각하면 인생은 바짝 마른 우물에 두레박을 던져 절망을 길어 올리는 것과 매한가지이다. 시에서 왕은 삶의 속성을 눈물로 말하고 있다. 운명과 고독과 죽음의 뾰족한 바늘은 몸을 아프게 찔러서 삶은 늘 눈물이다. 그러나 우리는 눈물의 또 다른 이름을 알고 있다. 그것은 사랑이고 기쁨이고 희망이다. 삶은 가부좌 틀고 앉아 죽음을 견디는 것이 아니라 사랑과 희망을 찾아 떠나는 모험이다.

토월회 회원과 함께 찍은 사진.
두 번째 줄 가운데
검은 양복에 꽃을 단 시인

시와 나누는 키스는 고숩다

지평선 너머로 새로운 지평선이 떠오른다. 하나의 경계선을 넘을 때마다 우리 앞에는 이미 다음 세계가 펼쳐진다. 이렇게 우리는 어둠을 헤치고 여명으로 나아간다. 나의 여정은 문학관 내부로 이어진다. 문을 열 때면 가끔 새로운 세상을 여는 것 같은 기분이 들 때가 있다.

문학관 내부로 들어서자 열서너 살로 보이는 학생들이 먼저 눈에 띈다. 학생들 서넛은 청운백산이라는 북 카페에서 책을 읽고 있으며, 다른 서넛은 부모와 같이 전시실을 돌고 있으며, 두엇은 청소를 하려는지 빗자루와 걸레를 들고 다닌다. 부모의 손에 이끌려 문학관에 왔거나 사회봉사활동 시간을 채우려고 청소를 하거나, 어찌됐든 문학관에 파릇한 생기가 돈다.

1, 2층의 각 공간에는 홍사용과 관련한 내용의 이름이 적혀 있다. '토월회', '백조', '청산백운', '크다란 집의 찬 밤' 등의 공간은 입

문학관 전경과 내부의 모습

체적이고 감각적으로 다가온다. 각각의 이름을 가진 공간은 눈으로 읽히기 전에 먼저 피부로 접촉된다. 사진, 도표, 그림, 글씨, 유물 등이 3D 화면처럼 접촉된다.

수도사진관에서 찍은 증명사진

"여보세요! 쪼처오지말고 저만츰서서요 남들이잇거든……"
"앗다, 이사람아— 만날때에면 참을수업구나
울렁거리는가슴을"

"입을 그리마셔요 입마췃다하게요 남들이보면은"
"앗다, 이 사람아! 휘파람구누나 하자는말이지남몰래올때에"

"쉬! 떠들지말아요 우리집의사나운개 또짖고나서요"
"앗다, 이사람아! 두근반하드냐 너의가슴이"
"내속이상합니다 웃지말아요 허튼웃음을"
"앗다, 이사람아! 못만나울냐? 만나서웃지!"

"나는실혀요 놀리지말아요 그러면나는 갈터이야요"
"앗다, 이사람아! 마음대로하려문 실커든그러면 나도간다나"

—「키스 뒤에」 전문

「나는 왕이로소이다」에 등장하는 돌부처는 세상의 시비하는 꼴을 잠잠히 보고 듣기만하고 앉아있다. 감중련하고 있는 돌부처는 홍사용의 별명이기도 하다. 홍사용은 성품이 얌전하고 마음이 고운 반면 날카롭고 냉정할 때도 있다. 그는 단정한 선비 기질을 지니고 있으며 깐깐한 성격에 물은 안 마시고 깡밥을 좋아한다. 양극단의 성격은 달리 말하면 다양성을 받아들이고 포용할 수 있는 넓은 가슴을 가졌다는 것이다. 그는 올곧고 고집스러우면서도 유머와 풍자를 아는 시인이다. 홍사용은 스스로를 망가뜨려서 해학의 미학을 보여주는 시인이다.

그의 진중한 성격과는 쪼매 안 어울리는 「키스 뒤에」란 시는 오돌뼈를 씹는 것처럼 오독오독 재미난다. 이 시의 제목은 키스처럼 격하게 자극적이고 내용은 사투리처럼 진하게 고숩다. 여자 친구의 집 앞은 대대로 키스의 성지이다. 대문 옆에 전봇대가 서 있고, 가로등이 반딧불이마냥 은은하게 무대를 비춰주면 세트는 완성된다. 가로등이 연인의 마음을 두근두근 뒤흔든다. 이제 두 주연배우의 액션이 촬영된다.

키스는 사랑의 실천적인 행동이다. 남자에게 키스는 사랑의 진도를 나가려는 전투적인 몸짓이다. 그래서 남자는 여자와 접촉을 끊임없이 시도한다. 장난스러운 말로 어리광 부리는 남자의 사랑 나이는 한 다섯 살쯤 될까. 휘파람 부는 것 같은 입모양으로 여자에게 키스를 요구하는 남자의 사랑은 시끄럽다.

여자에게 키스는 로맨틱한 사랑의 확인이다. 여자는 키스를 할 때의 분위기와 느낌을 기억한다. 그리고 키스의 낭만적인 분위기와 달콤한 느낌은 사랑의 감정을 더욱 고조시켜 여자는 남자에 대해 한층 더 친밀감을 갖게 된다. 여자는 마치 엄마나 누나 같은 마음으로 차분하게 남자의 말장난을 다 받아준다. 여자는 남자에게 존댓말로 대접하고 남자는 반말로 대답한다. 그러나 여자의 사랑 나이는 언제나 남자의 큰 누나나 어머니와 같다.

이 시에서 남녀의 대화를 읽자면 테니스 경기를 보는 것 같다. 마치 테니스 선수들이 공을 주거니 받거니 하듯이 남녀의 대화가 네트를 넘어가고 되돌아온다. 테니스에서는 숫자 '0'을 '러브'라고 부른다. 그 말을 달리하면 'Love is 0'이다. 사랑은 오랜 시간 속에서 차근차근 쌓이는 것인데 아무리 쌓아도 영이 되는 사랑도 있을 것이다. 그런데 테니스에서 제로는 존재하지만 사랑은 '0'에서 시작이다. 사랑은 '러브'에서 다시 출발이다.

남녀의 사랑은 은밀하다. 그러나 본디 사랑은 시끄럽다. 키스를 실랑이하는 이들의 속삭임과 가슴이 두근두근하는 소리는 개의 등장과 함께 골목을 울린다. 개는 이들 남녀에게만 사납게 느껴질 뿐이다. 사납게 짖는 개의 등장은 이들의 사랑을 은밀하고 극적이며 즐거운 것으로 만들어 주는 역할을 담당하기 위해서이다. 이제 개 짖

도시 안의 문학관 풍경

는 소리가 컹~ 컹~ 초인종처럼 조용한 밤 골목에 울린다면 어느 집 앞에서 키스를 나누는 남녀를 개가 목격했구나 생각해볼 일이다.

문학관 1층 추모의 방에는 까까중 같이 짧은 머리의 홍사용 사진이 벽에 걸려 있다. 홍사용은 쉰이 못 돼서 생을 마감한다. 그래서인지 전시실을 둘러봐도 시인의 나이든 사진이 없다. 사진 속 젊은 홍사용은 시대에 저항하며 인생을 도전적으로 사는 청년의 모습을 하고 있다. 그의 시는 어느새 백 년이라는 시간을 넘어 왔지만 여전히 청년의 시인을 마주보고 있자니 그의 시에서도 젊은 기백이 느껴진다.

난쟁이들의 고향, 도시

문학관을 나와 홍사용 묘로 향한다. 묘는 숲 안으로 비밀스럽게 들어앉아 있다. 숲으로 난 나무 계단을 지나 다시 돌계단을 층층이 밟아 오르면 홍사용 묘를 만날 수 있다. 밤송이가 밤톨을 꽁무니만 가까스로 입에 문 채로 해쓱하게 떨어져 있다. 열매는 따야 하고 뿌리는 캐내야 하는 인간 본성이 여기서도 드러난다. 호주머니에 밤 두 알을 만지작거리면서 소나무 그늘에 서서 묘를 마주 본다.

묘는 살아있는 나에게는 닫혀 있고 죽음의 세계로는 열려 있다. 서늘한 기운에 몸이 오싹오싹해서 얼른 등을 돌린다. 길 건너 신도시의 고층 아파트가 전경으로 펼쳐진다. 저 멀리서는 타워크레인이

문학관 뒤편 노작근린공원에
위치한 홍사용의 묘와
「나는 왕이로소이다」 시비

레고 조각 맞추듯 꼭대기 층으로 구조물을 올리고 있다. 나의 세계 쪽으로는 마음이 안심한다.

묘라고 하면 산 위에 멀리 떨어져 있는 게 일반인데, 홍사용의 묘는 우리의 삶 쪽으로 가깝게 내려와 있다. 문학관을 둘러본 이들이라면 이곳에 올라왔을 것이다. 우리는 시인의 삶도 궁금하지만 삶 이후 그가 누운 잠자리도 궁금해 한다. 이곳에서도 우리의 시선은 묘가 바라보는 길 건너를 향할 것이다. 길을 사이에 두고 저쪽은 매일 새롭게 태어나는 도시의 망치질 소리가 메아리치고, 이쪽은 솔방울이 떨어지는 소리가 산그늘을 더욱 짙게 한다. 나는 매급시 다람쥐마냥 종종걸음하며 양손 가득 솔방울을 모은다. 그리고 묘지 옆 시비에 솔방울을 올려놓고 뒷덜미가 쭈볏 설 때마다 집어서 허공에 던진다.

> 왼동니가 환한듯하지요? 어머니의 켜드신 횃불이 밝음이로소이다. 연자燕子맷돌이 붕하고 게을리돌아갈때에 왼종일 고달흔 검억암소는, 귀치안흔 걸음을 느리게 옴기어놉니다. 젊은이 머슴은 하기실흔일이 손에 서툴러서? 안이지요! 첫사랑에겨을러서 조을고 잇든게지요. 그런데 마음 조흐신 어머니께서는, 너털거리는 웃음만 웃으십니다, 아마나 집 지키는 나의노래가, 끝없이 깃거웁게 들리시든게지요.

하늘에 별이있어 반짝어리고, 압동산에 달이도다어여쁨니다. 마을의 큰북이 두리둥둥울때에, 이웃집 시악시는 몸꼴을내지요. 송아지는 엄매—하며 사리문으로 나가고, 아기는 젓도안먹고 곤히만잡니다. 고요한이집을 지키는나는, 나만아는 군소리를 노래로 삼어서, 힘껏마음껏 크게만 부릅니다. 연매깐의 어머니께서 깃거이 들으시라고…….

—「별, 달, 또 나, 나는 노래만 합니다」 전문

딸의 출생신고를 할 때 아이의 본적을 고민한 적이 있다. 딸에게 고향을 주는 일이라 생각하니 고민을 하게 된다. 아이가 태어난 병원, 지금 살고 있는 집, 나의 고향 중에 하나를 선택할 수 있다. 나는 내가 나고 자란 시골집 주소를 딸의 본적으로 적었다.

나의 정서상 고향은 시골이란 의미를 갖는다. 유년의 시골을 회상할 때 머리를 가득 채우는 이미지는 한가득한 행복과 시간의 느림이다. 이 시에서도 시간을 여물 먹는 소 마냥 천천히 돌리는 여유로운 대상들이 보인다. 암소가 한가롭게 거니니까 연자 맷돌도 느리게 돌아간다. 젊은 농군은 첫사랑을 만끽하느라 낮 시간을 늘어지게 잔다. 새근새근 잠자는 아기의 숨소리와 집 지키는 아들의 노랫소리 또한 시간의 흐름을 늦춘다. 딱딱하고 경직된 도시의 시간과는 대조적으로 고향의 시간은 이들의 소리로 인해 말랑말랑해진다.

휘문의숙 재학 2학년
갑조 45번 홍사용 친필기록

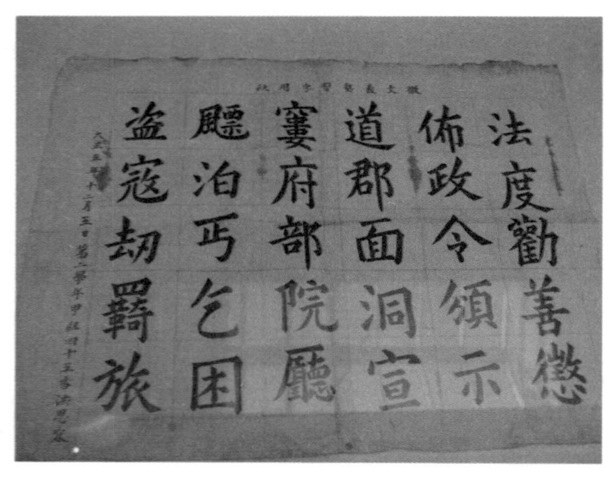

고향이 환한 것은 어머니가 들고 있

는 횃불 때문이다. 어머니의 횃불은 의미상 하늘에 별과 달로 은유된다. 또 한 가지 어머니의 너털웃음과 의미상으로 연결된다. 동네를 환하게 밝히는 어머니의 횃불은 별과 달의 이미지로 연결된다. 별과 달은 가로등과 같은 역할을 담당한다. 이것은 어둔 밤에 한 줄기 빛을 내려 집으로 향하는 사람들의 발길을 보호하고 안내한다.

어머니의 횃불은 깜깜한 어둠 속에서 시야를 확보하여 길을 잃지 않게 해준다. 세상을 환하게 밝힌다는 측면에서 어머니의 횃불은 별과 달로 연결된다. 어머니의 크고 넓은 사랑은 주위를 밝게 비추는 빛이 된다. 별과 달은 나의 시야를 밝혀 주는 것뿐만 아니라 부드럽고 은은한 빛의 속성이 촉각으로 나와 접촉된다. 공간에 대한 인식은 어머니의 너털웃음으로 은유된다. 화자는 부드럽고 은은한 빛으로 채운 공간을 행복으로 인식한다. 사람들에게 고향은 느릿한 시간의 여유로움과 행복한 포만감이다.

앞에 보이는 동탄 신도시와 그 속에 사는 사람들은 모두 난쟁이다. 우리 스스로는 난쟁이 키 높이로만 세상을 볼 수 없다. 멀리 세상을 내다보며 지혜를 얻기 위해서는 우리에게 과거라는 거인이 필요하다. 홍사용의 무덤과 문학관은 전통과 지식의 거인이다. 세월에 변함없이 단단하게 반질거리는 묘석과 시비는 거인의 기록이다. 거기에는 우리의 고향이 보름달같이 기록되어 있다. 따라서 우리는 홍사용이라는 거인의 어깨 위에 올라 이 도시의 역사와 문화를 만들어가야 한다. 이것이 새롭게 태어나고 있는 신도시에 건립된 홍사용 문학관의 상징성일 것이다.

해가 건물들 뒤로 은근슬쩍 고개를 숙인다. 비스듬히 걸쳐 들어오는 빛을 마주보고 있자니 사물들의 경계가 흐물흐물해진다. 오후의 빛으로 채색되자 수직과 직각으로 날이 선 도시가 유화처럼 부드러워진다. 잠시 동안 붉어지는 도시의 하늘을 보고 있으니 왠지 나그네처럼 가슴이 허해진다. 나그네의 빈 가슴을 채워주는 벗은 한 잔의 술이다. 나는 벗을 만나러 도시 속으로 걸어 들어간다.

몸의 주름은 삶의 지혜로 가는 오솔길이다

어제 밤늦도록 술로 객기를 부렸더니 아침에 일어나는데 몸이 만근이다. 정신을 차리기도 전에 손은 휴대전화를 집어 든다. 내가 만취하여 필름이 끊기는 한이 있어도 휴대전화는 24시간 영업 중이어야 한다. 찾는 손님이 없을지라도.

홍사용이 다니던 휘문의숙 터
(현재 현대건설 사옥)

오늘은 홍사용의 서울 생활을 답사한다. 시인의 인생 여정을 따라 휘문의숙, 서울 YMCA, 세검정 주변을 돌아보기로 한다. 모두 종로 주변에 모여 있어서 행여 길이 막히더라도 시간에 쫓기지 않고 느긋한 답사가 될 것이다. 그러나 서울 답사를 진행하면서 두 가지 문제에 직면한다. 먼저 서울 도로의 정체이다. 길에다 많은 시간을 뿌려서 남은 시간의 잔액이 얼마 되지 않는다. 그러다 보니 목적지에 도착해서는 마음도 몸도 서두르게 된다.

오늘 정한 목적지가 과거와는 많이 달라졌다. 박종화 등과 문학을 공부하던 휘문의숙은 다른 곳으로 이사를 갔고 지금은 그곳에 현대그룹 사옥이 들어 서 있다. 서울 YMCA, 세검정 주변은 과거의 정취를 찾기 힘들다.

홍사용은 토월회 활동을 하면서 YMCA에서 자신의 작품을 연극으로 올린다. 마지막으로 세검정 주변을 답사한다. 산모롱이를 깊숙하게 돌아가면 세검정이 있다. 그리고 하천 건너 올망졸망 집들이 층층이 산을 타고 오르고 있다. 이곳에서 홍사용은 한방의학을 공부해서 그것으로 생계를 이어간다. 그리고 이 시절 그는 민요를 채집하면서 전국을 돌아다닌다.

호젓한 걸음 포청捕廳다리 무섭지 안소?
요리집 살풀이장단 복청교福淸橋라오
일부러 맞는 함박눈 옷저즌들 대수요?
반천년 묵은쇠북 말없이 에밀렐레……

호젓한 걸음 도깨비꼴 무섭지 안소?
진딴다 거리의짜스 귀가저리네
일부러 맞는 함박눈 옷저즌들 대수요!
길넘은 수표水標다리 구정물 몇자몇치……

호젓한 걸음 훈련원訓練院터 무섭지 안소?

느즌일 공장싸이렌 몸도고달퍼

일부러 맞는 함박눈 옷저즌들 대수요!

오간수五間水 목이메니 왕십리 어이가리

—「호젓한 걸음」 전문

비록 차는 막히고 목적지는 예전과 다르지만 나는 나름대로 답사에 만족한다. 눈에 보이는 대상이 앙상하고 빈약할수록 상상력은 더욱 더 높고 멀리 날갯짓을 하기 때문이다. 현장에서는 30~40년대 종로의 모습을 그려보기 위해 홍사용 일대기를 꼼꼼하게 읽게 되고 막히는 차 안에서는 생각할 시간이 길어서 좋다.

문학관 내 홍사용의 정신을 기리는 조지훈의 글

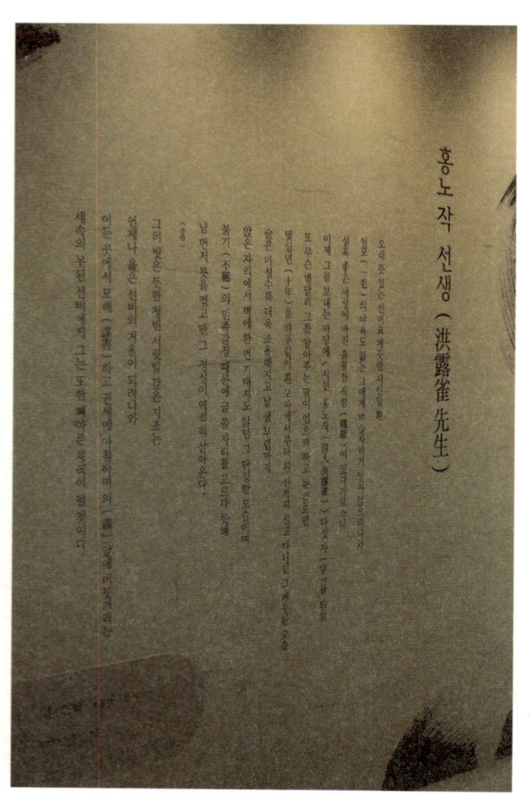

홍사용은 선비라는 별명과 어울리지 않게 의복은 세기말적이다. 그런데 러시아 남자들이 입고 다니는 루바시카 셔츠를 입은 홍안장발의 풍모가 묘하게 보헤미안 스타일로 어우러진다. 보헤미안 스타일은 은유적으로 자유와 여행을 담고 있다. 도성 밖 세검정 일대는 홍사용에게 정착보다는 떠남의 개념으로 자리 잡는다. 홍사용은 시시때때로 전국을 돌며 민요를 채집하여 시로 창작한다. 그는 일제와 서구 문물로 인해 나라의 정체성을 잃어가는 것이 안타까워 민요시를 쓴다.

「호젓한 걸음」에서는 각연의 1행과 3행이 반복되면서 독자들에게 무섭냐고 물음을 던진다. 왜 이 시에서 공포를 환기해야 하는지 알려면 먼저 시에 나타난 지명에 주목할 필요가 있다. '포청다리(복청교)'는 우포청이 있던 곳으로 한일합방 후 포청은 폐지되고 경찰권은 총독부에 넘어간다. '쇠북'은 종로의 인경이다. '인경'은 홍사용의 희곡에서 민족적 모순의 상징으로 쓰인다. '도깨비꼴'은 창경궁과 창덕궁 사이의 독갑현獨甲峴이다. '수표다리'는 청계천의 치수治水를 위해 세운 다리이다. '훈련원 터'는 합방 전 병정을 양성하던 곳으로 군대해산 후 폐허가 된다. '오간수'는 동대문과 동소문 사이에 5개의 수문을 흐르는 개천이다.

이 시는 식민지로 전락한 조선을 바뀐 지명으로 보여준다. 이 시가 환기하는 공포는 식민지화되는 조선이다. 요릿집은 노랫가락으로 흥청이고 거리는 재즈로 귀가 아프다. 오백년 묵은 쇠북이 울리고 수표교 맑은 물은 구정물로 변하고 식민지 도시의 하층민은 공장 사이렌에 고달프다. 시인은 함박눈을 맞으며 목이 멘다. "왕십리 어이가리"는 깊어가는 민족적 모순을 고통스럽게 바라보는 시인의 탄식이다.

홍사용의 호젓한 걸음에 관한 일화가 있다. 여름날 홍사용이 박진과 같이 길가는 도중에 종로에서 비를 맞는다. 홍사용은 박진에게 "뛰어가면 앞에 비를 미리 맞아."하면서 가느다란 화류단장을 짚고 파나마모자에 모시 두루마기, 솜버선을 신고 철벅철벅 걸어갔다고 한다. 홍사용은 총독부에 의해 주거가 제한되자 절필로 대항한다. 홍사용은 전면에 나서서 항일 운동을 하지 않았다. 그러나 그는 중학교 때부터 죽을 때까지 꾸준하게 항일 운동을 펼쳤으며 나라의 정체성을 잃지 않기 위해 끊임없이 창작활동을 한다. 의연하고 묵직한 걸음으로 비를 맞으면서도 호기롭게 걷는 성품이 그대로 그의 인생에도 녹아 있다.

언젠가 책에서 주름에 덮인 할머니가 기도하는 사진을 본 적이 있다. 살아온 흔적이 고스란히 담긴 구불구불한 주름이 얼굴과 손에 가득이다. 홍사용은 굴곡의 시대를 호젓한 걸음으로 넘어간다. 산다는 것은 제 몸 속에 주름길을 내는 것인지도 모른다. 그리고 그 구불구불한 인생길을 호젓한 걸음으로 넘는 것인지도 모른다.

삶의 비타민, 시를 섭취하자

집으로 가는 길은 떠나는 길보다 한 뼘 더 짧은 느낌이다. 집으로 돌아가는 길은 동료에게 맡기고 나는 조수석에서 실눈으로 잠을 이기고 있다. 비스듬히 기운 머리맡으로 산이 가까이 왔다가 멀어지고 강이 가깝게 휘돌아 나간다. 내가 가만히 있어도 산과 강은 내게 다가온다. 그러나 스치는 인연이 주는 아쉬움은 나를 여행하게 만든다.

나는 책상에 앉아 시를 눈으로 읽는 것에 익숙하다. 그런데 가끔은 발이 근질근질하다. 시의 배경이 되는 곳이나 시인이 태어나고 활동한 곳으로 가서 고고학자처럼 기록의 현장을 탐험하고픈 상상을 하기도 한다. 이번 여행은 활자화 되지 않은 현장의 소리를 눈으로 찾아 읽고 그 소리를 몸으로 체험하고픈 열망에서 시작됐다.

휘문의숙 시절의 홍사용

언제부터인가 시와 시인은 우리의 삶에서 밀려나 있다. 서점에서 시집 코너는 점점 구석으로 몰리고 시인은 특강에서나 볼 수 있는 특별한 사람이 되었다. 시대는 발전했지만 먹고 사는 문제가 해결되지 않고 있다.

그런데 시인은 바위와 같은 존재로 인간의 본성을 지켜오고 있다. 그는 우리 인생의 보호자이며 든든한 지지자이다. 어쩌면 시인은 삶의 목적이 무엇이고 어떻게 살아야하는가를 차분한 어조와 능숙한 은유로 일깨워주는 생활의 달인인지도 모른다.

인생은 마시멜로와 같은 단 꿈이며 한편으로 일장춘몽이기도 하다. 사랑도 어느 때는 술안주로 씹힌다. 그리고 부와 명예는 인생의 종착역에서는 내려놓아야 한다. 어찌 보면 역설과 반전으로 혼란스러운 것이 인생이다. 아름다운 것이 어느 순간에는 추해보이고 추한 것에서도 아름다움이 반짝인다. 그래서 우리는 삶을 긍정할 수 있다. 어머니가 눈을 꿈적하는 것을 자신에게 윙크하는 줄 알고 벙긋벙긋 웃는 아기처럼 긍정적으로 살 수 있다. 그리고 실연의 산기슭에 들어설 때도 가슴은 뼈가 녹도록 아프지만 흐르는 눈물 씻고는 사랑은 나그네의 술안주 같은 것이라고 말할 수 있다.

홍사용은 우리 역사에서 슬프고 힘든 시대를 살아왔다. 그렇지만 그는 자신의 삶을 묵묵히 살아낸다. 그리고 자신의 삶의 기록

같은 시를 통해 우리가 얼마나 위로를 받을 수 있는지를 보여준다. 세상과 타협하지 않는 홍사용의 올곧은 시정신에 나는 용기를 얻었다. 또한 눈물이 사랑이라는 것과 슬픔을 툴툴 털어내는 방법을 알게 됐다. 그리고 어머니와 같은 고향이 주는 따뜻한 이미지를 만날 수 있어서 삶의 위로를 받았다. 때를 알고 비가 내린다는 호우시절好雨時節이란 두보의 시구가 있다. 나는 시는 때를 알고 내게로 온다는 것으로 바꾸어 말하고 싶다. 이 글을 읽는 모두에게 좋은 시가 때맞춰 내려 가슴을 촉촉하게 적시기를 바란다.

꿈이면은 이러한가, 인생이 꿈이라니
사랑은, 지나가는 나그네의 허튼 주정酒酊
안이라, 부서바리자,
죠희로맨든 그까짓 화환花環
짓거리지마라, 정모르는 지어미야
나더러 안죤치못하다고?
귀밋머리 풀으기전 나는
그래도 순실純實하엿섯노라

이나라의 죠흔것은, 모다 아가것이라고
내가 어릴 옛날에 어머니께서
어머니 눈이 꿈적하실 때, 나의 입은 벙긋벙긋
어렴풋이 잠에 속으며, 그래도 좋아서
모든세상이 이러한줄만 알고 왔노라.

—「꿈이면은?」 부분

조병화

나를 잃는 예습을 하고 있습니다

1921~2003

ㅣ 신현미 ㅣ

발끝에 묻은 고독이
삶을 물으며
길을 내고 있습니다
행선지는 준비하지 않으렵니다
그저
보헤미안처럼 내일을 향해 떠나려 합니다.

경기도 안성시 조병화문학관,
시인의 서체를 양각한 현판

따당, 따다당. 해가 진 뒤 더욱 굵어진 빗방울이 창문을 때리며 월담을 꿈꾸는 밤입니다. 방 안의 조명을 평소보다 조금 낮추고 책상에 앉아 노트를 펼칩니다. 가로로 일정하고 선명하게 그어진 노트의 줄이 인생의 가이드라인 같습니다. 글씨가 좀 삐뚜름하고 내용이 약간 허무맹랑해도 이 줄에 맞추어 글을 채워 놓기만 하면 뭔가 안정되고 정돈된 느낌입니다. 범박한 우리 인생도 그어진 줄을 따라 한 보씩 가기만 하면, 줄에서 빗겨나간 몇 획이 있더라도 대강은 정리가 잘 된 인생으로 보입니다.

그런데 이 줄은 누가 그어 놓은 걸까요. 왜 우린 이 길을 따라가야 하는지요. 한 번씩은 줄을 없애고 가고 싶은 대로 무작정 갈 수는 없을까요. 뭐가 두려운 걸까요. 노트에 그어진 줄이 창살처럼 답답합니다. 따당, 따다당. 월담을 꿈꾸는 빗방울의 패기를 빌리고 싶은 밤입니다. 그 패기로 한발 한발 힘주어 걸으며 내 발뒤꿈치에서 생긴 길을 보고 싶습니다. 그 길이 여러 갈래를 치고 분주하게 무늬를 그려 가면 밋밋하지 않은 멋진 노트가 될 것도 같습니다.

조병화 시인의 노트가 그러합니다. 모양과 색깔이 다른 줄이 페이지마다 힘 있게 펼쳐져 있습니다. 줄 사이사이에 채워진 시인의 행적 또한 다양합니다. 시인이고 학자이며 화가면서 럭비 선수였습니다. 낭만적이고 냉철하며 차분하면서 역동적인, 서로 어울리지 않을 것 같은 성격들이 어우러져 노트 한 권을 가득 채우고 있습니다. 설렙니다. 창문을 때리는 굵은 빗방울처럼 창살 같이 그어진 줄에 과감히 도전하는 인생을 만나는 것만으로 대리만족을 느낍니다. 내일은 시인의 인생을 읽으러 안성으로 갈 것입니다.

꿈이 있는 정거장, 그곳에서 내리십시오

손가락 하나로 세상을 누르기도 하고 비비기도 하는 4세대 이동통신 시대는 '고향'을 황토먼지에 소똥내가 아리하게 섞여나는 곳으로 머무르게 하지 않습니다. 또 고향은 시골이라는 공식이 참이 되는 경우의 수도 386세대의 포마이카 책상과 함께 수요를 잃은 지 오래입니다. 시인들이 추억해 마지않던 고향은 이제 아카이브 서비스로 제공되는 박물관 웹서버에서나 볼 수 있을지도 모릅니다. 안성도 천 년의 역사를 지내왔지만 부지런히 현대의 옷을 갈아

조병화 문학관 옆 생가 터와
소슬한 기억을 지키는 나무 한 그루

입고 있습니다.

혹시나 내 생각이 들거던
우선 서울 코리아로 날아오시오
서울에선 영동고속도로를 타시오
타고 달리다가 용인 인터체인지에서 빠지시오
빠져선 국도 45번을 남으로 달리시오
계속 달리다가 송전에서 좌회전
넓은 저수지를 오른쪽으로 보면서
얕은 고개를 하나 돌아 넘으시오
넘다보면 긴 장승이 서 있는 마을
'꿈'이라는 깃발이 파닥이는 시골 정거장
그곳에서 내리시오

—「국도 45번」 부분

시인의 고향인 안성시 양성면 난실리는 국도45번에서 이어진 안성의 장서교차로에서 미리내 성지 방면으로 우회전하면 쉽게 찾을 수 있는 마을입니다. 시인의 유년 기억에선 가느다란 개울이 한 줄기 흐르고 주위 사방 모두 산과 논과 밭으로 되어있는 산기슭 마을이라 했습니다. 틀린 구절은 없지만 산기슭이라는 단어가 품고 있을 것 같은 오지는 아닙니다. 승용차 세 대가 줄지어 들어가도, 되돌아 나올 일을 미리 걱정하지 않아도 될 만큼

조병화문학관의 청와헌,
개구리 울음 소리는
어느 옛날에 묻혀 있는고

편운 동산의 한 켠에 잡목림을 뒤로 하고 문학관이 서 있다

길은 넓었습니다.

시에서처럼 '꿈'이라는 깃발이 파닥이는 정거장은 실제로 있었습니다. 시인이 아홉 살에 고향을 떠나 서울 생활을 시작했는데, 다시 1962년 시인의 어머니가 돌아가신 후엔 자주 고향에 머물렀습니다. 그러면서 마을길을 내고 운동장을 만들고 버스정거장을 세웠습니다. 글자 '꿈'을 새긴 깃발을 여러 개 만들어 정거장에도 달고 아이들에게 나누어 주기도 했습다. 지금은 어느 것이 그 정거장이었는지 분간할 수 없지만 그래도 시인이 이정표로 삼았던 '꿈' 깃발은 하늘의 조각구름이 되어 '여기! 여기!'를 외치며 편운동산을 안내합니다.

조병화 문학관은 1993년에 지어졌습니다. 그 때면 시인이 73세 되던 해였고 작고하기 10년 전이었으니 이 문학관은 조병화 시인이 생전에 준비한 것이 됩니다. 시인의 다양하고 화려한 삶의 행적과는 다르게 아담한 외관이 겸손해 보입니다. 우리가 다녔던 동리목월문학관이라든가 이태극문학관 등과 비교하면 규모나 건축미학

영원으로 가는 길의 입구에서
시인은 이승과는 또 다른
묵상에 잠겨 있다

적 형태로는 많이 뒤지는 느낌입이다. 그러나 편운동산이라 이름붙인 곳에 편운재며 청와헌, 또 그 위 동산 자락에 시인과 양친의 묘소가 문학관과 오밀조밀 조화를 이루고 있어 고향에 온 것 같은 편안함이 느껴집니다.

시인의 스케치 중 편운동산을 그린 것이 있는데 하늘에는 총총한 별을, 그 아래엔 동산의 묘와 문학관, 편운재 등을 앙증맞게 그리고 있습니다. 조병화 시인은 자신의 고향에 걸맞는, 이 동산에 어울리는 문학관이 어떠해야 하는지 잘 알고 있었던 것 같습니다. 어쩌면 시인은 의도적으로 자신의 고향을 이렇게 디자인했을지도 모릅니다. 세상이 변해도 변하지 않는 영원한 동산을 꿈꾸며 말입니다. 시골에 있지만 문명의 속도에 뒤지는 것은 아닌 단아하고 세련된 모습으로, 동시에 유행에 휘말리지도 않는 정갈하고 단정한 모습으로. 그리고 그곳에서 시인은 꿈을 그리고, 쓰고, 그곳에서 잠들고 싶어 했을지 모릅니다. 시인의 그 꿈은 훌륭하게 이루어진 것 같습니다.

손도 잡지 못한 하얀 옥양목의 여인아

첫사랑.

'ㅊ'을 발음하고 'ㅇ'으로 끝나기도 전에 아련함이 먼저 피어버리는 말. '언젠가 한 번쯤은 다시 만날 수 있을까' 하는 식상한 노랫말을 기대와 미련과 소망의 적확한 포장지로 다시 살게 하는 말. 하지만 '만나고 싶다'로 포장된 그 소망은 사실 그대가 아니라 그 때의 '나'를 향하고 있음을 깨닫게 하는 말. 지금은 그 때의 '나'가 되기엔 몸보다 감정이 쇠잔해졌음을 알게 하는 말.

문학관에 세워진 동상,
그리움은 마음의
가장 깊은 곳까지 파고든다.

사랑은 욕망입니다. 그러므로 사랑을 하기에 적당한 나이가 따로 정해져 있지는 않습니다. 하지만 사랑을 아름답고 숭고하게 인각할 소양을 갖춘 시기는 사람마다 따로 있는 것 같습니다. 그 소양은 강렬한 욕망만으로 이루어 질 수는 없습니다. 이 욕망이 어디에서 비롯되는지를 찾는 치열한 고민이 필요합니다. 쇠를 달구어 연단하고 이내 담금질을 해야 의미 있는 도구가 되는 것처럼 뜨거운 욕망을 두드리고 때린 후 식혀보기를 반복해야 욕망의 실체를 바로 볼 수 있습니다. 그리고 욕망이 결핍에서 오는 것임을 비로소 알게 되었을 때 그것을 다스리고 아름답게 풀어낼 소양을 가질 수 있습니다.

시인은 그러한 소양을 스물두 살에 이미 가졌던 것 같습니다. 한두 살만 어렸다면 시인의 이 사랑은 마그마가 되어 새카맣고 숭숭 뚫린 현무암만 남겼을지도 모릅니다. 혹은 몇 살이 많았다면 지지부진하고 그저 그렇게 지나가는 얄팍한 사랑의 하나쯤이 되었을지도 모릅니다. 첫사랑을 가장 첫사랑답게 간직할 준비를 마친 시인은 전북임실에서 '자주 눈이 가는 쓸쓸한' 그녀를 만납니다. 수심이 가득 차 있는 그녀의 얼굴이 좋았습니다. 마음이 자꾸 그곳에 끌렸습니다.

물 속으로, 물 속으로
산이 솟아 들어간다
솟아 들어가는 산 중턱에
백로가 한 마리 지나간다

소복 입은 여인처럼
양구행 호반 나루터에서
그 옛날 언뜻 보던
하얀 옥양목의 그 여인처럼

세월은
물 속처럼 묵묵한 거
솟아오를 리 없는 그 옛날
그 소복한 여인

물 속으로 물 속으로

솟아 들어가는 산허리에

한 마리 백로가 지나간다

양구행 나루터

그때 그 소복한 여인처럼.

—「소양호」 전문

시인은 임실의 그녀와 사랑을 완성하지 못합니다. 경성사범학교 졸업반 때 시인은 교생실습을 하기 위해 잠시 임실에 왔습니다. 시인은 다시 서울에 갔고 편지가 오고가는 동안 그녀에 대한 마음은 뜨거워졌습니다. 여름 방학 때 한 번 임실에 찾아가 만난 것을 끝으로 시인의 첫사랑은 시한을 다합니다. 잔뜩 부푼 마음만 깨끗하게 소장한 채 시인은 계획했던 일본 유학을 택합니다. 그 때 시인은 스물두 살이었습니다. 마그마처럼 다 쏟아 붓고 허무만 남기는 사랑

청와헌 담쟁이 굴에서
바라본 하늘

도, 잠시 술렁이다 만 얄팍한 사랑도 거부할 줄 아는 순수한 사랑이었습니다.

하얀 옥양목의 그 여인, 소복한 그 여인은 백로의 모습으로 강심江心에 자리합니다. 이 여인이 임실의 그녀라고 말하는 것은 아닙니다. 그러나 시인의 관념에 존재하는 여인의 모습이 어떻게 은유되는가를 보면 첫사랑에 대한 시인의 정서를 가늠할 수 있습니다.

시에서 화자는 옥양목의 그 여인을 '나루터'에서 봅니다. 나루터는 만남과 이별의 장소입니다. 만남과 헤어짐이 무수히 반복되는 이 공간에서 시인은 옥양목의 여인을 언뜻 보았을 뿐입니다. 지나가는 백로를 보며 그 옛날 잠시 보았던 그 여인을 다시 떠올립니다. 백로와 옥양목과 소복은 모두 흰색과 닮아 있습니다. 그리고 이 색채이미지는 바로 순수, 순결, 고결 등의 정신 가치를 떠올리게 합니다.

세월은 물속처럼 묵묵하여 다시 그 여인을 만나지도 어찌하지도 못하겠지만 어찌하지 못하는 그 때 그 마음만은 '물 속으로 물 속으로' 투명하게 정지하고 있습니다. 그랬습니다. 시인에게 첫사랑은 묵묵한 세월의 어느 지점에서 순수와 고결로 나타나고 지나가고 또 나타나는 것입니다.

시인의 첫사랑 이야기는 청와헌에 와서 다시 계속됩니다.

밤나무 숲 우거진
마을 먼 변두리
새하얀 여름 달밤
얼마만큼이나 나란히
이슬을 맞으며 앉아 있었을까

손도 잡지 못한 수줍음
짙은 밤꽃 냄새 아래
들리는 것은
천지를 진동하는 개구리 소리
유월 논밭에 깔린
개구리 소리

아, 지금은 먼 옛날
하얀 달밤
밤꽃 내 풍기는 개구리 소리.

—「첫사랑」 전문

청와헌은 여름에 개구리 소리가 많이 들려서 시인이 직접 그렇게 지은 것이라고 합니다. 이름에 맞게 시인은 이곳에서 개구리 울음소리 듣는 것을 즐겼습니다. 그런데 개구리 소리는 임실의 그녀와의 추억이기도 합니다. 시에 나오는 것처럼 시인과 첫사랑 그녀는 임실마을 변두리에서 두 사람의 말소리를 덮어 버리는 개구리 울음 소리를 들으며 시간을 잊은 채 앉아 있었습니다. 달밤, 이슬을 맞으며, 밤꽃 향을 맡으며.

물론 시인이 첫사랑을 추억하려 청와헌을 지었는지는 알 수 없습니다. 다만 청와헌의 작명 스토리가 시인의 첫사랑의 추억을 생각나게 할 뿐입니다. 사실은 그냥 그렇게 믿고 싶습니다. 다양한 삶의 길을 만들고 거침없이 도전한 시인에게 기대하는 또 하나가 로맨티시즘이므로. 그것도 순수하고 고결한 것으로 말입니다.

묵은 이 의자를 비워드리겠습니다

해가 기울기 시작합니다. 8월말, 더위는 끝물이지만 정점에 올랐던 해는 기울면서도 끈덕지게 복사열을 쏟아냅니다. 땀구멍에 명중시킵니다. 땀이 흐릅니다. 땀구멍을 공격당한 통증에 일행의 얼굴들이 찌푸려져 있습니다. 손부채와 손수건으로 말리고 닦느라 분주합니다. 시인의 묘소가 청와헌에서 멀지 않은 곳이라 이런 날엔 다행입니다.

의자는 명사가 아니라
'기다리다'라는 동사이다

청와헌에서 편운재를 지나 선친 묘소를 향한 길목에 시인의 흉상이 있습니다. 흉상도 여름 뙤약볕의 공격을 받습니다. 공교롭게도 동상이 마치 땀을 흘린 것처럼 물기가 마른 자국이 선명합니다. 시인이 살아 나와 우리와 함께 땀을 흘리고 있는 듯한 착각이 듭니다. 그런데 흉상의 얼굴은 찌푸린 우리와는 다르게 온화합니다.

손질이 잘 된 묘소의 잔디들도 볕을 온몸으로 받아냅니다. 그러나 지친 기색 없이 뾰족뾰족 파릇합니다. 기세등등한 땡볕이 싫지도 않은지 잔디도 흉상처럼 평화로운 모습입니다.

지금 어드메쯤
아침을 몰고 오는 분이 계시옵니다
그분을 위하여
묵은 이 의자를 비워 드리지요

지금 어드메쯤
아침을 몰고 오는 어린 분이 계시옵니다
그분을 위하여
묵은 이 의자를 비워 드리겠어요

먼 옛날 어느 분이
내게 물려주듯이

지금 어드메쯤
아침을 몰고 오는 어린 분이 계시옵니다
그분을 위하여
묵은 이 의자를 비워 드리겠습니다

—「의자·7」 전문

시인의 3천여 편의 시 중에서 아주 널리 알려진 「의자·7」입니다. 4연 중 세 개의 연이 비슷한 구조를 가지며 내용을 반복합니다. 각 연 마지막행의 서술어만 '드리지요'에서 '드리겠어요'로, 그리고 '드리겠습니다'로 변주되고 있습니다. 시인이 앉았던 '묵은 이 의자'는 옛날에 물려받은 것일 겁니다. 그러므로 자신의 의자를 비운다는 행위는 잠시 빌렸던 시간과 공간을 다음 세대에게 반납하겠다는 의지와 다르지 않습니다. 여기에서 사실, 처음부터 의자의 주인은 없습니다. 소유할 무언가는 없습니다. 공수래공수거이며 무욕의 정신만 있습니다. 서술어의 변주는 그 정신을 의지적으로 강조하고 있습니다.

시인이 말하는 무욕의 정신은 주어진 것에 철저히 순응하여 조화로운 삶의 모습으로 드러납니다. '살은 죽으면 썩는다'는 어머니의 가르침을 평생의 잠언으로 삼았던 시인은 순리대로 할 수 있는 일은 모두 부지런히 수행했습니다. 잠은 적게 자고 몸은 건강하게 했습니다. 세상을 긍정했고 그래서 교우관계도 늘 좋았습니다. 그렇게 부지런히 물 흐르듯 순응하며 조화롭게 살다보니 가진 게 많

청와헌 내부 조병화 서재

단골 술집인 '사슴'에서,
오른쪽부터 정진규, 조병화,
이탄, 우우석, 김종해 시인

아지고 주위의 부러움도 높아갔습니다.

사람들이 겨울엔 여름을 그리워하고 여름엔 겨울을 욕심내며 사는 동안 조병화 시인은 겨울엔 겨울을 즐기고 여름엔 여름에 순응하며 살았습니다. 여름 뙤약볕 아래에서도 시인의 동상이 평화로운 표정으로 서 있을 수 있는 것은 시인을 닮았기 때문입니다. 잔디가 파릇할 수 있는 것도 시인의 안식처에서 시인의 정신을 빨아 올려 엽록소를 열심히 뿜었기 때문인 것입니다.

내게 주어졌던 지난 모든 것들 중, 순리에 따르며 제 힘으로 할 수 있었던 일들을 '여우의 신포도'로 합리화한 적이 얼마나 많았는지 반추해 봅니다. 늘 현재에 충실하자는 다짐을 하면서 시간을 죽인 적이 얼마나 많았는지. 이미 주어진 것에 순응하지 못하고 주어지지 않은 것에 대해 분노한 적이 얼마나 많았는지. 일 년의 두 계절을 왜 그리 못마땅해 했는지. 취향이 달랐던 그 친구를 왜 그리 못 받아들였는지.

편운동산 묘소에서 시인이 말합니다. 이 여름, 가기 전에 온전히 살아두어. 계절은 앞으로도 무한히 바뀌겠지만 너는 당장 다음 계절을 볼 수 없을지도 몰라!

고독하다는 것은 삶이 남았다는 것입니다

계절은 부지런히 단풍을 물들이고 수명을 다한 가지를 쳐내기 시작합니다. 지난 여름, 편운동산 시인의 충고를 성실히 빨아들인 나무들은 높이를 달리하는 하늘에 보조를 맞추며 주홍잉크로 생의 절정을 뿜고 있습니다. 계절을 달리 하여 다시 찾은 동산 멀리 감이 익어가고 있습니다. 나도 가을에 순응하는 의미로 고독에 빠져들어 봅니다.

가을에는 사람만이 아니라 저 감도 어쩌면 고독할지 모릅니다. 또 절정을 치른 후의 허무를 알지도 모릅니다. 엄마 같은 뿌리가 아낌없이 자양분을 대어주고 친구 같은 탄탄한 가지가 저를 지탱하고 있어도, 위태롭게 잡아 내리는 중력과 타협해야 하는 것은 철저히 자신 혼자의 무게임을 알 수도 있습니다. 가을을 훌렁훌렁 타다가 무거워진 고독의 끝자락에서 무심한 순간에 툭, 삶이 끝나버리는 타협의 허무를 이미 알 수도 있습니다.

고독하다는 것은
아직도 나에게 소망이 남아 있다는 거다
소망이 남아 있다는 것은
아직도 나에게 삶이 남아 있다는 거다

—「밤의 이야기·20」 부분

시인은 평생의 화두인 '고독'과 '허무'를 시로 형상화 했습니다. 시인이 말하는 고독이란 혼자 있어 쓸쓸한 상대적인 외로움을 말하는 게 아닙니다. 군중 속의 고독만도 아닙니다. 인생을 부여받은 존재 자체의 고독을 말합니다. 나를 둘러싼 네트워크를 태워버리고 나를 명명한 모든 대명사를 증발시켜도, 그래도 남는, 그 존재의 결정을 말하는 것입니다. 말하자면, 생 자체가 고독이라는 것입니다. 시인은 이 고독의 결정체를 '순수고독'이라 명명했습니다. 또 이 숙명의 순수고독 뒤에 수반되는, 죽음에서 비롯한 허무를 '순수허무'라고 했습니다.

그러므로 고독하다는 것은 아직 삶이 남아있다는 것이 됩니다. 남아 있으므로 아직은 고독에서 벗어날 수 없다는 말이기도 합니다. 순환 오류 같지만 생이 원래 그런 게 아닐까 싶습니다. 살기 위해선 죽지 않아야 하고 또 죽지 않으려면 살아야하는 말장난 같은 게 아닐까요.

어쨌든 시인은 고독 뒤를 따르는 허무에 맞서기 위해 시를 쓰고

시인의 연혁과 사소한 생활사를 보여주는 문학관 내 전시실

그림을 그렸습니다. 맞선다는 표현을 쓰긴 했지만 그 의미엔 극복이나 대항이 첨가 되어 있지는 않습니다. 오히려 순수허무를 응시하고 예비했습니다.

깊이 사귀지 마세
작별이 잦은 우리들의 생애

가벼운 정도로
사귀세

(중략)

어려운 말로
이야기하지
않기로 하세

너만이라든지
우리들만이라든지

이것은 비밀일세라든지
같은 말들은

하지 않기로 하세
(…중략…)

작별이 올 때

후회하지 않을 정도로 사귀세

—「공존의 이유·12」 부분

허무하지 않은, 슬프지 않은 죽음은 없겠지만 친소관계에 따라 죽음에 대한 허무와 슬픔의 농도는 달라질 수 있습니다. 시인은 죽음의 허무에 매몰되지 않기 위해 사람과의 사귐이 어느 정도여야 하는지를 구체적인 표현으로 제안합니다. '너만, 우리들만'이라는 말로 다른 사람을 가름하지도 말고 비밀을 말하더라도 '이것은 비밀일세'라고 말하여 둘만의 결속을 만드는 일은 하지 말자고 합니다.

그렇다고 이것이 고독해 하지 말라거나 허무해 하지 말라는 것은

시인의 묘소는 청와헌의 오른편 볕이 많이 드는 곳에 모셔져 있다

아닙니다. 시인의 지론대로라면 오히려 고독은 삶을 반증하여 존재를 인식하게 하는 것이므로 피할 수도 없습니다. 다만 극한의 고독이나 허무는 독이 되므로 차라리 집착하지 않는 인간관계를 지향하자고 합니다. 모든 관계를 제외한 자신만의 고독은 순수고독이지만, 관계로 인한 고독은 그렇지 않다는 말입니다.

보통은 사람들로부터 소외됨을 느낄 때 고독하다고 여기지만 그것은 관계를 어떻게 설정하느냐에 따라 걸러낼 수도 있는 잉여 감정입니다. 절대적 고독은 삶과 죽음의 양자택일 과정에서 맞닥뜨릴 수 있습니다. 살고 죽는 것을 선택할 수 있다는 걸 이해하려면 죽음에 대한 진지한 고민이 선행되어야 합니다. 그 선택의 기로에서 삶은 고독이고 죽음은 허무입니다.

삶은 고독을 조연처럼 달고 갑니다. 가끔 고독이 주연으로 떠오를 때 사람들은 이를 직시하지 못하고 잊으려 몸부림을 칩니다. 고독을 잊기 위한 몸부림은 소비한 술의 양과 비례합니다. 무언가를 잊어버리는 데는 술만한 약이 없기 때문입니다. 하루를 통째로 공치는 대가를 치르고서야 삶을 주연으로 복귀시키려는 욕구가 더 치열해지기 때문입니다.

시인은 부산에서 피란생활을 하던 때에 유난히 술을 더 찾았습니다. 남포동, 광복동, 국제시장, 자갈치 시장을 중심으로 하여 시인은 아침부터 또는 점심부터 술을 했다고 합니다. 전쟁의 혼란에서 삶의 욕구를 유발하고자한 방법이었을까요. 여든 평생 중에서 진지하게 죽음을 택하려 했던 때가 피란시절이었다는 기록은 이에 대한 답이 될 수 있겠습니다.

어머니, 당신은 나의 신앙이옵니다

편운재로 갑니다. 시인의 어머니를 만나기 위해서입니다. 편운재는 1962년 조병화 시인의 어머니 진종 여사께서 별세하자 그 이듬해인 1963년에 어머니의 묘소 옆에 세운 묘막입니다. "살은 죽으면 썩는다"는 어머니의 말씀을 벽에 새겨 놓은, 어머니에 대한 시인의 마음을 읽을 수 있는 집입니다. 이 건물 안에는 편운 시인이 생전에 작업실로 썼던 혜화동 서재가 원래 모습 그대로 옮겨져 있기도 합니다.

때때로 생각나는 당신 말씀
말씀 중의 말씀
죽으면 썩을 살 애껴서 무엇하니

—「때때로 생각나는 당신 말씀」 부분

해마다 봄이 되면
어린 시절 어머님의 말씀
항상 봄처럼 부지런해라
땅 속에서, 땅 위에서
공중에서
생명을 만드는 쉬임없는 작업
지금 내가 어린 벗에게 다시 하는 말이
항상 봄처럼 부지런해라

「해마다 봄이 되면」 부분

나의 목숨은 이승에 단 램프

아직은 어머님이 주신 기름이 남아

너를 볼 수가 있다

「이승에 단 램프」 부분

시인의 어머니에 대한 사랑이 특별한 것은 일찍 아버지를 여읜 탓도 있겠지만 어머니의 가르침이 종교와 같은 강력한 힘을 갖고 있었기 때문입니다. 종교는 어렵게 말하지 않습니다. 그래서인지 조병화 시인의 시는 쉽게 읽힙니다. 읽으면 읽는 대로 이해가 되고 고개가 끄덕여집니다. 평소 시인은 시를 써 놓고 옆 사람에게 읽게 한 다음, 이해가 된다는 답을 받으면 그대로 자신의 시라고 여겼습니다. 시는 일단 쉬워야 한다는 게 시인의 지론이기 때문입니다.

그러고 보면 시인의 시가 쉽게 느껴지는 것은 어머니의 영향 때문이 아닐까 싶습니다. 어머니는 항상 옳은 것을 쉽게 던져주셨습니다. 철학 같은 어머니가 아니라 종교 같은 어머니였기에 편운의 시는 쉽게 느껴지는 것입니다. 나이 많은 남편의 죽음을 뒤로 하고 상경하여 세파를 버티어낸 어머니, 조병화 시인은 그 강직함에 젖어들어, 종교처럼 따를 수밖에 없는 어머니를 그 누구보다 존경했습니다.

결국 시인은 삶을 아끼지 않습니다. 그것은 술을 마실 때도 그랬고 럭비를 할 때도 그랬으며 그림을 그릴 때, 시를 쓸 때도 마찬가지였습니다. 어머니의 가르침을 받들어 그렇게 교육받고 실천한 것입니다. 봄처럼 부지런했습니다. 자신의 목숨이 꺼지기 전에 해야 할 일을 했습니다. 종교처럼 따르고 실천하는 자세는 휘황찬란한 기교 없이도 시를 맛깔나게 써내는 재주가 되었습니다. 그래서 시인의 시는 쉽게 읽히지만 쉽게 잊지 못합니다.

문학관에서 바라본
청와헌과 별채

보헤미안처럼 내일을 떠나야 합니다

지금 너와 내가 살고 있는
이 시간은
죽어 간 사람들이 다하지 못한
그 시간이다

그리고 지금 너와 내가 살고 있는
이 오늘은
죽어 간 사람들이 다하지 못한
그 내일이다

아! 그리고 너와 나는
너와 내가 다하지 못한 채 이 시간을 두고

문학관 전시실에 있는 조병화 흉상

이 시간을 떠나야 하리
그리고 너와 나는
너와 내가 다하지 못한 채 이 오늘을 두고
이 오늘을 떠나야 하리

그리고 너와 나는
너와 내가 아직도 보지 못한 채 이 내일을 두고
이 내일을 떠나야 하리

오! 시간을 잡는 자여
내일을 갖는 자여

지금 너와 내가 마시고 있는
이 시간은
죽어 간 사람들이 다하지 못한
그 시간

그리고 지금 너와 내가 잠시 같이하는
이 오늘은
우리 서로 두고 갈
—그 내일이다.

—「밤의 이야기·47」 전문

죽음을 예비한 삶은 드 가지 태도를 마련합니다. 하나는 허무의 삶입니다. 죽음이 어차피 거기에 있는 이상 삶의 무엇이 의미가 있는지 고민이 따릅니다. 나의 노력과 삶에 대한 성실과 행복에 대한 추구가 모두 썩어 없어질 근원적 허무라면, 그 거대한 공허 앞에 아무런 의미를 두지 못하고 살게 됩니다.

또 하나의 삶은 열심의 삶입니다. 죽음 앞에 선 허무를 깨닫는 오늘의 비장함은 이미 죽은 이들의 내일을 산다는 확인으로 점철됩니다. 죽음을 예비하는 와중에 너와 나를, 그 흔한 이름의 깊은 의미를 새긴 사람은 허무에 머무를 수 없게 됩니다. 종교적 내세를 굳이 내세우지 않아도 지금 이 세계, 실존의 삶이 이미 허무를 저버리게 합니다.

육신의 세계와 정신의 세계 사이를 부지런히 여행하며 누구보다 많이 떠난 편운은, 그렇습니다, 보헤미안이었습니다. 갈 곳 따로 두지 않고, 인생의 허무를 향해 곧장 걷던 짚시의 걸음이 여기 저기 찍혀있습니다. 죽음을 예비해둔 편운재 마당에서 허무를 연주하며 시를 노래하던 그의 낮술이 우리의 목구멍으로 흘러듭니다.

이제 시인의 노트는 영원한 내일을 향해 보헤미안처럼 떠나고 있습니다. 언제든 당신이 이 노트를 건네받길, 그리고 또 어디에든 보헤미안처럼 당신의 발자국을 찍어보길 소망합니다.

기형도

우울한 도시에서의 짧은 기록

1960~1989

Ⅰ 송지선 Ⅰ

검은 레인코트의 남자
심야극장 어둠에 포위
마지막 담배와 헤어진다
은막의 환영 김씨가
인사를 한다
안녕하세요? 박씨는
은빛 손을 뻗어 그의 어깨를 잡는다
어둠의 극장을 서성이던 박쥐
검은 날개를 펼쳐
인사를 받는다
과거는 끝났어.

스물아홉, 푸른 노트로 남은

경기도 광명실내체육관 옆
기형도 시비

영사기의 필름은 오래 전 돌아가기를 멈췄다. 3월의 어느 새벽, 꽃샘추위로 쌀쌀한 기운은 어두컴컴한 극장 안을 무겁게 장악하고 있었다. 심야영화가 끝나자 청소부는 찬 손으로 극장 바닥을 비질하기 시작했다. 몸도 마음도 따뜻한 봄을 갈망하며. 청소가 끝나면 저기 웅크리고 자고 있는 사람을 그만 깨워 보내야겠다고 생각하며.

그 사람은 죽어 있었다. 29세. 남자. 중앙일보 기자. 동맥경화성 뇌출혈. 죽은 남자의 검은 가죽 가방에서 발견된 것은 한 권의 푸른 노트와 몇 알 남지 않은 투명한 약병이었다. 푸른 노트에 기록된 시들은 그가 죽은 두 달 후, 한 권의 시집으로 태어난다. 그의 이름은 기형도였다.

그는 "나의 영혼은 검은 페이지가 대부분이다. 그러니 누가 나를 펼쳐 볼 것인가. 나는 기적을 믿지 않는다."(「오래된 서적」)라고 썼다. 하지만 사람들은 죽은 시인의 검은 페이지를 펼쳐보기 시작했다. 젊은이들은 기형도의 처녀시집이자 유고시집이 돼버린 『입 속의 검은 잎』을 옆구리에 낀 채 혹은 손에 든 채 전염병을 앓았다. 그것은 분명 기적이었다. 삶의 전망 부재. 삶의 에너지 제로. 그의 시에서 느껴지는 늙은 청춘의 시혼은 젊은이들의 검고 깊은 우물에 두레박으로 던져졌다. 그 두레박은 심연으로 패대기쳐졌다가 맑고 시린 샘물을 길어 올렸다.

기형도행 버스

7월의 아침, 여름날이긴 하나 며칠째 계속되는 장맛비로 햇살 한 점 없이 우중충하다. 보슬비가 조용히 내린다. 에어컨 냉기를 피해 고속버스 대합실을 나오니 후덥지근한 습기가 덥친다. 목적지는 광명시 소하동. 기형도 시의 근원지인 생가를 찾아간다. 그의 유년시절의 가난, 그로 인한 우울과 불안의 부정적 정서는 대부분 이 생가에서 체험된다. 따뜻한 옷과 밥, 그리고 엄마의 품을 앗아간 유년기 가난은 기형도 생애 전체를 관통하는 깊은 상흔을 남긴다. 그의 시집 페이지마다 얼룩져 있는 그로테스크한 이미지는 유년기 트라우마가 낳은 불길한 상상인 것이다.

차창에 머리를 박고 간다. 무심히 시선을 보낸 차창은 빗물로 흐리다. 질주와 빗물의 속도로 사라져가는 차창 밖의 사물들. 고단한

청년 기형도의 낭만과 사색의 자세로 누워있는 한 사내

일상이 삭제된다. 라디오 잡음과 섞여 나오는 트로트는 그 소리가 클수록 버스 안의 고요와 잘 어우러진다. 아무도 서로의 침묵에 귀를 기울이지 않듯, 아무도 트로트에 귀를 기울이지 않으므로. 달리는 버스 안에선 그 누구나 무기력하다. 목적지에 도착하기까지 밖으로 나갈 수도 없고, 내 마음만큼 도착 시간을 당길 수도 없다. 할 수 있는 게 없으니 오히려 마음이 한가롭다. 때문에 버스는 현실에서 잠시 놓여나는 해방구가 된다. 질주하는 버스의 속도로 시간이 뒷걸음질 친다.

무른 두부처럼 살아도 행복했던 사춘기 정거장에 시간이 정차한다. 늘 배꼽을 움켜잡고 깔깔거리던, 수업시간에도 계속 웃어 벌을 받던, 그런 내가 웃겨 또 웃던, 그 시절의 나. 그 시절의 친구들. 학교 앞 세탁소 집 친구 지연이. 학교 끝나고 집에 놀러 가면 늘 연탄불에 라면을 끓여 주었다. 끓는 물에 라면을 넣자마자 익었는지 본다며 자꾸 젓가락질 해대던, 결국 끓이면서 반절을 다 먹던. 주근깨 투성이 내 친구. 딸만 여섯에 가난했지만 괄괄한 성격의 욕쟁이 선희. 나는 시험기간이 되면 으레 선희네 집에서 먹고 잤다. 여자 형제가 없던 나에게 고만고만한 여자 아이들 여섯이 한 방에 우르르 몰려 있으면 꼭 야영장에 온 듯 설레고 재밌었다. 일주일을 그 집에서 먹고 자도 밥상머리에서 눈치 주지 않던, 아니 사는 게 바빠서 딸 친구나 자기 딸이나 눈길 줄 수 없었던, 목수의 아내 키 작은 선희 엄마. 돌이켜 생각해보면 우리의 생활이란 얼마나 보잘 것 없는지. 그러나 또 얼마나 찔레꽃처럼 아름다운지.

유년의 사진

쿵짝쿵짝 네 박자 리듬이 사라지고 승객들은 각자의 상념과 각자의 휴면으로 풀어져 갔다. 저음으로 깔리는 버스 엔진 소리와 차창의 자욱한 빗물은 주술을 건다. 여기 있는 모든 짐 진자들이 현

기형도 「안개」의 배경 안양천변

실의 미혹에서 벗어나 자기 내면을 돌보도록. 자기의 내면을 돌아보는 일은 내부의 유배지에 당도해서 세상과의 거리를 두고 본래의 '나'를 찾는 일이다. 그 때의 '나'란 순수했던 유년기의 '나'다. 그 옛날 꽤 인간적인 내가 있어, 졸졸졸 시냇물처럼 맑은 이야기로 가슴을 적셔준다.

사춘기가 시작 될 무렵, 학교를 파하고 집에 오면 옥상에 올라가 하루를 마감하곤 했다. 옥상에는 개와 개집, 장독대와 빨랫줄, 그리고 해질 무렵 시멘트 난간에 걸치는 노을이 있었다. 나는 그 개, 멍개와 함께 나란히 앉아 노을이 지는 하늘을 바라보았다. 멍개는 앉은키가 나보다 더 큰 잡종견이었지만, 햇빛을 받으면 머리부터 꼬리까지 검은 털에서 윤기가 흘렀다. 그 무렵 나의 마음을 제일 잘 알아주는 친구였다. 엄마 심부름으로 빨래를 널고, 함께 개집에 들어가 새우깡도 나눠먹고 노을을 기다렸다.

노을이 물드는 옥상 서쪽엔 먼지 날리는 신작로가 나 있었다. 우리집에서 그 쪽으로 2Km 정도 걸어가면 버스 종점이 있었다. 오빠는 고등학생이 되면서 전주에서 자취를 했고 그 후 집에 잘 오지 않았다. 툭 하면 내 머리를 쥐어박고 울렸지만 그리기, 만들기 숙제는 날을 꼬박 새면서 해주던 오빠였다. 토요일 오후마다 '맥가이버'를 보고 나면 늘 옥상에 서서 오빠가 오길 기다렸다. 서쪽 신작로에 노을이 내리고, 노을 속에서 한 점이 나타나면 반가웠다. 그러다 그 점이 끝내 커지지 않고 노을과 함께 사라지면 눈시울이 뜨거워졌다. 그때 옥상에 서서 맞던 스산한 바람이 지금도 얼굴에 스친다. 내 단발머리를 흩날리며 한숨짓던 바람은, 지금 어디서 무엇을 할까?

안 오시네, 엄마 안 오시네

돋보기가 흩어진 빛을 그러모아 불꽃을 만들어내 듯, 기다림의 대상이 출현할 곳에 소실점을 찍어두고 그 사람을 향한 간절한 마음은 「엄마 걱정」에서도 느껴진다.

열무 삼십 단을 이고
시장에 간 우리 엄마
안 오시네, 해는 시든 지 오래
나는 찬밥처럼 방에 담겨
아무리 천천히 숙제를 해도
엄마 안 오시네, 배춧잎 같은 발소리 타박타박
안 들리네, 어둡고 무서워
금간 창 틈으로 고요히 빗소리
빈방에 혼자 엎드려 훌쩍거리던

아주 먼 옛날
지금도 내 눈시울을 뜨겁게 하는
그 시절, 내 유년의 윗목

—「엄마 걱정」 전문

기다림이 지속되면 걱정이 된다. 기다리고 있는 나 때문에, 급히 오려다 무슨 일이라도 생겼을까. 그래서 사랑하는 이들은 기다림

광명실내체육관에 있는
「엄마 걱정」 시비

에 애가 타도 애써 '천천히 오라'고 하지 않던가. 제목 '엄마 걱정'에서 "걱정"을 통해 그 기다림과 불안의 강도가 느껴진다. 예상보다 늦어지는 만큼 불길한 생각도 하나 둘씩 늘고, 어느새 기다림의 자세는 걱정으로 몸부림을 한다. 일부러 아주 "천천히 숙제를"하고, "배춧잎 같은" 엄마 발소리를 분간해내는 어린 아이의 몸부림이 애처롭다.

밤늦도록 엄마를 기다리는 어린 화자의 훌쩍임은 단박에 독자의 유년기를 떠올리게 한다. 누구에게나 처음으로 기다림의 눈물을 가르쳐 준 사람은 엄마이니까. 그 원초적 기억은 성인이 되어도 침울한 슬픔으로 다가온다. 그러기에 화자는 "지금도 눈시울을 뜨겁게 하는" 그 시절을 "윗목"으로 회상하고 있다.

특히 어린 시절 엄마의 부재는 전원 OFF 상태를 방불케 한다. 가족이 다 모여 있어도 엄마가 없으면, 구멍 난 양말처럼 온 식구가 초라하다. 엄마가 온다, 엄마가 왔다. 가스렌지에 불이 켜지고, 뚝배기에서 된장찌개가 끓고, 밥통에서 연기가 난다. 따그락따그락 설거지 소리, 삭둑삭둑 김치 써는 소리. 아, 정겨운 살림소리. 우리를 살리는 소리. 비로소 집안에 생활의 온기가 돌고, 전원 ON 상태의 가정이 된다.

이 시에서 "나" 또한 엄마의 부재로 인해 "찬 밥"처럼 방치된 존재로 "혼자 엎드려" 울고 있다. "해가 시든" 만큼 팔리지 않은 열무도 시들고, 분리된 엄마와 아이의 평화도 시들어 가고 있다.

정거장, 망각을 본다

고속도로 방음벽을 타고 오르는 담쟁이가 작은 손바닥을 활짝 펴고 인사를 보낸다. 비 맞아 싱그러운 잎사귀가 갓 세수한 아이 얼굴처럼 해맑다. 무기력에 젖어 든 버스의 침묵에 조용한 파문이 인다. 승객들은 3시간 동안 아무렇게나 벌려 놓은 상념을 걷어치우고, 자신의 소지품들을 부시럭부시럭 챙기기 시작한다. 좌석에 파묻었던 허리를 펴고 목적지에 다다랐음을 확인한다. 도시의 입성을 알리는 말쑥한 고층 아파트들이 눈에 들어온다. 고속도로 양쪽에 우뚝 늘어선 모습이 결혼식장에서 본 예도단의 그것처럼 위압감을 준다. 광명이다. 광명은 차로 30여분이면 서울의 도심에 닿을 정도로 서울의 인접도시이다. 넓고 복잡한 도로와 높은 건물들에서 대도시의 기운이 느껴진다.

기형도의 생가가 있는 소하동에 가기 위해 버스 정거장에 선다. 굵은 빗방울 하나가 정수리에 꽂힌다. 순간 정수리에서 느껴지는 선뜩함과 낯선 장소감이 마음을 분주히 한다. 빗줄기는 금세 굵어져 장대비로 바뀌고, 거리의 사람들은 황급히 우산을 펼쳤다. 빨간 보도블록에 내리 꽂히는 빗방울들이 사방팔방으로 파편이 되어 흩어진다.

미안하지만 나는 이제 희망을 노래하련다
마른 나무에서 연거푸 물방울이 떨어지고
나는 천천히 노트를 덮는다
저녁의 정거장에 검은 구름은 멎는다
그러나 추억은 황량하다, 군데군데 쓰러져 있던
개들은 황혼이면 처량한 눈을 껌벅일 것이다
물방울들은 손등 위를 굴러다닌다, 나는 기우뚱
망각을 본다, 어쩌다가 집을 떠나왔던가
그곳으로 흘러가는 길은 이미 지상에 없으니
추억이 덜 깬 개들은 내 딱딱한 손을 깨물 것이다
구름은 나부낀다, 얼마나 느린 속도로 사람들이 죽어갔는지
얼마나 많은 나뭇잎들이 그 좁고 어두운 입구로 들이닥쳤는지
내 노트는 알지 못한다, 그 동안 의심 많은 길들은
끝없이 갈라졌으니 혀는 흉기처럼 단단하다
물방울이여, 나그네의 말을 귀담아들어선 안 된다

주저앉으면 그뿐, 어떤 구름이 비가 되는지 알게 되리
그렇다면 나는 저녁의 정거장을 마음속에 옮겨놓는다
내 희망을 감시해온 불안의 짐짝들에게 나는 쓴다
이 누추한 육체 속에 얼마든지 머물다 가시라고
모든 길들이 흘러나온다, 나는 이미 늙은 것이다

—「정거장에서의 충고」 전문

인생은 기나 긴 여정이어서 가끔 삶의 정거장에 멈추게 된다. 그곳에서 갈 길을 찾고, 희망과 미래를 향해 나아간다. 하지만 "나"는 갈 길을 잃고 "망각을 본다". "망각"은 이미 변화가 끝난 과거이다. 현재의 "나"는 그것을 봄으로써, 미래를 차단한다. 그는 "저녁의 정거장"에서 생을 정지시키고 급기야 "나는 이미 늙은 것이다"라고 "쓴다", 선언한다. "나"의 마음 속에는 "저녁의 정거장"이, "나"의 육체 속에는 "불안의 짐짝들"이 있어, 더 이상의 가치나 희망을 삶으로부터 담보해내지 못한다. 인생의 검은 구름같은 그것들은 조로의 이유가 된다. 때문에 "미안하지만 나는 이제 희망을 노래하"려고 하는 의지는 "나는 이미 늙은 것이다"라는 기록 앞에 굴복한다.

"얼마나 느린 속도로 사람들이 죽어갔는지/ 얼마나 많은 나뭇잎들이 그 좁고 어두운 입구로 들이닥쳤는지" 알지 못하는, 생의 불가해성을 담은 "노트"를 덮고 "나는 쓴다". 생의 의미를 앞질러 탐색한 늙은 청춘의 쓰기 행위는 열기가 없다는 점에서 희망도 절망도 아닌 체념적 글쓰기의 전조이다. 정거장을 빠르게 흘러가고 오는 무수한 익명의 인파와 시간 그리고 길. 그것들로부터 선채로 고립된 시인의 음울한 얼굴이 빗물로 떠내려간다.

가정방문은 싫어요, 저희 집은 너무 멀어요

우산을 접고 시인의 생가로 가는 버스에 오른다. 승객을 따라온 물방울, 흙방울로 바닥이 번들번들 어지럽다. 빈자리가 없어, 천장에 매달린 손잡이를 잡고 앞으로 쏠렸다, 뒤로 쏠렸다하며 버스에 몸을 맡겼다. 오랜만에 맛보는 시내버스의 낭만이 신선했다. 옆 사람의 대화를 본의 아니게 엿듣는 것도 시내버스의 묘미다. 특히 여고생들의 수다는 탄력있고 발랄하다. 안 듣는 척 하다가도 슬며시 입꼬리가 올라간다. “그랬니, 안 그랬니”하는 말투가 여기가 내가 사는 곳과는 다른 광명임을 새삼 일깨운다. ‘그려, 안 그려’로 대화하는 우리 동네 사람이 그립다.

그때, 버스 유리창에 붙은 시가 눈에 들어왔다. A4용지 1/6크기의 하얀 종이에 검정글씨로 씌어진. 기형도의 유명한 시 「빈 집」이 거기 있었다. 기형도를 찾아가는 낯선 곳에서 기형도 시를 마주하니 이정표처럼 반가웠다. 기형도를 기억하려는 광명의 작은 몸짓이지만, 그 잠재된 파급 효과는 굉장하리라 생각한다. 시내버스를 탄, 한글을 막 뗀 어린 아이에서부터 시의 의미를 심도 있게 접근하려는 문학도에 이르기까지 의식적이든 무의식적이든 차창에 붙은 「빈 집」을 읽을 것이다. 부자도 빈자도 행복한 사람도 불행한 사람도 이 시를 자기 마음에 옮겨가서 나름의 의미로 키워낼 것이다.

소하동은 광명의 변두리 지역이어서인지 한적했다. 높은 건물은 저 멀리 멀어져 있고 논, 밭 사이로 드문드문 지평선이 보이기도 했다. 기형도는 여섯 살 때 이곳으로 이사 온 후, 짧은 일생 동안 여기

1989년 중앙일보사 동료들과 함께. 맨 왼쪽 기형도

서 살았다. 유년 시절의 추억과 관련한 시들의 대부분이 이곳에서의 삶을 배경으로 하고 있다. 당시 소하동은 도심의 급속한 산업화에서 쫓겨난 철거민과 수해이재민의 정착촌이자, 도시 배후의 농촌이었다.

그의 아버지가 손수 지은 양옥집은 당시 소하동에선 보기 드물게 번듯한 집이었다. 하지만 지금 그 집은 소실되었고, 터 위에는 근린생활 시설이 지어졌다. 몇 년 전만 해도 공장의 부대 건물로 사용될망정, 생가의 형태를 유지하고 있었으나 이젠 그마저도 지구상에서 소멸되었다. 「위험한 가계·1969」, 「빈 집」, 「바람의 집」, 「폭풍의 언덕」, 「엄마 걱정」 등 다수의 시들이 이 집을 배경으로 하고 있는데, 흔적도 없이 사라져 안타까웠다.

사진기의 초점을 어디에 맞춰야 할지 몰라 망연자실 서 있는 나를 뒤로 하고 인근 주민이 한마디 던지며 지나간다. "기형도 보러 왔나보네." 상실감 때문에 이곳에서 차마 발길을 돌리지 못하고 우뚝 서 있는 사람이 꽤 있었나보다. 집이 복원되었더라면, 그 집을 들어가 볼 수만 있었더라면, 시를 통해 알게 된 그의 유년기를 파노라마처럼 떠올릴 수 있을 텐데. "창문을 열자 어둠 속에서 바람에 불려 몇 그루 미루나무가 거대한 빵처럼 부풀어오르는게 보였다"는 시행이 이 터를 증명하듯 맞은편에 늘어선 미루나무의 무수한 잎사귀가 바람에 흔들리고 있었다.

경기도 광명 소하동 골목.
좁고 가파른 인생의 계단

1

그해 늦봄 아버지는 유리병 속에서 알약이 쏟아지듯 힘없이 쓰러지셨다. 여름 내내 그는 죽만 먹었다. 올해엔 김장을 조금 덜해도 되겠구나. 어머니는 남폿불 아래에서 수건을 쓰시면서 말했다. 이제 그 얘긴 그만 하세요 어머니. 쌓아둔 이불에 등을 기댄 채 큰누이가 소리질렀다. 그런데 올해에는 무들마다 웬 바람이 이렇게 많이 들었을까. 나는 공책을 덮고 어머니를 바라보았다. 어머니, 잠바 하나 사주세요. 스펀지마다 숭숭 구멍이 났어요. 그래도 올 겨울은 넘길 수 있을 게다. 봄이 오면 아버지도 나으실 거구, 風病에 좋다는 약은 다 써보았잖아요. 마늘을 까던 작은누이가 눈을 비비며 중얼거렸지만 어머니는 잠자코 이마 위로 흘러내리는 수건을 가만히 고쳐 매셨다.

(…중략…)

5

1985년 동아일보 신춘문예 시상식에서 가족과 함께. 오른쪽 두 번째 기형도

선생님. 가정 방문은 가지 마세요. 저희 집은 너무 멀어요. 그래도 너는 반장인데. 집에는 아무도 없고요. 아버지 혼자, 낮에는요. 방과 후 긴 방죽을 따라 걸어오면서 나는 몇 번이나 책가방 속의 월말고사 상장을 생각했다. 둑방에는 패랭이꽃이 무수히 피어 있었다. 모두 다 꽃씨들을 갖고 있다니. 작은 씨앗들이 어떻게 큰 꽃이 될까. 나는 풀밭에 꽂혀서 잠을 잤다. 그날 밤 늦게 작은누이가 돌아왔다. 아버진 좀 어떠시니. 누이의 몸에서 석유냄새가 났다. 글쎄, 자전거도 타지 않구 책가방을 든 채 백 장을 돌리겠다는 말이냐? 창문을 열자 어둠 속에서 바람에 불려 몇 그루 미루나무가 거대한 빵처럼 부풀어오르는 게 보였다. 그리고 나는 그날, 상장을 접어 개천에 종이배로 띄운 일을 누구에게도 말하지 않았다.

6

그해 겨울은 눈이 많이 내렸다. 아버지, 여전히 말씀도 못 하시고 굳은 혀. 어느만큼 눈이 녹아야 흐르실는지. 털실 뭉치를 감으며 어머니가 말했다. 봄이 오면 아버지도 나으신다. 언젠가 봄이에요. 우리가 모두 낫는 달이 봄이에요? 그러나 썰매를 타다 보면 빙판 밑으로 푸른 물이 흐르는 게 보였다. 얼음장 위에서도 종이가 다 탈 때까지 네모 반듯한 불들은 꺼지지 않았다. 아주 추운 밤이면 나는 이불 속에서 해바라기 씨앗처럼 동그랗게 잠을 잤다. 어머니 아무 큰 꽃을 보여드릴까요? 열매를 위해서 이파리 몇 개쯤은 스스로 부숴뜨리는 법을 배웠어요. 아버지의 꽃 모종을요. 보세요 어머니. 제일 긴 밤 뒤에 비로소 찾아오는 우리들의 환한 家系를. 봐요 용수철처럼 튀어오르는 저 冬至의 불빛 불빛 불빛.

—「위험한 가계·1969」 부분

1969년, 기형도의 나이 10살 때 아버지가 중풍으로 쓰러진다. 이 시는 이 때의 가계 풍경을 집약하고 있다. 아버지가 유리병 속의 "알약"처럼 "힘 없이" 쓰러지면서, 수습하기 힘든 가난이 덥친다. 어머니는 농사와 열무장사에 돼지까지 치고, 큰 누이와 작은 누이는 공장에서 일을 하며 "자전거도 타지 않구" 신문 배달을 하려 한다. 이렇게 일가족이 생계 전선에 뛰어들지만 일곱 남매의 생활비와 아버지의 약값을 대기엔 여전히 "위험한 가계"일 수밖에 없다.

아버지의 "굳은 혀"는 "녹아 흐를" 기미가 안 보이고, 약값을 줄이자는 작은 누이의 말에 어머니는 누이의 뺨을 친다. 가난한 서민들의 일상을 다룬 연속극의 서사처럼 극히 통속적인 장면이다. 하지만 이것이 가슴 치는 슬픔으로 다가오는 것은 가난으로 일그러진 한 집안의 이야기를 바로 어린 아이의 시선으로 전달하고 있기 때문이다. 그 가난의 공간에서 여리고, 어린 아이의 가슴에 새겨질 트

기형도가 묻혀있는 경기도
안성시 천주교 공원묘지 전경

라우마가 보는 이를 울린다.

"어머니. 잠바 하나 사주세요. 스펀지마다 숭숭 구멍이 났어요", "나는 오징어가 먹고 싶어. 그건 오래 씹을 수 있으니까". 겨울에 춥지 않을 잠바 하나, 배고픔을 달랠 오징어. 이 가계는 어린 아이의 소박한 바람마저 충족시키지 못하고 있다. "선생님 가정 방문은 가지마세요. 저희 집은 너무 멀어요", "그리고 나는 그날, 상장을 접어 개천에 종이배로 띄운 일을 누구에게도 말하지 않았다". 상장같은 것이 집안의 기쁨이 되지 못하는 척박한 가정형편. 그 앞에 고개를 떨 군 어린아이의 수치심과 서글픔이 진하게 느껴진다.

화자는 어리지만 불우한 형편에 대해 울지도 원망하지도 않는다. 위험하지만 아직은 건재한 가계이기에 그는 "추위"를 견디고자 "이

담소를 나누는
대학시절 기형도

불 속에서 해바라기 씨앗처럼 동그랗게 잠을" 잔다. 찬란히 꽃 필 내일의 행복한 가계를 예비하기 위해 오늘 하루를 인내한다. 또한 "어머니 아주 큰 꽃을 보여드릴까요?" 라며 "나"로 인해 이 우울한 가계에도 희망이 올 수 있음을 어머니에게 다짐한다. 비록 그 희망이 춥고 "제일 긴 밤" "동지"로 표상되는 가난을 밀어내기엔 "불빛"처럼 미약하지만, 피폐해진 가족 중 제일 어린 화자가 그것을 제일 먼저 제시하고 있어 가슴에 전해지는 파장이 크다. 화자의 극복의지는 "용수철처럼 튀어"올라 이 비극적 상황을 비약적으로 탈출하려고 한다.

가난에서 벗어나고자 하는 강렬한 의지와 "큰 꽃을 보여드"리겠다는 어머니와의 약속 때문에 그는 늘 우수한 성적을 유지했다. 아르바이트를 하면서도 대학을 전체 차석으로 졸업했고 학창 시절에 탄 상장은 라면박스를 가득 채웠다.

중학교 2학년 무렵 바로 위 누이가 불의의 사고로 죽는다. 그 일을 겪으면서 자신을 위로하는 문학을 발견한다. 그때부터 시 쓰기에 심취했으나, 어머니의 바람에 따라 대학 입학 시 국문과 대신 정외과를 택한다. 졸업 후 중앙일보 정치부 기자로 배속되지만 시에 대한 갈증이 깊어지면서 문화부 기자가 되길 자청한다. 다른 기자들이 부러워하는 정치부 자리를 버리고 등한시하는 문화부 자리로 옮기면서 그의 시작 활동은 활발해졌다.

안개, 무기력한 삶의 광장

소하동 마을과 안양천을 가로지르는 안양천변 뚝방길을 걸어본다. 안양천변의 안개는 「안개」의 시적 모태이다. 기형도를 '안개 시인'으로 부를 정도로 「안개」는 그의 대표작이다. 뚝방길이 시작되는 입구에 빼곡하게 심어진 옥수수를 본다. 길게 늘어뜨린 이파리에 빗방울이 떨어질 때마다 초록색이 통통 물결을 친다. 수많은 옥수수 이파리들이 빗방울이 연주하는 타악기 마냥 빠른 템포로 둔탁한 소리를 낸다. 옥수수는 가난한 여인의 자태를 닮았다. 박수근의 「나무와 두 여인」에 등장하는 여인네같은. 마른 몸매에 긴 머리를 뒤로 대충 묶은, 볼이 홀쭉한 가난의 이미지이다. 옥수수에 대한 이미지가 잔상으로 남아서인지 잘 정돈된 안양천변에서 황량함이 느껴진다.

그는 안양천 뚝방을 지나 시흥대교를 거쳐 시흥국민학교까지 걸어다녔다. 당시 이 길은 마을 사람들이 행렬을 이루며 공장으로 가는 길이기도 했다. 이 뚝방길은 질식할 것 같은 두꺼운 안개가 자주 끼었다. 이것은 현실과 알레고리적으로 이어지면서 「안개」의 독특한 시세계를 이끌어낸다.

1

아침저녁으로 샛강에 자욱이 안개가 낀다.

2

이 읍에 처음 와본 사람은 누구나
거대한 안개의 강을 거쳐야 한다.
앞서간 일행들이 천천히 지워질 때까지
쓸쓸한 가축들처럼 그들은
그 긴 방죽 위에 서 있어야 한다.
문득 저 홀로 안개의 빈 구멍 속에
갇혀 있음을 느끼고 경악할 때까지.

(…중략…)

몇 가지 사소한 사건도 있었다.
한밤중에 여직공 하나가 겁탈당했다.
기숙사와 가까운 곳이었으나 그녀의 입이 막히자
그것으로 끝이었다. 지난 겨울엔
방죽 위에서 醉客 하나가 얼어 죽었다.
바로 곁을 지난 삼륜차는 그것이
쓰레기 더미인 줄 알았다고 했다. 그러나 그것은
개인적인 불행일 뿐, 안개의 탓은 아니다.

안개가 걷히고 정오 가까이
공장의 검은 굴뚝들은 일제히 하늘을 향해
젖은 銃身을 겨눈다. 상처입은 몇몇 사내들은

험악한 욕설을 해대며 이 폐수의 고장을 떠나갔지만
재빨리 사람들의 기억에서 밀려났다. 그 누구도
다시 읍으로 돌아온 사람은 없었기 때문이다.

3

아침저녁으로 샛강에 자욱이 안개가 낀다.
안개는 그 읍의 명물이다.
누구나 조금씩은 안개의 주식을 갖고 있다.
여공들의 얼굴을 희고 아름다우며
아이들은 무럭무럭 자라 모두들 공장으로 간다.

—「안개」 부분

안개는 세계의 폭력적 구조를 풍경화하고 있다. 부드럽게 유동하는 "안개"를 "안개의 군단", "안개의 성역", "안개의 빈 구멍 속에 갇혀 있음", "희고 딱딱한 액체", "한 사내의 반쪽이 안개에 잘린다"로 표현함으로써 마치 단단한 날을 세운 육중한 금속덩어리로 인식하게 한다. 겁탈당한 여직공과 쓰레기더미로 비유된 취객의 시체마저 "개인적인 불행일 뿐, 안개의 탓은 아니다"라고 말한다. 여기서 '안개'가 상징하는 세계의 폭력성은 극에 달한다.

안개의 위력은 놀랍다. 이 공간에 든 존재들은 모두 안개에 잠식돼버린다. "이 읍" 사람들은 안개의 형식으로 존재하는 세계 속에서 "쓸쓸한 가축들처럼" 무기력하고, 제각기 "홀로 안개의 빈 구멍 속에 갇혀" 외부세계와 단절된 채 살아간다. 이곳은 "안개의 성역"

초등학생 시절 기형도의 등굣길인 안양천변

이므로 안개의 억압을 뚫고 변화를 꿈꾸는 것은 어렵다. 때문에 아이들도 그 전 세대가 그랬듯이 "무럭무럭 자라 모두들 공장으로 간다". "몇 몇 사내들은 험악한 욕설을 해대며" 이 읍에서 탈출했지만 "다시 읍으로 돌아온 사람은 없었기"에 오늘도, 내일도 "이 폐수의 고장"은 굳건히 유지된다. 이런 부조리한 세계에선 안개와 식구가 되는 게 차라리 편하다.

검은 외투에 딱딱한 모자를 쓴 우리

「안개」에서도 짐작하듯이, 기형도에게 있어 시적인 것은 그가 익숙하게 알고 있는 어떤 것이다. 그 익숙함이 내재한 부정적 속성을 시로써 독자에게 보여주었다. 그의 다수 시편들은 이 세계의 부정성을 꿰뚫어 본 자가 세계의 구조로부터 벗어나 토로하는 부정성의 언어로 가득 차 있다.

「어느 푸른 저녁」은 습관처럼 서로를 통과해가는 익명의 무심함을 검은색으로 그리고 있다. 이 작품은 생전에 시인이 가장 아꼈던 시이면서, 광명을 배경으로 하고 있다고 전해진다. 시비가 있는 광명실내체육관으로 발길을 옮긴다. 날이 맑게 개었다. 구름이 걷히자 금세 여름 햇살이 쏟아져 내리고 있다. 눈이 부시다. 우산 대신 기형도의 시집 『잎 속의 검은 잎』을 꺼내 이마 위로 치켜들고 빗속을, 아니 빛속을 겅중겅중 뛰듯이 걸어간다.

「어느 푸른 저녁」시비는 생각보다 쉽게 찾을 수 있었다. 규모가 큰 것은 아니지만 사람들이 많이 드나드는 야외공원 길 편에 자리 잡고 있었다. 시비 맞은편에는 여러 개의 벤치가 놓여있어 사람들이 질펀히 앉아 휴식을 취하고 있고 뒤편에는 대형 튜브의 풀장에서 어린이들이 물장구를 치며 웃고 떠들고 있다. 산책을 하거나 운동을 하러 나온 시민들이 가끔 시비 앞에 멈춰서서 시를 만지고 읽었다. 풀장에서 나와 아이스크림을 빨며 시비에 눈길을 주는 아이들도 있다. 시는 소통이 부재한 타인들과의 무의미한 관계를 이야기하고 있는데, 시비는 아이러니하게도 소통이 가득한 광장에서 많은 사람들의 시선을 받고 있었다.

1

그런 날이면 언제나
이상하기도 하지, 나는
어느새 처음 보는 푸른 저녁을 걷고
있는 것이다, 검고 마른 나무들
아래로 제각기 다른 얼굴들을 한
사람들은 무엇엔가 열중하며
걸어오고 있는 것이다, 혹은 좁은 낭하를 지나
이상하기도 하지, 가벼운 구름들같이
서로를 통과해가는
(…중략…)

2

가장 짧은 침묵 속에서 사람들은
얼마나 많은 결정들을 한꺼번에 내리는 것일까
나는 까닭 없이 고개를 갸우뚱해본다
둥글게 무릎을 기운 차가운 나무들, 혹은
곧 유리창을 쏟아버릴 것 같은 검은 건물들 사이를 지나
낮은 소리들을 주고받으며
사람들은 걸어오는 것이다
몇몇은 딱딱해 보이는 모자를 썼다
이상하기도 하지, 가벼운 구름들같이
서로를 통과해가는
나는 그것을 습관이라 부른다, 또다시 모든 움직임은 홀연히 정지
하고, 거리는 일순간 정적에 휩싸이는 것이다, 그러나
안심하라, 감각이여! 아무 일 없었다는 듯이
검은 외투를 입은 그 사람들은 다시 저 아래로
태연히 걸어가고 있는 것이다
어느 투명한 저녁
(…후략…)

—「어느 푸른 저녁」 부분

이 시는 사소한 일상적 체험을 시의 세계로 확장하고 있을 뿐 아니라, 시간과 시간의 불연속적인 찰나를 시인의 예민한 촉수로 포착, 감지하고 있다. 이 시가 환상적으로 느껴지는 것은 사실 낯익은

광명실내체육관
「어느 푸른 저녁」 시비에서
바라본 하늘, 가볍게 서로를
통과해 가는 구름들

현실을 찬찬히 들여다보면, 낯설은 유기체로 다가오기 때문이다. 우리는 "가벼운 구름들같이 서로를 통과해가는" 습관을 가지고 있다. "검은 외투"를 입고 "아무 일 없었다는 듯이" 태연히 걸어간다. 우리는 이런 순간의 시·공간을 확장해서 말할 수 있는 능력이 없다. 하지만 시인은 말한다. 독자는 말할 수 없는 모호한 자기와 회색 느낌에 대한 대리고백을 듣는다. 현대인의 내면 상태를 사물처럼 뚜렷하게 구성해서 보여줌으로써, 독자는 쾌감을 느낀다. 이것은 이상한 리얼리티다.

사랑을 잃고 나는 쓰네

한낮의 작열하던 땡볕이 서서히 스러져 갈 무렵 기형도가 묻혀 있는 안성시 천주교 공원묘지에 도착했다. 광활하고 텅 빈 주차장에 서서 부채꼴로 나를 둘러 싼 수많은 죽음과 사연을 올려다보니 숙연함이 엄습해 온다. 관리사무실에 들러 기형도의 묘지번호를 확인하고 길을 물었으나, 낮은 산에 빼곡히 들어찬 묘지에서 그의 이름을 찾기란 여간 힘든 일이 아니다. 가시지 않은 지열을 헤치며, 흘러내리는 땀을 훔치며 한동안 경사진 길을 헤매었다. 해질녘 무덤가를 서성이는 게 꽤 적적하다. 너무도 정적인 이 시각, 이 곳에서 '왱—'하는 벌초기 엔진소리와 베어진 자리마다 진동하는 풀냄새가 없었더라면 하마터면 울 뻔했다. '생명 붙은 것이 너 말고도 저기 있잖아, 동무가 있잖아.'

기형도 묘지 번호가 가까워져 오니 걸음이 빨라진다. 그의 이름이 새겨진 비석과 누군가의 헌화에는 노을빛이 드리워져 있었다. 맑은 소주 한 잔을 붓고 절을 올린다. 봉분의 풀들이 생기를 얻어 초록빛을 더욱 발한다.

사랑을 잃고 나는 쓰네

잘 있거라, 짧았던 밤들아
창밖을 떠돌던 겨울 안개들아
아무것도 모르던 촛불들아, 잘 있거라

공포를 기다리던 흰 종이들아
망설임을 대신하던 눈물들아
잘 있거라, 더 이상 내 것이 아닌 열망들아

장님처럼 나 이제 더듬거리며 문을 잠그네
가엾은 내 사랑 빈집에 갇혔네

—「빈 집」 전문

이 시는 '사랑을 잃고 나는 ~네' 구문으로 시작한다. 대중가요의 이별 노래에서 흔히 들을 수 있는 상투적 표현이다. 낯익은 이 문장구조가 신선한 회처럼 씹을수록 맛이 나는 이유는 "사랑을 잃고"와 "나는 쓰네"의 낯선 결합 때문이다. '사랑을 잃고 나는 헤매이네'나 '사랑을 잃고 나는 우네'처럼 상실감과 절망감의 표현이 자연스럽게 연결되는 것이 우리의 사고과정이다. 하지만 "사랑을 잃고"와 "나는 쓰네"의 결합은 상실에 대항하는 적극적 행위를 나타낸다. 「빈 집」을 마주하는 독자는 입구에서부터 사고의 브레이크가 걸리는 신선한 시적 충격을 맛보게 된다.

글을 쓰는 사람은, 글을 써야만 하는 사람은 아무것도 써 있지 않은 "흰 종이"의 공포를 안다. 모니터 창에 글을 쓰는 사람이라면 초침처럼 깜박이는 커서의 조바심을 안다. 자꾸 제자리걸음만 걷는 문장 앞에서, 죄 없는 담배만 분질러뜨리는, 단어 하나 조사 하나에도 쩔쩔매며 온 밤을 새버리는 공포와 조바심. 이 시의 화자는 "사랑을 잃고"도 쓰기의 공포와 독대하길 주저하지 않는다. 사랑이 있을 때 나와 이 '집'의 끈끈한 유착관계를 형성했던 짧은 밤과 겨

안성시 천주교 공원묘지 내
기형도의 묘

울안개, 촛불, 흰 종이, 눈물 그리고 열망에게 안녕을 고하기 위해, 그는 쓴다. 사랑이 떠나버려 이제는 무의미해진 그것들마저 떠나보내고 그는 "문을 잠"궈 스스로를 유폐시킨다. 기실 "빈 집"에 갇힌 것은 그 자신이다.

예술가는 두 가지의 죽음을 맞는다. 썩어 사라지는 육체의 죽음과 세상으로부터 잊혀지는 망각의 죽음. 기형도의 생애는 짧았지만 그의 시가 주는 여운은 아직도 살아있으므로 그는 영원히 현재형의 시인이다. 사랑을 잃고도 쓰기 행위를 멈추지 않았듯, 기형도는 죽어서도 쓴다, 씌여진다. 그의 매혹적인 부재에, 그의 낯선 '검은 페이지'에 독자는 끊임없이 기형도의 신화를 쓰고 있다. 이 우울한 세기가 계속되는 한, 기형도의 시는 영원한 아포리즘으로 남을 것이다.

강원

태백산맥을 넘어선 별들의 힘

| 김동명 | 허무의 뜰에 잠깐 앉다 송정원

| 이태극 | 물가에 서서 마음을 비워보다 소필균

| 박인환 | 그대, 서늘한 가슴아 유인실

| 이성선 | 내 몸에 우주가 손을 얹었다 박지학

김동명

허무의 뜰에 잠깐 앉다

1900~1968

| 송정원 |

날이 저물다.
찬 바람이 일다.
내 고독한 황혼을 밟고
저 들길을 걸어오다.

—「때는 지나가다」 부분

나는 지난 몇 년간 어디에서도 새로움을 느끼지 못했다. 그저 지나치게 빠른 세상의 변화 속에서 속도감에 익숙해진 채로 걷고 있었다. 그러나 흐름 속에 있는 사람은 그 흐름을 인식하지 못하는 것처럼 타인들과 같은 속도로 앞만 보며 걷는 나는 정체하고 있었다.

한 때 나에게는 방종한 낭만이라도 있었다. 그러나 지금은 저축성 보험을 납부하듯 같은 리듬으로 걷는다. 문제는 이 걸음이 바윗돌에 붙은 따개비가 플랑크톤을 기다리는 것 같다는 것이다. 밀물 썰물의 일정한 리듬을 타면서 무언가 위협이 다가오면 굶더라도 잔뜩 움츠리는 모양같다는 것이다. 밀물 썰물 드나드는 경계에 겨우 움츠려 붙어 옮겨가지 않는 따개비. 서른의, 나의, 삶의 정체는 그랬다.

강릉 가는 길에,
찬 호수에 백설이 잦아들어
빛은 더욱 투명하고 물은 고요하다

나그네 같이 외로이 그대를 떠나오리다

여행을 선택한 것은 일정한 리듬을 교란시키려는 기획이었다. 지지부진한 삶의 원인이 세상과 나의 속도가 일치하는 것에 있다면 그 속도에 교란을 주면 된다는 판단이었다. 여행은 세상의 흐름에서 벗어날 수 있는 가장 적절한 방법이고, 시인의 일생을 더듬는 목적까지 더한다면 가장 즐거운 선택이리라.

겨울보다 조금 가벼운 복장을 하고 집을 나선다. 휘발유가 가득 찬 차에 올라타 열심히 언 손을 비비자 시동이 걸린다. 공교롭게 라디오에서 흘러나오는 음악도 '주말의 명화' 시그널이던 '엑소더스'다. '출애굽'하는 비장함이 깃들지는 않지만 지루한 학창시절의 탈출구였던 주말 밤처럼 어스름한 새벽의 전주를 벗어난다.

익숙한 전주를 벗어나 익산을 지나는 동안 아침안개가 가까운 논두렁에 가득하다. 안개들이 산자락에 깔리면 낮은 산도 고봉준령이 된다. 지금 향하고 있는 강원도의 산골들을 생각하면 동네 둔덕에 불과한 곳이지만 항상 시야가 열려있는 전라도 평야지역에서는 안개만 낮게 깔려도 산들이 높아진다.

초허 김동명의 고향 강릉은 전주에서 부지런히 달려도 네 시간이 넘게 걸리는 눈과 호수의 고장이다. 1900년, 강원도 강릉(당시 명주군 사천리)에서 태어나 시인으로, 교육자로, 정치가로 살면서 국토 곳곳에 생의 흔적을 남긴다. 그러다보니 고향인 강원도보다 더 오랜 기간을 타향에서 보낸다. 하지만 초허의 마음 가득한 호수의 이미지는 강원도에 있을 거라는 이유로 그의 고향인 강릉을 목적지로 삼게 된 참이다.

조수석에 앉아 한가롭게 겨울을 보고 있자니 안개들 틈으로 잊혀진 추억들이 추위도 모른 채 스물스물 기어 나온다. 연습장을 붙들고 수십 번을 고쳐 쓰다 결국은 한 번에 써 내려간 것처럼 옮겨 쓴 연애편지. 그 속에 가득, 욕심 없이 써 붙였던 시어들.

내 마음은 호수요.
그대 노 저어 오오.
나는 그대의 흰 그림자를 안고,
옥같이 그대의 뱃전에 부서지리다.

내 마음은 촛불이오.
그대 저 문을 닫어주오.
나는 그대의 비단 옷자락에 떨며,
최후의 한방울도 남김없이 타오리다.

내 마음은 나그네요.
그대 피리를 불어 주오.
나는 달 아래 귀를 귀울이며, 호젓이
나의 밤을 새이오리다.

내 마음은 낙엽이요.
잠깐 그대의 뜰에 머무르게 하오.
이제 바람이 일면 나는 또 나그네 같이 외로이

그대를 떠나오리다.

—「내 마음은」 전문

요즘은 소유의 방식으로만 세계를 이해한다. 냉정하게 말하자면 삶도, 사랑마저도 소유하는 것 이상으로 생각하지 못한다. 무엇을 주고나면 무언가를 받을 것이라는 기대감, 호혜성의 원칙으로 만들어진 기브 앤 테이크의 논리가 세상을 지배한다. 기브 앤 테이크의 미덕은 내가 가진 것이 사라지지 않게끔 소유를 교환시켜준다는 것이다. 소유의 욕망을 줄일 필요가 없다. 그래서 하나라도 더 가지기 위해 늘어난 평균수명을 사용하는 순간에 맞닿아 있다.

그러나 사랑은 소유가 아니라 사랑, 그 자체의 존재에 근거한다. 그대를 소유하기는커녕 부서지고 떠나고 소멸한다. 소멸과 이별 속에 소유는 존재하지 않는다. 시인에게 사랑은 소멸이고, 떠남이다.

대관령 산정에서 눈을 맞는다.
서릿발같은 정신이
산맥의 다음 산정으로 향한다.

그것은 존재의 증거이며, 만남의 증거다. 가진 것 하나 없이 남아있는 것은 '마음'뿐이지만 그 외의 무엇을 사랑이라고 부를 수 있을까. 욕망과 생의 욕구가 사람을 움직이는 동인動因이라고 믿는 세계에서, 그래서 가지고 채워 넣는 것이 미덕인 세계에서 소유하지 않고 사랑하는 방법이다.

말 그대로 초허招虛에 어울리는 사랑법이다. 하지만 자본주의 외에는 어떠한 양식도 인정하지 않으려는 이 시대에서, 그것도 서른을 넘긴 나에게는 흐릿해진 시어다. '그대를 떠나오리다'하는 말이 혹여나 진짜 이별이 될까 두려운, 욕심 많은 나이다. 눈 한 송이 내리지 않은 재색 들판들이 만져보지 않아도 차갑다. 벌써 부끄러운 내 존재가 갈라진 들판에서 솟는다.

망국의 시절, 귀향의 노래

겨울에는 아침도 더디 간다. 먼 산에 시선을 고정하면 내 작은 눈으로는 도로의 상대적 움직임도 파악하지 못한다. 한 번도 멈춘 적 없는 세계가 멈춘 듯하다. 일정한 소음 때문에 더욱 고요하게 느껴지는 고속도로. 한참 달려도 강원도를 암시하는 표지는 없다.

고등학교에 다닐 때 방학기간 동안 강제되었던 보충수업과 지겨운 '야자'를 과감하게 떼먹고 여기저기 기차여행을 다니곤 했다. 그 시절 친구와 반드시 한 번은 가보자고 약속했던 곳이 강원도다. 찾

속초에서 강릉으로 들어가는 초입에 있는 김동명 기념공원

아가면 라면 한 그릇은 얻어먹고 나올 수 있다던 어느 문인의 집에 들러 몇 마디 중요한 가치들도 얻어먹고 오자고 했던 그 때가 생각난다. 부산에 살았던 터라 광풍의 바다는 무수히도 많이 보았으니 여유로운 호수와 시골마을을 걷자고. 하지만 이상하게도 강원도만큼은 도달하지 못했다. 한겨울 깊은 곰굴처럼 웅크린 강원도. 드디어 그 때의 강원도로 향한다.

전라도를 빠져나와 충청도와 겨울을 가로지르는 동안 반복해서 찾고 읽었던 초허의 생애를 떠올려 본다. 아홉 살의 그가 어머니의 손을 잡고 강릉을 떠난 것은 가난 때문이었다. 그동안 김동명의 자존심 강한 모친은 외출복이 마땅찮다는 이유로 외가에 데려가지도 않았다. 처음으로 옷 한 벌을 얻어 입혀 외가에 데리고 간 것이 친정살이를 위한 걸음이었단다.

가난에 익숙한 삶을 살았던 시인은 어머니를 닮아 생활력도 강하고 바른말도 곧잘 했다. 강릉을 떠나 1920년 함흥에서 중학교를 졸업한 그는 함경남도 흥남과 평안남도 강서에서 교원생활을 하게 되지만 학생들 앞에서 3·1운동에 대한 옹호 발언을 했다는 것이 문제가 되어 파직되고 만다.

여러 번의 교원 생활들이 대부분 파직으로 끝난 것은 그 바른말 하는 성격 때문이었던 것이다. 조선인을 일본인으로 만드는 교육에 대한 불만을 토로했다가 파직 당하기도 하고, 비록 초허가 독립운

강원도 주문에서 강릉 방향
미노리 바닷가의
김동명 기념공원의 조형

동에 헌신적이었던 것은 아니었지만 스스로 서 있는 자리에서 올바른 것을 실천할 줄 아는 사람이었다는 정도는 가늠할 수 있다.

정상 비정상의 기준이 사라지고 옳고 그름의 경계도 모호해졌다는 핑계로 어느 한쪽에도 서지 않는 나의 비겁함이 뻔뻔하다. 자본주의의 파편화된 사회에서는 더 이상 누가 적이고 아군인지 뚜렷하지 않다. 비겁함이 생기는 것도, 그것에 뻔뻔할 수 있는 것도 싸워야할 대상도 이유도 분명치 않은 상대주의의 세상과 사회의 탓으로 돌릴 수 있다. 사랑하는 이와 항시 이별의 접경에 서 있어야 했던 일제강점의 시기가 아니라 빛처럼 전파가 흐르고, 그리운 이들을 원할 때마다 만나는, 그래서 외로움이 줄어든 것처럼 보이는 지금의 달콤함에 안주할 수 있다. 달콤함에 마비된 혀는 비겁함에 대한 변명도 하지 않는다.

묻어있던 아침 기운이 여주휴게소의 트로트 소리에 털려나간다. 너무나 솔직해서 경박한 가사들의 틈으로 고단한 삶과 사랑이 끝음까지 끌려나와 무거운 상념들을 다 꺾고, 꺾인다. 다시 차에 올라 겨울바람을 닫는다. 겨울과 어울리지 않는 따뜻하고 평온한 고속도로가 이어진다. 가벼워진 마음으로 몇 마디 담소를 나누자 금세 강원도에 들어선다. 강릉에 들어서 오죽헌 방향으로, 거기에서 다시 주문진 방향으로 가다보면 김동명 시비 언덕이 있다. 유명한 초허의 시 「내 마음」과 「파초」가 파초芭蕉를 형상화 했다는 시비 양옆 날개석에 음각되어 있다.

조국祖國을 언제 떠났노,
파초芭蕉의 꿈은 가련하다.

남국南國을 향한 불타는 향수鄕愁,
너의 넋은 수녀修女보다도 더욱 외롭구나.

소낙비를 그리는 너는 정열情熱의 여인女人,
나는 샘물을 길어 네 발등에 붓는다.

이제 밤이 차다,
나는 또 너를 내 머리맡에 있게 하마.

나는 즐겨 너를 위해 종이 되리니,
네의 그 드리운 치마자락으로 우리의 겨울을 가리우자.

—「파초芭蕉」 전문

타향살이도 가난에 의해 시작했던 초허의 유년은 어느 정도 폐허일 것이다. 거기에 일제강점의 현실은 삶을 추운 겨울로 인식하게 한다. 이 차가운 현실 속에서도 불타는 향수에 젖어 있는 것은 귀향에 대한 열망이다. 그리고 무엇보다 삶의 근원적 고향인 조국을 회복하려는 정열이다. 가난과 탄압을 피해 북으로 향했던 시인의 따뜻한 낙원이 남국에 가 닿는다.

시비 끝을 올려보다 너무도 밝은 햇살 때문에 오히려 사물이 보이지 않는다. 보이는 것을 보지 못하는 아찔함. 잠시 먼눈을 꾹 감았다가 천천히 주위를 살펴본다. 끝없이 나풀대는 이파리들, 두 세 번씩 꺾이며 다리를 하늘로 향한 가느다란 가지들, 그것들이 머리를 콱 박고 있는 줄기까지 선명하게 보이기 시작한다. 한없이 투명에 가까운 빛은 사물에 반사되어 불투명할 때만 그 경계가 드러난다. '분명分明'이란 말은 그렇게 나왔을 것이다. 시인의 세계와 21세기의 간극이 분명하다. 나뭇잎을 흔드는 바람이 거세어지는 것도 이파리가 그 때보다 조금은 더 넓어져서가 아닌지.

시간의 섭리에 순응하며

노란 잔디들 끝으로 여기저기 삐져나온 이름 모를 겨울 풀들이 생명력을 과시하고 있다. 양각되어 있는 시인의 다문 입 왼쪽에는 「내 마음」이, 오른쪽에는 「파초」가 결연하게 서있다. 「내 마음」의 후면에는 송시가, 「파초」의 후면에는 김동명 시인의 약력이 새겨져 있

서재에서의 시인의 초상

다. 다시 시인의 삶이 갈무리된다.

고향을 떠난 후에 식민지 상황에서 다시 고향에 돌아가지 못하고 북녘을 떠돌던 초허는 해방 후 공산주의에 반대하여 옥고를 치르고 1946년 삼팔선을 넘어 남하한다. 그러고도 고향에 돌아오지 못한 그는 전쟁 후에는 부산에서 만들어진 이화여대의 임시교사에서 교편을 잡았고, 참의원에 당선되어서는 서울에서 줄곧 머무른다.

살아생전에 돌아오지 못한 초허의 옛집으로 향한다. 초허의 생가터에는 시멘트 벽돌담이 둘러쳐진 기와집이 들어서 있다. 초허의 유년을 생각해보면 가난한 초가였을 곳.

별다른 설명도 없어 생가라고 하기도 애매한 곳이지만 그래도 깻자루 말라가는 냄새가 소똥 냄새와 어우러져 묘하게 고향을 떠올리게 하는 힘이 있다. 밭에 끌고 나가 불에 태우면 고소한 깨냄새가 나서 배가 고파지곤 했다. 초라하고 볼품없지만 그래서 오히려 그 때의 가난이 따뜻하게 느껴지는 그런 정취다. 유년의 초허가 죽음은 생각도 못하고 뛰놀던 곳. 동무들과 해질 무렵까지 뛰놀다 밥 짓는 냄새, 엄마 목소리에 놀이를 파하고 뛰어들던 곳. 여름에는 한 시간 더 멱감을 수 있어서, 겨울에는 눈밭 놀이를 할 수 있어 그저 기쁘던 곳. 봄 기슭을 어슬렁거리던 일찍 깬 개구리가, 할배할매를 따라 다 익은 곡식들을 바쁘게 나른 후에야 얻어먹던 새참이 앉은 곳. 그 때를 간직한 곳.

때는 지나가다
물결같이 또한 바람결같이.
동산에 꽃이 피다.
뜰 아래에 귀뚜라미 울다.

날이 저물다.
찬 바람이 일다.
내 고독孤獨한 황혼黃昏을 밟고
저 들길을 걸어오다.

푸른 달빛이 옷소매를 적시다.
흰 얼골이 내 가벼운 탄식嘆息위에
적막寂寞한 웃음을 던지다.
내, 청춘靑春의 기억記憶 위에 망각忘却의 노래를 새기다.

—「때는 지나가다」 전문

시간 앞에서 멈추어 있을 수는 없다. 숙명적으로 시간은 다가온다. 유년의 기억들은 추억이 되고, 우리는 그 추억을 뒤돌아보다 이내 놓쳐버린 시간의 등짝만을 바라보게 된다. 다가왔다가 떠나는 시간의 절대적인 힘 앞에 무력할 수밖에 없다. 그래도 끝내 시간의 꽁무니에 삐져나온 옷자락을 붙들고 따라갈 수밖에 없는 이유는 세월이 흘러감을 원치 않기 때문이다. 늙고 싶지 않기 때문이다. 지나간 '때'를, 지나간 청춘을 인정하고 싶지 않기 때문이다. 이별하고 싶지 않기 때문이다.

초허는 시를 쓰고, 사랑하고, 학생들을 가르치고, 일제에 반기를 들고, 정치가로 살았다. 인생에 빈 틈이 없다. 언제나 무엇인가를 하고 있었고 능동적으로 세상을 헤쳐 나가는 시대인이었다. 아마도 시간에 대한 깨달음이 초허를 쉬임없이 행동하게 만들었을 것이다.

인생의 한 자락도 헛되지 않게 사용했던 시인의 고향 마을에서 문득 내 유년의 기억이 선명하게 겹쳐 떠오른다. 한참 들판과 언덕을 뒹굴다가 밥 짓는 냄새에 무심코 집으로 뛰어들던 때. 닭이 울고, 새벽종이 울렸네 새아침이 열렸네하는 새마을 운동 노래가 들리면 무심코 눈 뜨던 때. 새벽부터 쌓인 첫눈을 치우는 할아버지에게 내 발자국이름을 새길 수 없다며 볼멘소리를 하던 때. 질소비료 포대에 우리집 송아지의 여물을 의기양양하게 빼앗아 넣고 노올자 하는 가락에 친구 이름을 신나게 부르던, 나는 지금도 그때를 그리워한다. 그 유년의 언저리에 머문다.

그 정겨운 한 때를 등 뒤에 남겨둘 줄 모르고.

강원도 사천 노동리
김동명 생가

숙명에는 인간의 의지도 포함되지 않던가

의식적으로 좁은 시멘트 도로 길을 피해 마른 밭길을 걸어 내려온다. 듬성듬성 겨울이 포진한 마른 밭길. 시멘트 도로에는 계절이 없다. 오로지 인간이 신이나 된 것처럼 기계에 의존해 뱉어낸 거짓 매끄러움만 있다. 울퉁불퉁하지 않게 닦으려고 기를 쓴 흔적들. 도로가 밭길에는 할머니의 투박한 손길로 만든 고랑이 부드럽다. 겨울을 밟는다는 느낌으로 고랑을 걷는다. 사뭇 다르다.

초허는 교직에서 파직당하고 시를 발표하면서 당시 기독교계 유지였던 강기덕에게 학자금을 보조받아 일본으로 유학을 갈 수 있었다. 기독교계 자금을 받았기 때문에 일본 아오야마 학원青山學院의 신학과를 다닐 수밖에 없었지만 밤에는 니혼대학日本大學 철학과에 등록하여 스물아홉 되던 해에 수석으로 졸업한다.

고독의 친구, 사색의 친구,
난리통에 소풍을 떠난 영혼

신학을 공부했기 때문인지 그의 시에는 종교를 주제로 하거나 '신'이 등장하는 경우가 많다. 하지만 신앙이 투철했는지는 알기 어렵다. 하지만 애주가에 애연가였다는 점에서 형식적 종교주의자는 아니었던 것 같다.

…한모금 길게 빨아 내뿜어 본다. 그리고 담배 끄트머리에서 한들거리며 위로 위로 솟아 오르는 파란 연기를 바라본다. 허무로 가는 길이 여기에 있지 않는가. 얼마나 신선한 설교뇨. 얼마나 엄숙한 진실이뇨. 얼마나 따스한 위로뇨.

한모금 더 길게 빨아, 입을 동구랗게 모아 가지고, 혓바닥으로 맹열히 떠밀어 본다. 아아, 황홀한 미의 탄생! 나는 나의 조그마한 「지구」를 바라보며, 그 너머 쉬이 살아짐을 탄식한다. 허나 실은 그러기에 더욱 아름다운 것이 아닐까?

—산문 「애연지愛煙誌」 부분

그는 절대적 존재보다도 오히려 담배연기가 쉬이 사라지기 때문에 더욱 아름답다는 것을 발견하는 휴머니스트다. 교사로, 교수로 재직하던 시절에는 가난하고 형편이 어려운 학생들을 졸업할 수 있게 금전적인 도움을 주기도 한다. 철학을 공부한 자신의 선택처럼 신의 권위에 얽매이지 않고 인간을 향한 삶을 살았다.

주主여,
여기 무화과나무 한 구루
아직 한 번도 열매를 맺어보지는 못하였사오나
그렇다고 찍어버리시지는 마옵소서
새봄을 맞어
말은 가지에 물이 오르고
잎이 퍼드러지면
날새들의 쉬임터는 될만 하오니
또한 땅우에 고요히 흔들거리는 푸른 그늘을
지나가는 길손들은 반겨 하오리니
주主여
열매를 맺을 줄 모른다고

찍어 버리시지는 마옵소서.

—「기원 祈願」 전문

'주主'는 창조주이며 세상만물이 어떻게 존재해야 하는지 이미 알고 있다. 그래서 세상은 '주主'가 원하는 대로 형성되어야 하고 다른 존재방식은 허락되지 않는다. 하지만 절대적 권위자인 '主'가 미처 깨닫지 못한 새로운 가치가 있다. 꽃이 열매 속에 숨어 화려할 수 없는 무화과 잎의 가치다. 설 곳을 만들고 쉴 곳을 만드는 가치다. 찍어버리지 않기를 바라는 겸손한 투의 '기원'이지만 그 이면에는 창조주의 권위에 도전하는 휴머니스트의 면모가 엿보인다.

수많은 권위에 둘러싸여 복종하고 살면서 우리는 권위를 물리치려 하기보다 권위를 갖고자 했다. 창조주조차 권위를 갖지 못하는 시대에 우리에게 권위는 없다. 우리는 누군가를 찍어버릴 그럴 권위는 갖지 못한 셈이다. 그런데도 끝내 서로 찍어버릴 권위를 추구

강릉 경포호수 시비 공원

하며 산다. 그것이 '보시기에 좋았더라'하는 옳음의 논리가 된다.

검은 비닐 두둑 뚫린 구멍 사이 겨울과는 다른 색으로 파릇한 싹이 돋아 있다. 가장 아름다운 색으로 빛나는 겨울의 꽃이다. 당근같이 붉은 밭뙈기를 지나고 이랑들을 넘어 보기 좋은 아스팔트에 올라서서 경포호수로 향한다.

숙명적 이별 앞에서

길을 거슬러 가로수들이 일렬로 서있는 호숫가로 향하면서 세 번의 결혼을 했다는 초허에 대해 이야기를 나눈다. 시인은 비록 여러 번 결혼 하였지만 모두 사별에 의한 것으로 육적 욕망에 기인한 것으로 보기는 어렵다. 게다가 결혼 생활도 평탄하고 온정이 넘쳤다고 한다.

서호진의 하숙집 딸이었던 지정덕 여사와 처음 결혼하여 1남 3녀를 두고 사별했다. 다음으로 결혼했다는 이복순 여사는 재력 있고 학력도 높아 결혼하기 어려웠다고 하는데 그럼에도 결혼 후에는 헌신적이어서 금슬이 좋았다고 한다. 하윤주 여사는 말년의 초허가 병세로 고생할 때 항상 곁을 지켜주었단다. 죽음 앞에 고통스러웠겠지만 사랑이 넘치는 삶이었다.

초허의 대표작 「내 마음은」에서 보인 이별에 대한 태도는 일면 매우 담담해 보이지만 시인같은 휴머니스트에게 서러운 일이 아닐순 없었을 것이다. 이별이 쉽지 않은 것이 아니라 서러운 이별을 사랑의 한 형태로 승화시킬 힘이 있었던 것이다.

그대의 늙은 모양
내 못 봄이,
내 늙는 꼴
그대에게 못 보임이
더욱 설어…….

—「도처사悼妻詞」 전문

아내의 죽음에 직면하여 쓴 송시에는 사랑의 소유에 대한 욕망보다 숙명적인 삶의 부분을 공유하지 못하는 현실에 아파하고 있다. 보는 행위는 만남을 내포하는 행위다. 늙을 때까지 오래도록 만남을 지속하고 싶어 하는 간결한 소망. 소유를 지향하지는 않지만 현실적인 고뇌에 찰 수밖에 없는 숙명을 드러내 보인다. 늙는 것, 세월이 흘러가는 것도 서럽고, 보지 못함에 즉 만날 수 없음에 더욱 서럽다. 시인이라기보다는 쓸쓸한 벼랑박 거울 앞에서 자신을 마주한 홀아비의 모습이 드러난다. 그 쓸쓸함만큼 깊었을 사랑을 그려본다.

사춘기의 흉터가 빰 곳곳에 자리 잡을 때부터 애정결핍이 싹튼다. 항상 누군가를 사랑하고 싶어 하지만, 상처를 받을라치면 먼저 한 발을 저만치 뒤로 뺀다. 마음을 방어하기에 급급하다. 이별을 미리 감지한다면, 그것만큼 쓸쓸한 일이 있을까? 그래서 절대 이별하지 않으려는 사람들이 사진기를 만들고 전화를 만들고 기차를 만들고 비행기를 만든다. 소셜 네트워크에 걸려 허우적대고 시차를 뛰어넘어 영상통화 버퍼링에 걸린 그대에게 한없이 다가간다. 설움지 않기 위해 우리는 이별을 깨뜨렸다. 그래서 설움은 중화되고, 희석되었다. 항상 그 정도의 이별, 그 정도의 만남, 그 정도의 서러움으로 행복을 맹신하는 중이다.

하지만 이별은 숙명적으로 다가온다. 아무리 부정해도 근원적인 서러움이 사라지지 않는다. 그것이 인간의 본질이 된다. 지금의 세상은 이별이 익숙하지 않기 때문에 만남도 익숙하지가 않다.

김동명 기념공원 시비,
일몰의 시간이 다가와
가장 높은 곳부터 하루의
이별이 시작된다

이별과 사랑이 떠다니는 수면에서

오른쪽에 시원하게 펼쳐진 경포호를 두고 왼쪽에는 횟집들을 두고 가자니 시장기가 가득하다. 황홀한 비경이나 숙연한 정신 앞에서도 반드시 먹어야만 살 수 있다는 사실이 비애로 다가온다. 반드시 먹어야 한다. 호수 주변인데도 바닷내음이 난다.

횟집 뒤편 골목으로 들어가 초당 순두부찌개로 늦은 점심끼니를 때운다. 해수로 응고 시킨다는 초당두부여서인지 여기서도 바닷내가 슬몃 나는 것 같다. 음식 냄새에 정신없이 자극된 시장기가 일어선다. 맛깔나는 부드러움에 뜨거운 줄도 모르고 후루룩 삼킨다. 쩝쩝대는 동안 차가운 공기가 뜨거운 국물을 식혀주겠지. 상대방 진영을 급습하는 전투원같이 한바탕 식사를 해치운다. 입천장의 데

이 수면 위에 이별의
아픔을 두고 간다.
호수처럼 잔잔해지리라

인 껍질을 혀로 말아 디저트로 삼으며 식당 문을 나선다.

경포호 산책로가 경포호수를 둘러치고 있다. 3·1 운동기념탑, 홍길동 캐릭터 로드, 허균·허난설헌 공원 등이 이어져 있고 이와 함께 조각 시비가 있다. 쓸쓸한 나룻배 한 척은 바닥에 물을 괴고 홍난파가 작곡한 '사공의 노래'를 부르고 있다. 떠나지 못하는 신세가 처량해서인지 배 떠나가네, 배 떠나간다 하며 비스듬히 잘려나간 원기둥 표면에 녹아 붙어 있다. 그 바로 옆에는 초허의 시가 호수에 담긴 밤물처럼 고요히 새겨져 수면에 떠다니고 있다.

여보,
우리가 만일萬一 저 호수湖水처럼
깊고 고요한 마음을 진일 수 있다면
별들은 반디ㅅ불처럼 날아와 우리의 가슴 속에 빠져 주겠지……

또,
우리가 만일萬一 저 호수湖水처럼
맑고 그윽한 가슴을 가질 수 있다면
비애悲哀도 아름다운 물ㅅ새처럼
조요히 우리의 마음 속에 깃 드려 주겠지……

그리고 또,
우리가 만일萬一 저 호수湖水처럼
아름답고 오랜, 푸른 침실寢室에 누을 수 있다면

어머니는 가만히 영원永遠한 자장노래를 불러
우리를 잠 드려 주겠지……

여보,
우리 이 저녁에 저 湖水ㅅ가으로 가지 않으려오,
黃昏 같이 華麗한 彷徨을 가지기 위하야……
물ㅅ결이 꼬이거던, 그러나 그대 싫거던
우리는 저 湖水ㅅ가에 앉어 발만 잠급시다 그려.

—「호수湖水」 전문

호수처럼 될 수 있다면 별이 날아오고, 슬픔도 조용히 깃들고, 편안한 잠에 빠질 수 있다. 잠잠한 밤 호수처럼 될 수 있다면 적막함 속에서 평온하게 살고자 하는 기대들이 이루어진다. 그런 마음으로 저녁 호숫가에 나가지만 붉은 하늘에 비쳐 화려한 호수는 일렁임이 더욱 강조된다. 밤의 호수와는 다르다. 물결 꼬이는 것이 눈에 보이고 기대는 무너진다. 더 많은 욕심 없이 발만 잠그고자 하는 시인은 결국 호수처럼 될 수 없더라도 '여보'와 더불어 평온함을 계속 꿈꿀 것이다. 잔잔한 수면의 세계가 펼쳐지길 소원할 것이다.

더 이상 지배자도 전쟁도 독재자도 없지만 여전히 세계는 불면의 상태에 놓여 있다. 좋은 자장노래의 후렴은 들을 수 없는 법인데 뜬눈으로 노래를 외고, 노래방에 가고, 점수를 기다린다. 예전에 초허가 바라던 호수같은 삶이 오늘에는 없다. 밤에도 네온불빛에 꼬이는 물결이 보이는 세계. 별빛은 영화나 드라마의 어설픈 컴퓨터 그래픽으로나 감상할 수 있는 세계. 어쩌면 한 끼 식사마저 전쟁으

김동명 생가,
낡은 기와지붕 위로
옛날의 햇볕만이
내리쬐고 있다

로 여기는 가벼운 우리의 세대에게 그 평온함이 더 절실한 것인지도 모른다.

바닷내가 나는 평탄한 호수를 보면서 복잡했던 마음은 이내 잔잔해진다. 그 끝모를 바다를 품고 의연할 수 있는, 거친 파도 한 번 부리지 않으며 잠잠할 수 있는 수면이 그 이름처럼 평온함을 준다. 시인들이 여기서 나는구나, 하며 수면에 떠다니는 물결처럼 고개를 끄덕인다.

차디찬 의지의 날개를 드리우며

찬바람이 몹시 차다. 강원도의 시인들이 주르륵 서 있는 시비들을 둘러보며 걷는다. 다채로운 시비들과 사이사이 조각들이 호수를 배경으로 잘 정돈되어 있다. 아침이 일찍 오고 저녁놀이 짧은 강원도 동해의 하늘이 어둑어둑해진다. 시들이 그림자를 길게 내뿜으며 주변의 낮은 어둠과 융화하는 중이다. 어둠의 경계가 사라지고 사물이 어둠에 익숙해지는 동안 죽은 시인들의 비명들 틈에서 또 초허를 만난다. 초허의 시도 같이 어둠에 젖어드는 중이다. 다른 시인들처럼 일정한 간격을 두고 나르시시즘에 젖어드는 것 같다.

강릉 산골짜기의 겨울 이야기가 강물을 타고 흘러간다.

말년을 정치가로 지냈던 초허는 독재와 집중된 권력을 비판했다. 전원시인으로 입지가 굳어졌지만 정치평론을 하고 실제로 참의원을 지내는 등 실천가의 삶을 살았던 것이다. 그것은 말년의 깨달음 때문은 아니었을 것이다. 시를 쓰고, 철학과 신학을 두루 공부하면서 초허의 올바른 삶에 대한 청사진이 선명해졌기 때문일 것이다.

그대는 차디찬 의지意志의 날개로
끝없는 고독孤獨의 위를 날으는
애달픈 마음.

또한 그리고 그리다가 죽는,
죽었다가 다시 살아 또다시 죽는
가여운 넋은 아닐까.
부칠 곳 없는 정열情熱을
가슴 깊이 감추이고
찬 바람에 빙그레 웃는 적막한 얼굴이여!

그대는 신神의 창작집創作集 속에서
가장 아름답게 빛나는
불멸不滅의 소곡小曲.

또한 나의 적은 애인愛人이니
아아, 내 사랑 수선화水仙花야!
나도 그대를 따라 저 눈길을 걸으리.

—「수선화水仙花」 전문

수선화의 꽃말처럼 외롭지만, 고고하다. 찬바람에도 빙그레 웃으며 정열을 간직한다. 그리고 「파초」에서와 달리 겨울 속에 웅크리지 않고 함께 눈길을 걷고자 하는 의지가 가득하다. 의지를 가지고 홀로 고독을 건너는 초허의 모습이 보인다.

세상은 좋아졌다. 눈길은 자동차 안에서 뜨거운 히터 바람을 맞으며 얼마든지 버티어낼 수 있다. 도시가스가 온 바닥을 휘감는 방안에서, 넓은 세상의 단 몇 평을 얻어 짓고는 세상을 얻은 듯 떵떵거릴 수 있다. 그런데도 눈길을 걸을 용기는 나지 않는다. 맨몸으로 나설 생각은 할 수도 없다. 이별을 피해온 것처럼 고난 역시 피하고 싶을 따름이다.

사실은 나도 잘 알고 있었다. 내가 정체하는 이유쯤 어려운 것이 아니다. 누군가 이미 걸어서 만들어 놓은 길이 아니면 두려워하는 겁쟁이기 때문이다. 나는 방향도 모르고, 가야하는 이유마저 몰라서 밖으로 나가지 않았기 때문이다. 뜨끈한 방바닥에 달라붙을 생각만으로 걸음을 떼어놓지도 않는다. 그렇다. 사실은 한 번도 떠나지 않았기 때문이다. 이미 마련된 이별을 피하려고 모험보다 깊은 푹신한 침대에 파고들었기 때문이다.

새벽부터 눈을 떠 먼 길을 달려오는 동안 아직 나는 변화하지 않았지만 초허가 부르짖었던 허무의 의미를 조금은 이해할 수 있을 듯하다. 숙명적 이별 앞에 무너지고 부서지는 중에도 숙명적 만남이 도사리고 있음을 조금은 이해할 수 있을 듯하다. 아직은 고결할 수 없는 내 삶과 초허의 삶 사이에는 그 차가운 의지만큼 간극이 있지만, 그가 추구하던 허무의 속은 꽉 차 있을 거라는 막연한 이미지와 함께 다시 집으로 향한다.

강원도의 밤은 어느 곳보다 깊고 차갑다. 여전히 차창에는, 세상의 추위와 단절된 안도의 한숨에 흐릿한 서리가 달라붙고 있다. 창문을 조금 내린다. 그래도 충분히 견딜만한 겨울이라고. 겨울바람과 함께 강원도의 이별 노래가 흘러들어온다.

이태극

물가에 서서 마음을 비워보다

1913~2003

| 소필균 |

떨어지는 꽃을 보내며,
향기를 추억한다.
지그시 눈을 감은 채
되새기는 먼 그날.
기억은
시인의 마음으로 흐른다.

강물은 저어놓은 막걸리 같다

화천 이태극 문학관에 전시되어 있는 월하의 초상화

뒤로 산을 두르고 앞에 시내가 흐르는 시골 마을, 장대비가 며칠째 내리고 있다. 거친 황톳물은 버드나무 뿌리를 헤쳐낸다. 냇가의 옆구리는 버슬거리는 시루떡같이 터질 듯하다. 냇물은 대야에 가득 찬 물처럼 금방 넘칠 것 같다. 마을은 폭우로 집이 떠내려갈 것 같은 두려움에 잿빛이다. 마을 사람들은 냇가가 범람할까 걱정으로 수런거리고 있다. 토방 밑 빗물 구덩이에는 돌부리가 빗방울에 허옇게 닳아지고 있다. 천둥소리에 놀란 아이는 할머니 치맛자락을 잡고 청개구리 엄마 무덤처럼 집이 물에 떠내려갈 것 같은 두려움에 울먹인다.

나는 물속을 허우적거리다 화들짝 놀란다. 꿈이었다. 지난밤부터 내리던 빗소리에 잠기듯 깊게 잠들다 새벽에 어린 시절 꿈을 꾼 것이다. 밖은 여전히 비가 내리고 있다. 하지만 콘크리트로 지은 아파트는 떠내려가지는 않을 것이라는 유치한 안심이 찾아온다.

8월의 아침, 강원도로 문학기행을 떠나기로 한 날이다. 이런 날씨에 집을 떠나야 하는 근심스러움을 털어내기 위해 강원도는 맑을 것이라는 기대를 주입한다. 우려 반 기대 반으로 빗속으로 뛰어나간다. 움직이는 집, 자동차는 물의 숲을 헤쳐가며 달린다. 멀리 흐릿한 창가에 보이는 강물은 휘휘 저어놓은 막걸리 같다.

이번 기행은 시조시인 월하 이태극의 고향을 찾아가는 길이다.

가방 속에 나의 고향에 대한 기억을 싸들고 떠나보려 한다. 월하는 자연과 함께하는 삶을 노래한다. 그는 일기를 쓰듯 소박하게 표현하면서도 존재의 근원에 대한 사유를 펼친다. 그의 작품을 이루고 있는 바탕은 자연, 고향이다. 여행의 목적지는 월하의 고향인 강원도 춘천과 화천이다. 그곳은 월하의 삶과 문학을 어떻게 말해줄까?

옹달샘 줄기 모여
길을 찾아 흐르도다

소나기 쏟아지면
소용도는 흙탕물로

들판도 산더미도 마냥
밀어치고 아우성.

날 들면 말간 물결
소도 되고 여울도 되어

만물의 젖줄로서
하늘과 입맞춘다.

내 이제 이 물가에 서서
내 마음을 비워 본다.

—「물」 전문

물은 투명하지만, 물의 지혜는 깊이를 헤아릴 수 없다. 물은 생명의 원소와 근원의 물질로 우주 창조를 지배한다. 그래서 바빌로니아 사람들은 물을 '지혜의 집'이라 했을까. 노자는 물이 '선善'을 상징하고 싸우지 않지만 견고하고, 강한 것을 파괴함에 있어 물을 따를 것이 없다고 한다. 물은 물이면서 하늘이다. 물은 하늘과 하나가 되어 우주적 순환을 이룬다. 이러한 물 앞에서 마음을 비우지 않을 사람이 있을까. 물과 함께 살아온 삶은 자연에 순연할 수밖에 없다. 이태극은 늘 물을 보며 마음을 키워왔으리라. 이렇듯 물은 '만물의 젖', 물의 근원을 찾아 떠난다. 물길을 거슬러 물의 언덕을 넘어 '사유의 샘터'에 닿아보리라.

고속도로는 빗속의 자동차 경주장이다. 그렇게 한참을 달리니 거세게 내리던 빗줄기가 그치고, 햇살이 드러난다. 여름비는 여행객

이정환이 월하에게 바친 글

1980년대 초 서재에서

의 마음을 말끔하게 씻어준다. 어느새 여행객의 감성은 따가운 햇살도 고맙다. 마음은 살랑살랑 맑아진다. 드디어 강원도에 가까워진다. 차창 밖 풍경에 새록새록 설렌다.

중앙고속도로를 지나 초서대교 밑의 강줄기가 유려한 입김을 불어내고 있다. 멀리 희푸른 산등성이가 어서 오라는 듯, 굴곡진 곡선으로 부른다. 산산한 산안개를 헤쳐나간다. 길가 산기슭에 쭉쭉 뻗은 옥수수의 자태가 강원도임을 실감하게 한다. 옥수수의 미끈한 다리와 우아하게 굽은 팔은 유연하다. 섬세한 옥수수 머리카락은 윤기나게 하늘거린다. 맑고, 밝고, 부드럽게.

여행의 즐거움은 휴게소가 한 몫 한다. 휴게소에서 차 한 잔을 마시니 비로소 여행을 미감으로 느낀다. 여행객의 대부분은 휴가를 떠나는 모양이다. 그들의 차림은 멋을 잔뜩 부리고 있다. 표정은 들떠있는 여름 햇살이다. 그들은 강원의 어디로 갈까. 대부분은 산과 바다로 갈 것이다. 갑자기 그들의 가벼움과 자유가 슬쩍 부러워진다. 나는 이번 여행에 대해 소풍에서 보물찾기할 때와 같은 알 수 없는 부담감이 있다.

여행객들이 찾는 곳은 시골 고향의 모습과 닮은 자연이다. 나는 월하의 고향을 찾아가고 있다. 혹시 여행객들도 고향의 원형을 찾아가는 것은 아닐까. 도시인들은 시간만 나면 고향과 같은 곳을 찾아 쉬고 싶어 한다. 이렇듯 여행객들의 목적지는 늘 돌아가고 싶은 고향의 원형 같은 곳일 것으로 생각하니, 그들이 한결 친근하다.

어허 저거 물이 끓는다

춘천春川, 봄의 내, 늘 봄일 것만 같은 곳이다. 금강산에서 발원한 북한강과 설악산에서 내려 오는 소양강이 합류하는 곳, 넓고 청아하다. 낭만적인 정취가 가득한 곳, 연인과 여행하고 싶은 곳이다. 춘천시는 의암호 동쪽으로 동그랗게 펼쳐져 있다. 호수에는 윈드서핑 삼각돛이 여름을 흔들고 있고, 카누를 타고 물레길에 오른 여행객들의 낭만이 살랑댄다.

이태극은 춘천에서 20여 년을 살다 서울로 이주한다. 그가 다녔던 춘천고보와 근무했던 강원도청, 춘천여고는 춘천시청을 중심에 두고 자리하고 있다. 월하는 강원도청에 잠시 근무할 때 순간순간 최선을 다했을 뿐이다. 고개를 오르는 길손이 한 걸음 한 걸음 힘주어 내딛다 드디어 고개 마루에 올라서듯, 그렇게 인생을 살았으리라. 물이 소를 만들고 다시 흘러가듯, 그런 소박함은 작품의 순수한 서정과 맥이 닿는다.

나는 월하가 춘천에 살던 시절을 생각하며 호숫가를 산책한다. 시원한 강바람이 몸에 감긴다. 휘휘 여독을 씻어준다. 호수 주변의 소양로는 월하 일가가 춘천에서 터전을 잡은 곳이다. 월하의 아버지는 화천 고향이 수몰되자 소양로에 집을 짓고 하숙을 업으로 한다. 그는 추운 새벽에 하숙생들의 방에 군불을 지피고 물을 길어온다. 월하의 아내는 시아버지를 모시고, 갓 태어난 장녀를 둘러업고 하숙생들의 취사와 세탁을 도맡아 한다. 이렇듯 소양로는 월하 가족의 삶이 치열했던 현장이고, 월하의 정신을 키워준 곳이다.

늦은 오후, 의암호 낙조는 하루를 넘는다. 하늘의 붉은 빛은 산과 나무를 채색하고 물에 비쳐 애잔하더니, 금방 무채색이 된다. 어느새 상아색 달빛이 호수에 쏟아지고 있다. 숯빛 하늘에 톡톡 별들이 솟아난다. 헤아릴 수 없는 시공간을 지나온 별빛이 닿는 신비가 여기 이 은하에서 계속된다.

어허 저거 물이 끓는다
구름이 마구 탄다.

둥근 원구圓球가
검붉은 불덩이다.

수평선水平線 한 지점地點 위로
머문 듯이 접어든다.

구름 빛도 가라앉고
섬들도 그림 진다.

끓던 물도 검푸르게
잔잔히 숨더니만,

어디서 살진 반달이
함艦을 따라 웃는고.

—「서해상西海上의 낙조落照」 부분

월하의 일가가 살았던
춘천 소양로변 의암호

아, 자연의 리듬이여! '해, 달, 물, 불, 섬, 구름'이여! 그들의 리듬은 그 자체가 시이다. '물'과 '불'의 대립되는 이미지는 상대에게 융화되어 하나가 된다. 동일성을 고집하지 않는 달은 신비한 자연의 순환을 안내하고 있다. 산 너머 지는 해만을 보아온 사람에게 수평선 아래로 잠기어가는 해를 보는 것은 감격스러운 선물이었으리라. 바다 위의 태양이 하늘과 맞닿은 수평선까지 반짝거리게 하더니, 마침내 하늘을 물들이고, 물결까지 물들인다. 그 '붉은 불덩이'가 '채운'만 남기고 떠나기까지 숨도 바루지 못할 정도로 감동에 겨워한다. 잠시 숨을 고르고 섰는데, 전에 보던 그 달이 '너 그럴 줄 알았다'는 미소를 지으며 어깨를 두드린다. 그러자 말없이 달처럼 미소 짓는 시인의 모습이 보인다. 달은 타향을 거니는 여행객에게 고향의 정감으로 다가왔을 것이다.

여행지를 대표하는 음식은 여행의 맛을 더해준다. 춘천의 명물, 닭갈비로 저녁 식사를 한다. 빨간 닭갈비의 매운맛과 하얀 물김치의 담백한 맛은 시각과 미각이 어울린다. 춘천에 있는 닭갈비 맛집은 340여 곳, 맛 또한 일품이라고 한다. 그 중 한 곳에 들러 만족한 맛을 느낀다.

소양로의 밤은 쭉쭉 늘어선 가로등이 휘황하게 세월의 빛을 밝혀준다. 호수의 밤안개는 세월의 흔적을 감싸 안아준다. 월하 일가의 삶이 밤안개의 촉감으로 사늘하고 촉촉하게 닿는다. 호수에 비친 낯선 집들의 불빛은 물결에 사르르 잠이 든다. 밤안개를 가르며 호수가 보이는 곳에 위치한 숙소로 향한다. 하루가 노을을 지나 달빛과 함께 눈을 감는다.

화천에는 산천어와 수달이 산다

호수의 아침, 물안개를 벗고 말간 일출로 깨어난다. 지난 밤 사이에도 계속되었을 자연의 속삭임을 배경으로, 호수의 전경은 점점 명도가 높아진다. 사물과 사물은 은은한 파스텔톤이다가 맑은 수채화로 드러난다. 물은 자연의 다채로움을 비춰주는 거울이다. 그곳에 부지런한 어부가 그물을 걷고 있다.

다음 목적지는 월하의 출생지 화천이다. 소양강 줄기를 지나 멀리 춘천이 바라다보이는 곳에서부터 고개가 시작된다. 산을 휘감으며 고개를 넘는다. 산 밑으로 춘천시가 아른하다. 그렇게 10분쯤 구불거리며 올라보니 마의 고개라 불리는 '배후령' 정상이다. 어감처럼 고개 너머의 세상이 기대된다. 그곳에 38선을 알리는 돌표지가 있다. 내리막길이 시작되는 곳에서부터 38선 너머라고 생각하니, 역사의 능선을 넘는 듯하다.

화천은 산천어와 수달이 산다고 하는 문구가 반긴다. 내리막길은 오르막길보다도 경사가 심하다. 곳곳에 '브레이크 파열 주의', '변속 절대 금지' 주의 문구가 덜컥 겁이 나게 한다. 초행인 운전자는 다소 긴장한 듯하다. 그렇게 조심조심 7분쯤 내려오니 평지가 펼쳐진다. '배후령을 넘다' 메모노트에 적어본다.

이곳이 월하의 고향, 차창을 열어 공기를 마셔보니 산과 들의 내음이 시원하다. 멀리 산자락은 수묵화를 드리운 듯하다. 산허리에 길게 늘어선 구름이 환상의 새 대붕의 자태로 날아오를 것 같다. 곧 도착하게 될 파로호의 형상이 산 구름으로 떠오른 것인가. 그 밑에 파로호가 있을 것만 같다. 미리 알아본 정보에 의하면, 파로호는 대붕의 형상이라니 우연만은 아닌 것 같다. 그 구름을 따라가면 그곳에 닿을 듯하다.

춘천과 화천의 경계.
38선에 걸려있는 배후령 고개

집들이 있는 풍경은 어디든지 정답다. 바슐라르가 '집은 최초의 세계'라고 했던가. 어린 시절 도화지 앞에 앉기만 하면 집을 그렸던 것 같다. 시골에서 마주하는 집들 앞에서는 멈추고 싶다. 시골집은 낯선 곳에서 만나도 들어가 아궁이에 불을 지피고 싶게 한다.

풀잎을 흔드는 바람이 마을의 모서리에서 졸고 있다. 마을 귀퉁이를 도니 조용한 마을에 윙윙거리는 크레인 소리가 바람을 깨운다. 크레인은 아직 멀쩡한 집을 허물고 있다. 집은 고통스러운 듯 허리를 꺾는다. 존재했던 집이 허허롭게 사라지고 있다. 나는 희뿌연 먼지구름을 타고 훨훨 나의 고향으로 간다.

나의 본가는 고향 마을에서 중심이 되는 고래등 같은 기와집이었다. 대문이 동서로 두 곳에 나 있고, 여름이면 긴 돌담에 능소화가 연다홍으로 피어났다. 사랑채에서는 할아버지의 낭낭한 시조창 소리가 들리기도 했다. 그 집은 할아버지가 손수 마련하고 50여 년 동안 머슴을 몇씩 두고 부농을 이루었던 곳이다. 나의 할아버지는 별명이 대추벌로 통한다. 고향 인근 지역에서의 영향력이 대추벌처럼 강했던 것이다. 그런 할아버지는 나이가 들어 자식을 따라 서울에서 타향살이 20여 년을 하는 동안 그 집을 비워둔다.

그러던 어느 날, 할아버지는 고향에 외롭게 둔 본가를 포크레인으로 허문다. 허물고 온 날 몸져눕고, 그 후로 급속하게 쇠약해져 돌아간다. 지금은 밭터가 된 그 집터에 가면 세월이 흐를수록 안타깝다. 바슐라르는 '집은 영혼의 상태'라 한다. 그 한 영혼을 마저 데려가고 싶었을까. 할아버지의 깊은 뜻을 다 헤아릴 수는 없지만, 조금은 이해가 되는 듯도 하다. 그는 귀향하고 싶었지만, 돌아올 수 없음을 인지하고 자신의 흔적을 정리한 것일 게다.

서면 도서관 앞의 의암호

서울 살이에서 가장 오래 머문 자리
짐 꾸려 옮긴 빈터 정적을 깨고
크레인 드높은 소리로 허물어져 가기만
정 어린 선물이기 정들여 가꾼 오동
십칠 년의 흔적 그냥 나뒹굴어 떨고 있고
싱그레 너울대던 파초도 소리 없이 쓰러졌다

사십여 편 자하산의 화목찬花木讚도 시로만 남고
아침저녁 매만지던 손길도 자취로만 남아
주름진 얼굴만 들고 석양 길을 밟는다

—「깃은 헐리고」 부분

이 시조에는 월하가 '서울 살이' 17년 동안 함께 했던 집을 헐었을 때의 심정이 나타나 있다. 고향만이 고향이 아니다. 머물러서 내 취향대로 정성을 기울여 가꾸면 드디어 낯선 땅이 고향의 정을 베푼다. 그러나 한 번 고향을 떠난 운명을 되돌려 또다시 고향을 심고 그늘을 드리우지는 못한다. 그래서 스스로 정든 것들을 떠나보내기도 한다. 화자는 정든 것들을 보내고 텅 빈 길처럼 주름살이 깊어진다.

월하와 나의 할아버지는 동시대인으로 고향을 떠나 타향살이를 하고, 집을 허무는 것을 행했다는 공통점이 있다. 고향을 떠나 객지에서 사는 것만이 실향이 아니다. 집은 인간 존재의 주거공간이며, 축소된 고향 의미가 있는 공간이다. 그러한 사상, 꿈, 추억의 집적체인 집의 형태를 없앤다는 것은 아픔 가득한 실향이다.

꽃도 피면 이우는 법

작은 고개들을 넘어간다. 아늑한 호수마을이 있다. 이곳은 예전에는 배를 타야 닿고 호랑이의 음성이 들렸다 하여 호음마을이다. 그 형상은 외부로부터 온 길의 마지막에 있어 마치 갱 속 같다. 호수를 돌아 산속 호수마을 동촌리의 산 밑, 그곳에 이태극 문학관이 있다.

1층 입구의 자동 유리문에는 담뱃대를 문 월하의 모습이 반투명으로 양각되어 있다. 유리문이 스르르 열리자 오른쪽 벽에 '월하 우체통'이라 쓰인 빨간색 우체함이 있다. 현관에는 긴 전등줄을 늘어뜨린 맑고 밝은 샹들리에가 반짝거린다.

2층으로 오르니 유리로 된 내벽이 푸르름으로 가득 찬다. 뒤뜰에는 세 개의 정자가 계단식으로 단정하게 놓여 있다. 그곳에서 화천

화천군 화천읍 동촌리
이태극 문학관 전경

인근 지역의 어린이들이 글을 쓴다고 한다. 정자마다 싱그러운 동심이 탱그르르 구르는 듯하다. 계단의 끝을 오르니 앞쪽 중앙에 지팡이를 짚고 미소 짓는 월하의 전신상이 반긴다. 월하의 삶과 문학이 펼쳐지는 전시실은 오른쪽에 있다.

월하月河 이태극李泰極은 전주 이씨로 1913년 강원도 화천군 간동면 방천리에서 출생한다. 월하는 1929년 김옥수 여사와 결혼해 1남 3녀의 자녀를 둔다. 1930년 화천댐 건설로 성장지가 수몰되어 춘천으로 이주한다. 춘천고등여학교에서 국어를 가르치다가 서울로 이주해 서울대 국문학과에 편입하여 만학의 길을 걷는다. 이화여대 교수로 재직하고 그곳에서 문학박사 학위를 받고 퇴임한다. 그는 2003년 91세에 영면한다.

월하는 시조시인이자 학자이며 시조 운동가로 현대시조를 이끌어 온 인물이다. 전시실 중앙에는 시조의 역사가 정리되어 있다. 월하가 시조를 지켜온 과정을 알 수 있다. 한쪽 벽에 가득 찬 시조문학 잡지는 시조 사랑의 증거물이다. 오래된 『한국시조 큰사전』은 이런 사전도 있었나 싶다. 월하는 돌아가기 전 정신이 혼미해져 아들을 알아보지 못하는 상태에서도 시조를 읊는다.

꽃도 피면 이우는 법
떨어짐 또한 자연이지만
몰아친 광풍으로
휘날려 허공을 도니
보는 이 가슴 가슴에도
허허로움 더하리.
역리가 순리됨도
세상의 흐름이라지만
낙화를 순풍에 실어
제자릴 찾게 함도
이 또한 다사로운 꽃으로
길이길이 남을 것이.

―「월화落花의 변辯」 부분

이태극의 아호인 월하,
달빛이 쏟아지는 강

이 작품은 '낙화'하는 심정을 성숙한 서정으로 그려내고 있다. 월하는 꽃으로 한 생을 살고자 한다. 하지만 떨어지지 않는 꽃이 있을까. 무릇 생명이 있는 것이 자연으로 돌아감은 그것이

이태극 문학관 내부
시조 잡지 전시실

또한 자연인 것이다. 살다 보면 '역리가 순리' 되는 때도 있다. 그것도 또한 세상의 흐름일 것이다. 꽃은 봉우리 부풀고 피어나 '한 생'을 활짝 펼치다 떨어지게 된다. 생명이 다해 떨어지든, 바람에 떨어지든, 꽃은 떨어진다. 꽃이 진다고 슬퍼할 일이 아니다. 떨어지는 꽃이 더 아름답다. 꽃은 가장 아름다운 존재이므로 생이 다하는 그 짧은 순간에 더욱 아름답게 보인다. 낙화는 가장 아름다운 순간이라는 역설적 의미가 유추된다.

문학관을 둘러보고 나오니 마당에 핀 망초꽃에 앉은 하얀 나비가 날아올라 나폴거린다. 월하의 숨결인가, 향기인가.

향기와 같은 기억에 살다

산 밑 언덕 밭, 잎사귀 그늘 속에서 모시꽃처럼 혼자 밭을 매는 여인이 있다. 그 옆 푸른 그늘이 미풍을 받으며 흔들린다. 월하는 이러한 자연과 인간의 호혜의 순간에 대한 섬세한 결을 표현한다. 그는 평생 조수화목을 사람처럼 대하며 가꾸고 기른다. 그의 많은 작품에는 꽃을 소재로 한 묘사와 서정이 표현되어 있다.

돌아앉은 길목에서
제도濟度의 종이 우네,

고란 작은 것아
너는 향기香氣에 사나

샘으로 목을 추기며
구름 보는 나그네.

—「고란사皐蘭寺」 전문

고란은 강가 절벽이나 바닷가 숲 속과 같은 외진 곳에서 잘 자란다. 화자는 여리고 작은 것에 대한 애정을 노래하고 있다. 완전한 지혜, 깨끗함을 상징하는 '종' 소리가 울리는 한적한 곳에 낮고 단아하게 피어있는, '고란'은 '향기'를 머금고 있다. 지나가던 '나그네'는 외롭다는 동질의 슬픔을 같이 한다. 이렇듯 시인은 자연의 섬세한 모습에 인간을 접목시켜 고운 결을 짠다. 우리는 향기와 같은 기억과 잔상을 갖고 살아가는 것이 아닐까.

너를 얻어 반년이나 맘 조여 지키었다
빳빳한 잎새들은 그늘을 좋아했고
모래에 뿌리한 너는 기다림의 나날이었다.

창 열고 바라본 난 장승으로 눈 부볐다
그 잎새들 사이로 꽃대궁 꽃대궁이
가슴만 고동쳐 올라 말도 그만 잃었다.

하나 둘 망울 벌어 향은 가만 일어나고
보건 안보건 꽃은 마냥 웃음이다
이 지순 이 한 생 길이 누리고만 지어리.

—「난초가 벙그던 날」 전문

월하는 가람의 제자로 '난초'를 아끼는 스승의 영향을 받았으리라. 시인은 난을 기르는 정성스러운 마음을 표현한다. 화자는 난을 기다려 오랜 시간 맘을 졸이며 지켜 기다린다. 난을 대하는 조심스러움이 드러나 있다. 정갈한 모래에 뿌리를 둔 난은 '기다림의 나날'

파로호 옆에 세워진 「산딸기」 시비

이다. 드디어 기다림 끝에 난의 '꽃대궁'이 올라온다. 그 기다림 뒤의 만남은 그만 말을 잃게 한다. 고결한 것은 이렇듯 어려움과 기다림 끝에 만날 수 있는 것인가. 꽃망울은 벌어 향이 나고, 꽃은 웃는 듯 밝다. 이 환희는 언어를 넘어 마음의 깊은 연못에 파문을 일으킨다. 시인은 난초의 지순한 품성과 삶을 동경한다.

월하는 전통적인 소재에 대한 서정을 그려내고 있다. 월하의 시조는 고시조투이고 상투적이라는 시각이 있다. 그러나 그 특성은 오히려 시조문학의 전통성을 지켜낸 힘이 된다. 그의 작품은 성실하게 살아온 삶을 맑게 표현하고 있다. 그는 일상적인 시어로 넓고 깊은 사유의 세계를 노래한다. 그 작품 세계는 직관과 관조의 미를 드러내며, 우아하고 숭고하게 현대적 서정의 미학을 보여준다. 현실에서 내일의 고전을 만들며 시조 계승을 실천한다.

어머님 방망이 소리 언덕 기어오르고

파로호는 1943년에 준공된 화천수력발전소 건설로 생긴 인공 호수다. '파로호' 이름은 파열음과 유음의 조화로 부드럽고 청량한 어감이며, 풍경과 잘 어울린다. 그러나 역사는 딴 데서 손짓하고 있다. 6·25때 국군이 중공군의 대공세를 무찌른 것을 기념으로, 이승만 대통령이 파로호破虜湖라 이름을 내린 것이라 한다. 아름다운 파로호에 그런 근세사의 아픔이 서려 있다고 하니, 호수의 푸른빛이 시리다.

월하의 시비는 파로호를 중심으로 문학관과 마주하고 있다. 산골짜기에 길게 늘어선, 대붕을 닮은 호수를 어루만지듯 달린다. 소박한 들꽃들이 아름아름하다. 저들은 대대로 이곳에 피었을 게다. 물은 자갈자갈 자연을 노래하며 산그늘 속으로 여울진다. 고개를 넘자 주변의 산과 사뭇 다른 '딴산'이라 불리는 바위산에서 내리치는 폭포가 시원하게 파고든다.

시비는 파로호를 내려다볼 수 있는 곳에 있다. 위가 둥글고 잘족한 시비의 부드러운 가슴에는 「산딸기」가 새겨져 있다. 그곳에서 보이는 파로호는 깊은 기품이 어려있다. 파로호 푸른 물에는 산과 하늘이 하늘하늘 담겨 있다. 산에서 불어오는 바람에 순례자의 피로가 하르르 날아간다.

골짝 바위 서리에
빨가장이 여문 딸기

가마귀 먹게 두고
산山이 좋아 사는 것을

아이들 종종쳐 뛰며
숲을 헤쳐 덤비네.

삼동三冬을 견뎌 넘고
삼춘三春을 숨어 살아

되약볕 이 산山 허리
외롬 품고 자란 딸기

알알이 부푼 정열情熱이사
마냥 누려 지이다.

—「산山딸기」 전문

월하는 한국전쟁이 끝난 후 한국일보에 「산딸기」를 발표하면서 시조작가로서 두각을 나타낸다. 이 시조는 시인의 자손에 대한 사랑을 표현하고 있다. 시인은 태어난 지 다섯 달 된 아들을 안고 수락산에 올랐을 때, '바위 서리'에 덩굴져 있는 '산딸기'를 보고 늦게 얻은 아들의 생명과 같은 귀함을 느낀다. 후손들이 세상의 시련을 이겨내고 영화롭게 살기를 바라는 마음을 노래하고 있다.

월하에게 어머니는 평생 한스럽게 그리운 분이다. 춘천고보시절 어머니가 꿈속에 나타나 죽음을 암시하고 돌아간다. 17살에 임종도 보지 못한 어머니와의 이별이 한이 된다. 그는 고향을 한달음에 달려갈 수 없던 먼 곳에서 공부하다 어머니를 여읜다. 불행은 겹쳐온다고 했던가. 수몰과 전쟁으로 인해 어머니 묘의 위치를 잊는다. 그때의 심정은 어머니를 두 번 여읜 것과 같은 고통이었으리라.

문학관에 조형된 월하의 서재

소양강에 있는 소양강처녀 상

월하는 어머니의 묘지를 찾기 위해 지인과 함께 파로호에 배를 저어 산기슭에 댄다. 월하의 어머니는 한 쪽 다리가 없기 때문에 묘의 앞부분을 파 확인을 한다. 그는 어두워질 때까지 다른 묘들을 판 후, 드디어 어머니 묘를 찾는다. 그런데 그로부터 3년 후 표시해 놓은 나무 표지와 바위 밑의 글이 없어진다. 그래서 월하는 다시 또 묘들을 파 어머니를 찾는다.

이러한 과정이 다소 그로테스크하지만, 엄마를 찾아 흙을 파는 동심인 것 같아 마음이 아리다. 다리가 아파 고생하다 이른 나이에 돌아간 어머니의 삶은 월하에게 평생 아픔이었다. 그런 어머니를 뼛조각으로 만난 심정은 어떠할까. 어머니가 준 생명으로 태어난 이승의 존재는 차마 아무 말도 못 하고 눈물만 흘렸을 것이다. 어머니는 미소도 뼛조각도 한없이 그리운 분이다. 이렇듯, 어머니는 누구에게나 가슴으로 다가오는 근원적 존재다. 어머니를 나타내는 핵심어는 무한하다. 생명, 고향, 힘, 지혜, 넓이, 깊이…….

어머님 방망이 소리 언덕 기어오르고
햇빛은 물무늬 타고 재롱지어 퍼지는데
땀방울 엮힌 미소가 어제 같은 먼 기억.

발가숭 물장구를 지키시던 그 눈길은
우리들의 오늘을 꿈으로만 간직한 채
그 벌써 가신 지 60여 년 사진만을 더듬고.

언제나 내편이시던 어머님 주신 그 힘
내 삶의 지팡이로 세파를 헤쳐 왔는데
묘소의 잡초와도 같이 그 미소 다시 봤으면.

—「어머님」 전문

이 시조는 어머니에 대한 그리움을 절절하게 나타내고 있다. 어머니의 '방망이 소리'는 가족의 삶을 연주하는 음악이다. 어머니의 '땀방울' 담은 '미소'는 자식을 키우는 햇살이다. 화자는 어린 시절 냇가에서 '물장구'칠 때 어머니가 '지키시던 그 눈길'을 애틋하게 기억하고 있다.

어머니는 돌아간 지 오랜 세월이 지나도 여전히 그립다. 그리운 마음이 '사진'을 '더듬'는 것으로 위로가 될지. 어머니는 언제나 자식의 편에 서주고, 살아가는 데 '힘'이 되어 준다. 인간이 존재에 대해 인식하는 것은 어머니로부터 시작한다. 어머니에 대한 그리움은 근원적 존재를 인지하고자 하는 갈망이다.

월하月河, 달빛 쏟아지는 강

파로호 선착장으로 향한다. 유람선을 타고 수몰된 월하의 고향 터에 가까이 가보고 싶기 때문이다. 휴가객들은 상기된 마음으로 유람선에 오르지만, 나는 어쩐지 마음이 무겁고 애잔해서 호수로 가라앉을 듯하다. 호수 밑 시인의 마을이 닻으로 끌어내리는 것만 같다.

유람선이 '부우웅' 힘찬 엔진 소리를 내며 출발한다. 호수는 잔잔하게 푸른 품을 펼쳐 유람선을 끌어준다. 유람선을 타고 월하의 고향이 수몰된 그곳으로 간다. 그의 고향 하늘을 가로지르며 유유하게 물살을 가르며 간다. 호수의 중심에 유난히 물그림자가 짙은 그곳이 월하의 고향 마을 터일 것 같다.

호수를 둘러싼 산들은 시인의 고향이 산속 깊은 고을이었음을

문학관 길목 옥수수밭 옆 이정표

짐작하게 한다. 호수의 중심에는 유일한 섬, 눈물방울 모양의 작은 무인도 '다람쥐 섬'이 있다. 유람선은 한 시간 반 동안 호수를 달려 평화의 댐까지 간다고 한다. 파로호는 산속의 바다다. 산세는 산새를 품고, 여릿여릿 얽혀 있는 시인의 고향 이야기를 풀어내고 있다. 부드러운 바람은 호수의 허파를 접었다 펼쳤다 한다. 호수는 이내 숨을 쉬다가 파르르 몸을 털듯하다. 산이 다가왔다 가고, 다시 절벽이 오다가 어느새 미끄러지듯 멀어져간다.

니체는 '존재의 해가 영원히 흐르고', '존재의 집은 영원히 지어진다'고 한다. 모든 것은 영원히 회귀한다는 의미다. 물비늘에 반짝이는 빛이 부시다. 빛은 존재를 그것의 존재이게 하며, 미래다. 존재의 해는 영원히 흐른다. '산, 하늘, 물' 모든 존재는 하나의 집을 이루고 있다. 그들은 완전한 존재가 되기 위해, 이끌리듯 어느새 서로에게 닿아 있다. 세월이 흘러도 고향의 존재는 영원히 지어지고 있다. 고향은 영원히 지어지는 존재의 집인 것이다. 녹음이 사르랑 사르랑 흔들거리며, 물주름이 주름주름 물결치며 영원으로 어어질 듯 계속되고 있다. 시대의 아픔도 고향의 기억도 아울어져 새로운 빛깔과 형상으로 숨 쉬고 있다.

섬세한 신비가 어떤 맑은 기운에 흐르고 있다. 물이 그러하듯, 산도 우리의 영혼을 겸허히 받아들인다. 이 순간, 나의 영혼이 산의 순결한 숨결이 되어도 좋을 듯하다. 순수한 자연은 매혹한다. 나는 새롭게 숨을 쉬고, 그 무엇보다도 생생해진다. 모든 곳에서 하늘과 산은 물에 번져 있고, 자연으로 닿는 마음은 더욱 깊어진다.

둥근 호수를 지나 북한강을 거슬러 올라간다. 조그만 물길이 산 쪽으로 나 있는 곳으로 가면, 오지마을 '비수구미'가 있다. 그곳은

원시림과 바위가 밀집되어 있고, 청정해서 수달이 산다고 한다. 산에서 똑똑 떨어지는 맑은 물방울이 파로호를 이루고, 북한강을 지나 한강에 이를 것이다. 좀 더 올라가니 평화의 댐이 있다. 그 댐은 항상 수로가 열려 있어 배를 통해 안팎으로 통한다고 하니 생소한 느낌이다.

월하의 고향 모습이 파로호에 생듯생듯 살아 있는 듯하다. 강이 에워싼 삼각주에 고향 마을이 있을 것 같다. 장독대 옆 우물물이 솟아나는, 고즈넉한 월하의 집이 보이는 것만 같다. 나는 늘씬한 인어가 되어 파로호 밑 짙푸른 그곳에 가고 싶다. 그곳 고운 모래 위에 다소곳하게 앉아있는 조개껍질을 열고 물의 집을 짓고, 주룩주룩 비를 피해 지나가는 어별들과 색동옷 입은 월하를 불러보고 싶다.

소양강 줄기를 지나면 월하의 수몰된 생가 터가 나온다

눈 감으면 거울 되는 내 놀던 푸른 언덕
북한강 따라 올라 사명산四明山의 북녘 기슭
지금은 破虜湖 깊숙한 魚鱉들의 보금자리.

피어난 진달래가 석장을 수 놓으면
산꿩들의 울음 따라 잠차지던 소꿉놀이
냉잇국 쑥버무림에 초생달도 밝았지?

물이 불면 고기 뜨고 날이 들면 뱃놀이들
벌거숭이 하동河童들의 꿈은 마냥 부풀기만
밤나무 그늘 밑에서 귀글 소리 우렁찼지?

서시래 벼랑 끝에 단풍이 불타나고
영 너머 조 이삭이 석양에 물들면은
온 마을 타작마당은 풍년가로 들렜지?

눈이 찬 바람이 강마을을 휘몰아치면
잉어 잡이 토끼 몰이 따라나선 꼬마 용사
짚신 속 발가락이 얼어도 지칠 줄을 몰랐지?

이렇듯 꿈 꿈으로만 새김하는 옛 내 고향
이순耳順 문턱에 서 티끌만 호흡한다.
색동옷 그 마당에 앉은 채 소쩍소리 들으며.

—「실향곡失鄕曲」 전문

이 시조는 현재 상황에서 과거를 회상하고, 다시 현재를 제시하고 있다. 시인은 유년의 고향을 액자 속에 그려넣고 있다. 제목은 '실향곡'이지만, 내용 면에서는 평화로운 고향의 추억을 따뜻한 시각으로 노래하고 있다. 이렇듯, 동심은 고향에 있고, 고향은 동심을 회상하는 곳에 있다.

1연은 현재 시점에서 고향이 수몰된 사실적 정보를 제공한다. 시인은 눈을 감고 물 속 깊이 잠긴 요람지대를 회상한다. 유년시절 놀이 공간, '북한강'의 '푸른 언덕'이 펼쳐진다. 하지만 지금, 그렇게 그리운 고향은 '어별들의 보금자리'로 인지된다.

2·3·4·5연은 과거의 유년시절 '봄·여름·가을·겨울'을 노래한다. 봄에는 '진달래'가 피고 '산꿩들의 울음'이 들리는 곳에서 '소꿉놀이'를 한다. 향긋한 '냉이국'과 '쑥버무림'은 봄의 기운을 밝게 한다. 여름이면 강가에서 '벌거숭이 하동'이 되어 '고기' 잡고 '뱃놀이'를 한다. 실컷 놀다 나무 그늘에서 우렁차게 '귀글漢詩'을 읊는 것도 잊지 않는다. 가을에 단풍이 들면 '풍년가'를 부르며 '타작'을 한다. 겨울이 되면 '짚신 속 발가락이' 어는 것도 모르고 '잉어 잡이'와 '토끼몰이'를 한다. 시인은 자연을 누리던 '꼬마 용사'였던 것이다.

6연에서는 현재로 돌아와 고향을 그리워하는 상황을 제시한다. 화자는 사계절의 고향을 '이순'의 나이에도 '색동옷'을 입은 마음으로 그린다. 이렇듯, 고향은 아늑하고 아름답다. 시인은 그리운 고향을 시에서 '새김' 한다.

이제 돌아가야 한다

화천은 물이 많은 곳이다. 저만치 무릇무릇 물안개가 피어오른다. 강은 뽀오얀 입김을 몽글몽글 뿜어내고 있는 듯하다. 유유한 강물은 몸을 풀어 길을 열어 여울여울 흐르는데, 언제나 깊고 낮은 곳으로 향하는데, 나는 어느 길목에서 흘러갈까.

갑자기 소나기가 후두둑 쏟아진다. 새가 파다닥 깃털을 터니, 나뭇잎이 파르륵 흔들린다. 오늘도 여전히, 금강金剛에서 흘러왔을 강물은 말없이 흐르고 있다. 강가 버드나무는 굴곡진 세월의 자락을 출렁거리며 휘늘어져 있다.

화천민속박물관 내 월하의 흉상

이제 돌아가야 한다. 강원이 고향인 월하는 풍요로운 자연의 축복을 받은 시인이다. 월하의 문학은 자연에서 비롯되고, 고향의 마음을 담고 있다. 자연과 고향의 서정을 노래한 그의 문학성은 한국시조의 문맥에 이어지고 있다.

고향은 집이자 어머니이자 동심이다. 이렇듯 고향은 많은 것을 포용한다. 그러나 우리는 근대화를 좇아 고향을 떠나 도시로 들어간다. 현존하는 곳이 고향이라고 위로하기도 하지만, 고향의 원형은 시골의 자연과 닮은 곳이지 않을는지. 그렇다면 우리가 도시에서 산다는 것은 영락없는 타향살이다. 그래서 시인은 시를 통해 늘 귀향을 꿈꾸며, 고향으로 간다.

돌아가는 길은 배후령을 뚫은 새길, 터널을 지난다. 우리는 과거를 넘어 미래를 향해 현재의 속도로 간다. 달린다. 흐른다. 움직이는 집, 자동차는 누군가의 고향이거나 타향인 곳들을 스쳐 달린다. 달빛이 비치는 파로호는 수많은 고향들을 지나 만물의 고향 바다로 흐른다.

선과 선의 흐름이어
손과 눈의 견줌이어
여기는 네거리
네 내가 섰는 곳
우러러 구름 길 보다
발길 다시 옮는다

그래 밝고 흐름의
지울 수 없는 교차로
웃다 울다 가는
삶의 도가니 속
굽어서 날빛을 찾는
발길 다시 옮는다

—「교차로交叉路」 전문

박인환

그대, 서늘한 가슴아

1926~1956

| 유인실 |

모든 것이 떠나든 죽든
가슴에 남은
희미한 의식을 붙잡고
떠나간 것들에 대한
허무와 그리움
그리고
슬픔

하늘 내린 인제

산은 강을 물고
강은 다시 산을 문다.
우로보로스의 노정.
어디가 시작이고 어디가 끝인가.
인환을 찾아가는 강원도 길은 그랬다.
끝없이 되풀이되는 듯한…….

강원도 인제 합강정 공원 내
박인환 시비

여행을 떠난다. 여행은 출발과 도착이 아닌, 과정 자체에 몰입하게 하는 묘한 힘이 있다. 세상의 모든 것을 다 포용하고, 세상의 모든 것과 다 손을 잡을 수 있을 것 같은. 그런 마음으로 세상의 구불구불한 길을, 그리고 시인의 마음을 더듬어 간다. 프랑스의 '느림'의 작가 피에르 쌍소는 그것을 "부드럽고 우아하고 배려 깊은 삶의 방식"이라고 했던가.

문막 휴게소까지 들어오는 길은 강원도로 향하는 피서객들로 북새통을 이룬다. 아마도 여행길이 아니었으면 급한 성격에 속깨나 태웠을 테다. 그런데 그 느림마저도 용서(?)가 된다. 한동안 달리다

박인환의 고향
강원도 인제군 초입

보니 도로가 여유롭다. 홍천을 지나 인제 방향으로 향하는 중에도 차량이 그다지 많지 않다. 비교적 느린 운전을 해도 마음이 바쁘지 않다.

자동차 속도를 늦추어 지나가는 풍경들을 온전히 내 것으로 받아들이며 강원도 인제로 향한다. 여름 햇살이 터질 듯 팽팽하다. 여행길이 든든하다. 습한 열기는 어디로 밀려났는지 열어 놓은 창으로는 산바람이 들락거린다. 맑다. 강원도 땅이 멀지 않았다는 것을 상큼한 후각이 시각보다 먼저 알아챈다. 아스팔트길마저 부드럽다. 구불구불 가다 보면 그리움이 가득한 그곳에 가 닿겠지. 기다렸다는 듯이 박인환의 숨결이 사이사이 끼어든다.

시인들의 시를 느끼고 알기 위해서는 그들의 삶과 흔적을 찾아야 된다고 신경림 시인은 말했다. 아닌 게 아니라 문학을 하면서, 작가들이 살아온 발자취를 주의 깊게 더듬어 가다보면 문학을 건드리는 그들만의 삶의 '촉'에 왈칵 놀라곤 한다. 그래서 그들의 문학이 더 값지게 느껴지는지도 모른다.

박인환의 생가가 있는 강원도 인제에 드디어 입성. 1960년대 도로가 뚫리기 전까지만 해도 가도 가도 끝이 없는 첩첩산중 골짜기여서 '인제 가면 언제 오나 원통해서 못 살겠네.' 했다던 곳. 그런데 이젠 그 말도 옛말이 되어 버렸다. "하늘 내린 인제의 정기를 받아가세요"라는 입간판이 우리의 방문을 환영한다. 하늘 내린 곳? 시

강원도 인제군 상동리의
박인환 거리(문학관에서
산촌민속박물관까지)

간을 보니 4시. 전주에서 10시에 출발했으니 꼬박 8시간이 걸렸다. 하늘 내린 곳까지 닿기 위해 참으로 먼 길을 달려왔다. 마을 입구쯤 될까? 번듯한 외형의 건물들이 눈앞에 다가온다. 인제체육관이라 이름 붙인 건물이 우람하게 턱 버티고 있다. 색색깔의 깃발들이 휘황하게 제 존재감을 알리고 있다. 수려한 자연풍광 속에 콘크리트 건물의 그 위용이 낯설다. 눈 들어 저 멀리 시선을 주니 구름 위로 솟은 산이 좌우로 병풍처럼 펼쳐져 있다. 산을 바라보면서 마을로 향하는데 마치 무엇에 홀린 듯이 마을로 끌려 들어가는 기분이 든다.

봄이면 진달래가 피었고
설악산 눈이 녹으면
천렵 가던 시절도
이젠 추억.

아무도 모르는 산간벽촌에
나는 자라서

고향을 생각하며 지금 시를 쓰는
사나이
나의 기묘한 꿈이라 할까
부질없고나

그곳은

전란으로 폐허가 된 도읍
인간의 이름이 남지 않은 토지
하늘에 구름도 없고
나는 삭풍 속에서 울었다.
어느 곳에 태어났으며
우리 조상들에게 무슨 죄가 있던가

눈이여
옛날 시몽의 얼굴을 곱게 덮어준
눈이여
나에게도 정서와 사랑이 있었다 하더라.

나의 가난한 고장
인제
봄이여
빨리 오거라

—「인제」 전문

박인환 시인의 고향 마을 인제는 이제 읍이 되었고 아름다운 강 마을로 재건되었다. 시인에게 고향은 다 그렇듯이, 박인환의 「인제」라는 시를 읽어보면 그가 자신의 고향인 인제를 얼마나 사랑했는지 느껴진다. 이 시는 1956년 그가 영면에 들기 10일 전에 발표한 시다. 그에게 고향은 "전란으로 폐허가 된 도읍", "인간의 이름이 남지 않은 토지" 이다. 그러나 그 곳은 "옛날 시몽의 얼굴을 곱게 덮어준", "정서와 사랑이 있었"던 곳이다. 그가 죽음을 앞두고 쓴 시도 고향 인제에 대한 것이다. 어쩌면 타향으로 떠돌던 그에게 고향은 가장 그리워하는 곳이었을지도 모를 일이다.

인제, 그의 생가 터에 박인환문학관이 세워지고 있다. 휴전선과 접한 산간 오지에 우뚝 세워진 문학관. 좌우이념이 대립되는 최전방에, 또 물신주의가 판을 치는 자본주의 사회에서 '돈도 되지 않는' 문학관은 왠지 상징적이다. 문학공간의 명소화가 요즘은 유망한 신종 상품이라고는 하지만 아직은 '문학관=돈?' 어쩐지 불편한 진실 같다. 그러나 어쨌든 '지금—이곳'에서는 문학공간을 지역의 문화적 명소로 새롭게 조성하려는 움직임들이 곳곳에서 일어나고 있다. 작가의 활동 지역이나 작품의 실제 무대와 무관하지 않다는 점이 중요한 이유 중의 하나이리라.

흔히 문학공간을 '문학 텍스트를 본질적으로 규명하는 출발선'이라고도 말한다. 바슐라르는 문학 작품에 나타난 공간을 "사상이 공간화 되는 실체"라고 했다. 그러고 보면 문학관 명소화가 시인의 이름을 걸고 유형, 무형의 실익을 추구하는 문화 산업의 한 형태라 할지라도 우리는 그 또한 반겨야 할 일이 아닌가 싶다.

모든 것이 떠나든 죽든 가슴에 남은 희미한 의식을 붙잡고

인제터미널에서 인제시 전통목공예 전시갤러리 뒤편 방향으로 5분쯤 걷다 보면 '박인환 시인의 거리'와 '산촌민속박물관'이라고 쓰인 이정표가 눈에 뜨인다. 그곳에서 우측으로 몇 발자국 떼면 400여 미터의 '박인환 거리'로 명명된 산책로가 나온다. 그 등 뒤로는 자동차들이 생생 질주하는 도로와 내린천 물줄기를 따라 흘러내리는 합강 줄기가 있다. 언뜻 보기에도 속도와 문명이 스쳐간 모습이다. 그러면 어떠랴. 2011년 오늘, 1950년대의 박인환 시인의 시심을 더듬거리는 나는 바람과 같은 투명한 감각을 느끼는 "도시의 지평에서 싸우고" 온 사람인 것을. 인환이 그의 시 「지하실」에서 겨울의 새벽에게도 "지열地熱과 같은 따스함이 있다면"이라고 했듯이 나는 이곳에 서서 '속도와 문명 속에서도 순수를 잃지 않는다면' 이라고 패러디해 본다.

강원도 인제군
산촌민속박물관 뒤편에
세워진 박인환 거리 이정표

'박인환 거리'로 명명된 산책로에 한 발짝 들어선다. 인환의 조각상과 「목마와 숙녀」 글귀가 클로즈업되어 내 눈 속으로 들어온다. "한 잔의 술을 마시고 우리는 버지니아 울프의 생애와 목마를 타고 떠난 숙녀의 옷자락"까지 읽어 내리는 순간, 마음이 확, 쓸쓸해진다.

박인환 거리 입구에 있는
「목마와 숙녀」 시비와 조각상

문학적 감수성을 지닌 문학소녀 시절, 처음 이 시를 접하면서 이유 없이 서글펐던 기억이 어제인 듯 선명하다. 그러다 대학에 들어가 문학을 전공하면서 문학을 좋아하는 사람들이 있는 술좌석에선 으레 낭송하곤 했던 시. 요즘 문학도들은 술좌석에서 어떤 시를 낭송하고, 어떤 시에 가슴 뭉클해져서 눈시울을 붉힐까? 갑자기 알 수 없는 그리움에 가슴이 먹먹해진다.

지금 생각하면 한숨 훅 하고 불면 날아갈 듯한, 스쳐 지나가는 일상이었을 뿐인데 그땐 정말 죽을 것처럼 힘들었다. 그때마다 너나없이 소주 한 잔에 이 시구를 담아 인환을 흉내 내곤 했다. 「목마와 숙녀」는 '버지니아 울프'라는 이국적인 이미지와 '목마'라는 낭만적인 요소를 묘하게 섞어 풋풋했던 우리들의 여린 감성을 사로잡았다. 화려하면서도 텅 빈 것 같은, 방황과 회의로 온몸에 신열을 내던 우리들의 청색시절, 그때 어루만졌던 시를 많은 세월이 흐른 오늘, 이곳 인제에서 아무 말도 못한 채 멍하니 바라본다.

한잔의 술을 마시고
우리는 버지니아 울프의 생애와
목마를 타고 떠난 숙녀의 옷자락을 이야기한다
목마는 주인을 버리고 그저 방울 소리만 울리며

가을 속으로 떠났다 술병에서 별이 떨어진다
상심傷心한 별은 내 가슴에 가볍게 부서진다
(…중략…)
문학이 죽고 인생이 죽고
사랑의 진리마저 애증의 그림자를 버릴 때
목마를 탄 사랑의 사람은 보이지 않는다.
세월은 가고 오는 것
한때는 고립을 피하여 시들어 가고
이제 우리는 작별하여야 한다
(…중략…)
모든 것이 떠나든 죽든
그저 가슴에 남은 희미한 의식을 붙잡고
우리는 버지니아 울프의 서러운 이야기를 들어야 한다
(…중략…)
인생은 외롭지도 않고
그저 잡지의 표지처럼 통속하거늘
한탄할 그 무엇이 무서워서 우리는 떠나는 것일까
(…하략…)

—「목마와 숙녀」 부분

이미 세상을 다 알아버린 듯, 니힐리즘의 캡슐 속에서 헤어 나오지 못하던 대학 시절, 그때 우리는 모더니즘이니 이미지즘이니 하는 학문으로서의 시가 아닌, 상처니, 허무니, 그리움이니 하는 시어와 시적 분위기에 마음을 기대곤 했다. '아, 상처는, 허무는, 나만의 것이 아닌, 우리들의 것이구나.' 하는 그런 식의 위안 때문이었다. 이 허무야말로 허무를 치유해 주는 가장 따뜻한 힘이라는 것도 그때 알았다.

지금 생각해 보면 그때는 시와 우리의 삶이 상당히 밀착되어 있었다. 시가 곧 내 삶을 대변해 주고 나 역시 시에 몰입되어 있었다. 정말이지 "인생은 외롭지도 않"다고 하면 정말로 외롭지 않은 것 같았고, "그저 잡지의 표지처럼 통속"하다고 하면 또한 그에 마음을 맡겼다. 그것이 어찌 나뿐이었으랴. 어느 시인의 말마따나 얼마나 이 땅의 시인이기를 간절히 희망하면서 시를 가슴에 품고 살았던가. 그랬다. 그때는. 시를 내 삶 속으로 깊숙이 들여왔다. 지금처럼 시를 삶에서 소외시키는 '배제의 폭력(?)'은 없었다. 아마도 윤동주가 돌과 돌이 끊임없이 이어진 긴 돌담길의 끝에서 자신의 잃어버린 참모습을 바라보았듯이, 우리는 허무니 죽음이니 하는 떠나간 모든 것들에 대한 비장한 이미지 속에서 우리 자신의 모습을 보아낸 듯하다.

맑게 닦인 박인환 산책로. 여름 햇살이 푸른 하늘과 맞닿아 있다. 인환의 「식물」이라는 시가 한 구절씩 조각되어 있다. "태양은 모든 식물에게 인사한다"는 시구 앞에 이르러 나도 태양을 향해 손을 들어 나지막하게 "안녕?" 한다.

어렸을 때 시골에 살면서 들판으로, 산으로 뛰어다니며 놀았던 기억이 지금도 생생하다. 친구들과 한창 놀다가 바람이 휙 하고 우리를 스치면 손을 벌려 바람을 잡으려 했다. 그때 바람은 실체 없는 영혼 같았다. 그 영향일까. 난 지금도 자연이 내 몸의 일부처럼 느껴진다. 사는 일이 좀체 풀리지 않을 때 자연의 작은 속삭임, 자연이 전하는 메시지에 귀를 기울이다 보면 내 안에 묻힌 내 삶이 추구해야 할 궁극적인 지점을 찾게 된다. 인환의 「식물」을 오랜만에 이곳에서 만나니 사뭇 반갑다. 내 몸에 아직도 '식물성'이 남아 있나 괜히 내 몸을 한번 훑어본다.

태양은 모든 식물에게 인사한다.
식물은 24시간 행복하였다.
식물 위에 여자가 앉았고
여자는 반역한 환영을 생각했다.
향기로운 식물의 바람이 도시에 분다.
모두들 창을 열고 태양에게 인사한다.
식물은 24시간 잠들지 못했다.

—「식물」 전문

박인환 거리 산책로
바위마다 붙여 있는 시 구절

박인환 거리 「세월이 가면」이 새겨진 벤치

각 시구 아래 점자가 붙어 있다. 시각 장애자를 배려한 섬세한 마음이 감동적이다. 이 마음 또한 '식물성'이라고 혼자 미소를 짓는다. 엘리베이터에서나 보았음직한 점자. 그 점자의 필요성이 이젠 시 편편에도 파고든 듯하여 괜히 가슴이 뿌듯하다. 누군가 정성껏 점자를 손으로 더듬으며 시어 하나하나를 각인하듯 몰입하는 모습을 잠시 그려본다. 시인의 시적 감각과 소외된 삶의 결합이 또 하나의 사유의 장을 만들어 주는 공간. 바로 그 공간 속에 놓인 「식물」 앞에 서서 잠시 생각에 잠긴다. 나의 시는 삶과 얼마큼 결합되어 있나?

인환의 "태양이 모든 식물에게 인사"를 하는 창을 통해 잠시 세상을 바라본다. 현기증으로 가득한 요즘 세상이 들어온다. 모두들 너무 힘껏 살아서인가. 울퉁불퉁 근육질의 전사적인 모습이다. 도무지 식물성이라고는 느껴지지 않는다. 그것은 거대한 공룡 같기도 하고 괴물 같기도 하다. 재빨리 창을 닫고 "모두들 창을 열고 태양에게 인사"하는 「식물」 속으로 다시 돌아온다. 식물을 닮은 이름 없는 감각들. 이 식물성 시어가 전혀 감상적이거나 조야하게 느껴지지 않는다. 역시 시인은 우리가 결코 다다를 수 없는 느낌들을 알 수 있게 해 준다는 말을 생각하면서 또 한 발짝 뗀다.

떠나간 것들에 대한 허무와 그리움, 그리고 슬픔

박인환은 1946년 국제신보에 시 「거리」를 발표해 문단에 나온 뒤, 「남풍」, 「지하실」 등을 발표한다. 그 후 '신시론' 동인과 더불어 1950년대 모더니즘 운동을 이끈다. 현대시문학사에서 이 시기의 모더니즘은 실질적인 성과를 이루지 못하였다는 견해도 있다. 그러나 1950년대 시를 말할 때 모더니즘을 언급하지 않을 수 없다.

당시에 인환은 김수영, 김경린, 조향 등과 함께 『새로운 도시와 시민들의 합창』(1949)이라는 앤솔러지를 발간한다. 스무 살 되던 해. 해방을 맞아 평양의학전문학교를 중퇴하고 서울로 돌아온 박인환은 종로3가 낙원동 입구에서 경영하던 스무 평 남짓한 서점을 인수한다. 이곳이 한국 모더니즘 시운동의 산실인 책방 '마리서사'이다. 이들은 주로 박인환의 '마리서사'에서 접촉을 하고 김기림, 김광균 등과도 교류를 한다. 신중하게 생각하고 결정했을 앤솔러지 제목이 이들의 방향을 짐작하게 한다. '새로운', '도시', '시민'이라는 단어가 그렇다. 그동안의 전통적인 서정적 감각과는 거리가 먼, 모더니즘의 본질적인 측면인 '도시적인 것'을 표방하고 있다.

앤솔러지 출간에 즈음하여 1930년대 모더니스트인 장만영은 "여기 모인 사람들은 아침의 야채와 같이 신선한 어휘, 싱싱한 에스프리, 시는 새로운 시대와 같이 돌진한다는 구호 소리가 어디선가 들려오는 것 같다."라고 표현한 바 있다.

해방정국과 한국전쟁을 겪으면서 황폐허질 대로 황폐해진 도시문명. 박인환은 시대적 불안과 고뇌를 당시 모더니즘이 추구하는

이상에 걸맞은 감각과 도회지풍의 세련된 시어로 노래했다. 시 「세월이 가면」도 그 중 하나다. 이런 박인환을 김수영은 그다지 곱게 봐주질 않았다. '늘어놓은 현란한 언어, 겉멋에 치우친 유행의 숭배자'라고 김수영이 인환에게 거친 말을 내뱉었다. 이에 맞서 인환은 김수영을 '세속적인 눈치만 보는 속물'이라고 몰아붙이면서 박인환이 김수영과 소원해졌다. 그마저도 통쾌한 농담처럼 들린다.

1948년 박인환과 이정숙의 결혼식

산책로 저만치에서 노오란 벤치가 손짓을 한다. 꽤 오랜 시간 서 있어서인지 몸의 모세혈관까지 번쩍 깨어나는 느낌이다. 벤치 가까이 간다. 너무 샛노래서 파르란 서글픔이 느껴지는 노오란 벤치. '사랑... 이별... 또 다시 사랑'이라고 새겨져 있다. '그래, 이 언어들은 인환의 아이콘이지. 적어도 표면적으로는.' 혼자서 중얼거려 본다. 인환이 세상을 떠난 뒤로 시간의 수레바퀴는 열심히 굴러왔다. 그때, 그 시절로 돌아갈 수는 없지만 마치 그때의 심정인 양 벤치 위에 인환과 같은 포즈를 하고 앉는다. 당시의 시대적 불안과 고뇌에 외로웠을 인환의 마음이 전해 오는 듯하다.

지금 그 사람 이름은 잊었지만
그 눈동자 입술은
내 가슴에 있네

사랑은 가도
옛날은 남는 것
여름날의 호숫가 가을의 공원
그 벤치 위에
나뭇잎은 떨어지고
나뭇잎은 흙이 되고
나뭇잎에 덮여서
우리들 사랑이 사라진다 해도

—「세월이 가면」 일부

시를 읽어 내려가다 보니 어느새 흥얼흥얼 가락이 실린다. 시보다 노래를 먼저 알았던 「세월이 가면」. 사랑, 옛날, 호수, 공원, 나뭇잎… 등 언뜻 보면 소녀 취향의 감상주의적인 시이다. 누구나 가슴에 품어둔 애절한 사랑 하나는 있으리라. 이루어지지 못한 채 가슴에 남아 있는 사랑, 사랑하는 사람의 눈동자와 입술, 나뭇잎에 덮여서 흙이 된 사랑…. 생각만 해도 가슴이 저릿하다.

시인의 세계를 엿볼 때 족보보다 더 은밀한 건 내밀한 사생활이다. 이 시를 쓰기 전날, 박인환은 십 년이 넘도록 찾지 않았던 그의 첫사랑이 묻혀 있는 망우리 묘지에 다녀왔다. 세월과의 화해였을까, 해원이었을까? 세월이 가도 영원히 가슴에 남아있는 사랑, 어떤 고통으로도 퇴색되지 않는 젊은 날의 추억…. 한 인간에게 남겨진 '불멸의 감정'은 어떤 의미일까? 인환은 자신의 소멸을 통해 새로운 사랑을 다시 열어내는 방법을 선택한 것일까. 시인은 묘지를 다녀온 직후 「세월이 가면」을 한 올, 한 올 기워 세상에 내놓았다. 그 후

피란시절 부산에서,
맨 앞줄 우로부터
세 번째가 박인환

「세월이 가면」은 인환의 소멸을 통해 더 빛을 보게 된다.

그런데 이 시는 생각과는 달리 특별한 연인만이 아닌, 전후의 보통사람들의 심금을 울렸다. 그 이유가 한동안 궁금한 적이 있었다. 이 시가 표면적으로는 전쟁의 상흔 같은 것은 느껴지지 않지만 전쟁으로 돌아오지 못하는 잃어버린 사랑, 되찾을 수 없는 과거를 생각하게 하기에 부족함이 없다는 것을 알게 된 것은 문학을 전공한 후에서야 깨닫게 되었다. 그렇다면 이 시의 생명은 불멸의 사랑과 전쟁으로 인한 상처와 상실감이 짙게 깔린 시대를 아우르는 데 있다고 할 수 있다. 요즘 말로 하자면 인간의 가장 보편적 감정인 사랑과 시대적 국민 정서를 잘 담아낸 '국민시', '국민가요'쯤 될 것 같다.

모더니즘 시를 지향했던 '후반기 동인' 가운데 비교적 당시의 시대적 불안과 도시문명의 현실을 도외시하지 않은 시인이 박인환이었다는 점을 감안하면 「세월이 가면」을 단순히 감상적인 로맨틱한 시가 아닌, 어두운 현실을 표현한 시라고 보는 견해도 설득력 있어 보인다. 그런 생각이 들어서인지 고개를 숙이고 얼굴을 두 손으로 괴고 앉아 있는 인환의 모습이 마치 황폐화된 시대의 불안함을 끌어안고 한 개인으로는 어찌해 볼 수 없는 한계에 몸부림치는 것처럼 느껴진다.

「세월이 가면」은 익숙한 선율의 가요로도 유명하다. 여기에는 전설처럼 전해오는 에피소드가 있다. 이봉구의 「명동 그리운 사람들」(일빛)에 의하면 이른 봄, 어느 날 저녁 술자리에서 박인환이 즉석에서 시를 쓰고, 그 시를 넘겨다보던 이진섭이 작곡을 하고, 임만섭이 그 곡을 불러 순식간에 명동에 퍼졌다. 그래서 당시엔 이 노래를 '명동 엘리지'라고도 불렀다. 한 편의 시가 음악가를 만나 작품이 창작되는 풍경이 눈에 그려지는 듯하다. 그 모습이 슬프고도 아름답다. 나는, 한 시의 자취에서 다양한 시 읽기를 새삼스럽게 배운다.

인제의 하늘은 짱짱했던 햇볕을 서서히 거두기 시작한다. 여름날의 오후 7시. 저녁이라 하기엔 좀 이르고, 낮이라 하기엔 어색하다. 박인환 산책로를 지나 박인환 문학관 정문으로 걸음을 옮긴다. 아직도 완성되지 않은 채 문이 굳게 잠겨 있다. 왼쪽에 번듯하게 세워진 산촌사람들의 생활상을 보여주기 위한 '인제산촌박물관'은 역시 관람시간을 훌쩍 넘겨 문이 닫혀 있다.

박인환 문학관 한복판에 서서 저 멀리 시선을 주니 산봉우리는 서서히 그 경계를 푸는 듯하다. 어디까지가 봉우리이고, 어디까지가 하늘인지 경계가 모호하다. 경계 허물기? 박인환 시인과 함께한 시간마저 경계가 모호하다. 오늘 하루 동안의 일이 오래된 옛날처럼 아득하게 느껴진다. 무엇을 두고 어제라 이르고 오늘이라 이르는가. 무엇을 두고 산이라 이르고 하늘이라 이르는가. 아침에 떠나온 기억마저 희미하고, 돌아갈 곳조차 개념이 없다. 하늘도 산도 어제도 오늘도 다 하나인 것을. 우로보르스 같은 마을 속에서 길을 잃은 듯하다. 갑자기 시원한 맥주

1945년 종로3가 낙원동 마리서사 앞에서(박인환 운영), 우측 박인환

한 잔이 그립다.

거리로 나와 두리번거린다. 마땅한 맥줏집이 눈에 띄지 않는다. 하는 수 없이 근처 식당으로 들어간다. 비교적 음식 맛이 좋은 집인지 손님들이 많다. 그러고 보니 배고프다는 생각마저 까맣게 잊고 있었다. 박인환 시인에게 너무 몰입되었는지 밥맛은 돌지 않고 시원한 맥주만 고프다. 식사를 대충 마치고 편의점에 들러 캔맥주 두어 개 사들고 숙소로 향한다. 마치 오늘 하루는 24시간이 아닌 48시간을 산 듯하다.

아침 6시. 고단한 일정에도 몸이 먼저 아침을 알아차린다. 모세혈관까지 낱낱이 일어서는 느낌이다. 가벼운 차림에 모자 하나 눌러 쓰고 다시 박인환 생가터를 찾아 나선다. 인제산촌민속박물관 오른쪽 정원쯤이 생가 터라는 것을 어제 도착하자마자 매표원에게 물어보길 참 잘했다는 생각이 든다. 그 곳에 이르니 생가 터 표지판 하나가 없다. 왠지 섭섭하다. 우선 표지판이라도 세워두었더라면 좋았을 텐데 하는 아쉬움이 한층 크게 느껴진다.

강원도 인제 합강정 공원 내 「세월이 가면」의 시비

아쉬운 생각에 문학관 건물 오른쪽으로 나 있는 골목으로 발걸음을 옮겨본다. 주택들을 등지고 골목길에 서니 길 앞쪽으로는 무성한 잡초 사이로 펜스가 쳐져 있다. 코앞에 내설악 자락의 산봉우리도 연무에 쌓여 장관을 이루고 있다. 한 발짝 떼고 산 한 번 바라보고, 또 한 발짝 떼고 산 한 번 바라보고. 그렇게 가다보니 문학관에서 꽤 멀리까지 나왔다. 다시 길을 되짚어 가는 길에 마침 주택 베란다에 있는 아주머니가 있어서 일부러 박인환 생가를 묻는다. '잘 모르겠다며 옆의 건물이 아마 그 사람 건물인 것 같다.'고 한다. 대답을 듣는 순간 미안해진다. 사는 일이 바빠 관심이 없는 아주머니에게도, 박인환에게도, 나에게도.

이른 아침인데도 햇살이 따갑다. 문학관으로 다시 돌아온다. 긴 차양모자를 쓴 아주머니들이 문학관 앞마당의 쓸모없는 잡초 등을 뽑는다. 한낮은 너무 더워 이른 새벽에 일을 시작한다는 아주머니들. 아름다운 문학관 건립에 그들의 땀방울과 손길도 더해지겠구나 하는 생각을 한다. '세상에 완전한 혼자는 없다.'는 말을 떠올리며 문학관과 아쉬운 작별을 한다. 숙소로 돌아와 다시 여장을 챙긴다.

아침을 간단하게 마치고 인제읍 합강 2리 위치한 합강공원으로 향한다. 내린천과 인북천이 이곳에서 만나 소양강으로 흐른다는 곳. 이곳은 두 강줄기가 합쳐져서 합강, 또는 두 물이 합쳐지는 곳이라 하여 두물머리라 한다. 너른 주차장 앞으로 합강정 휴게소가 한눈에 들어온다. 여름 피서객의 인파가 이곳까진 미치지 않았는지 주차장이 한가롭다. 여유있게 차를 주차하고 오른쪽에 있는 야트막한 언덕 위로 오른다.

거대한 자연석 돌에 새긴 '박인환 시비'가 눈에 들어온다. 마치 금방 돌에 새겨서 세워 놓은 듯하다. 새로 단장한 듯한 합강정, 조선시대 여제를 지냈던 중앙단 등 주변에 새로 조성된 현대적인 건물 탓이었까, 왠지 돌올하게 솟은 시비가 낯설다. 시비 뒷면으로 돌아가 보니 「세월이 가면」 시가 음각되어 있다. 조금은 마모된 모습이 눈에 띈다. 군데군데 풍화작용으로 인한 세월의 더께가 느껴진다. 비로소 박인환 시비 같다는 생각이 든다. 그 앞에 서니 내린천과 인북천이 과연 한눈에 내려다보인다. 침묵……. 그 강물 위로 내가 기억하는 박인환의 시를 한 구절씩 한 구절씩 방류한다. 그 시구들은 흘러흘러 누군가의 가슴을 적시고 또 다시 이곳으로 흘러들겠지. 우로보로스처럼.

'시민정신'의 감각으로 도시를 들여다보는

시인을 찾을 때마다 나는 여전히 이방인임을 면치 못한다. 시인의 시심보다 눈에 보이는 것들을 일별하는 것에 그치는 경우가 많기 때문이다. 그런데 이번에 시인을 찾아 강원도로 출발할 때에는 여느 날과는 사뭇 달랐다.

인제가 낳은 박인환. 시인에 대한 나의 기억 역시 1950년대 모더니스트, 로맨티스트, 댄디보이 등에 건조하게 머물러 있었다. 시인에 대한 깊은 상식도 없이 그저 일반적인 인식을 넘어서지 못한 정도였다. 그러다가 2008년, 실천문학사에서 박인환 타계 50년 주기에 그의 전집이 나오면서 시인에 대해 좀 더 관심을 가지고 있던 터였다. 박인환이 30세의 나이로 타계하기까지 남긴 작품 수

1950년대 종군기자로
활동하던 시절, 우측 박인환

는 총 173편. 그가 작품 활동을 시작한 시기가 바로 혼란한 정국과 한국전쟁의 한복판에 집중되어 있다는 것을 감안한다면, 또 짧은 생애를 감안한다면 결코 적지 않은 성과라고 할 수 있다.

이 전집에서 맹문재는 해설을 통해 '이 시집은 모더니즘을 지향한 것으로 평가되고 있지만, 박인환의 작품 자체는 모더니즘 경향과 거리가 멀었다는 점, 오히려 해방기의 혼란한 상황을 적극적으로 담았다는 점, 새로운 시 형식으로 자신이 살아가는 시대를 반영했다는 점' 등을 언급하며 박인환은 해방기의 그 어떠한 시인 못지않게 현실인식이 강했다고 말하고 있다. 그때 난 상당히 충격을 받았다. 박인환이 모던한 리얼리스트라는 것에 대해. 이번 여행길에 오르는 내 감성의 결을 충분히 출렁이게 한 것도 이러한 배경지식이었다. 어쩌면 인환에 대해 뭔가 색다른 것을 얻을 수 있을 것 같았다.

한 시인에 대해 평가할 때에는 여러 요인이 있을 터이다. 그 평가는 평자의 관점이나 입장에 따라 달라지기도 한다. 이것은, 평가는 평자의 입장에서 기록되며 더러 왜곡될 수도 있다는 의미이기도 하다. 한 시인에 대한 평가를 고답적으로 답습하거나 과장된 주례사 비평 같은 것 등이 그러하리라. 그럼에도 오랫동안 동일한 평가를 받아온 필연적인 요인들은 분명히 존재하고 그러한 사실들을 숙고하는 것은 문학을 하는 사람들에게는 깊은 통찰력을 갖게 해준다. 마찬가지로 박인환이 당시에 모더니즘을 추구하는 중심인물이었다고 평가하는 데에는 그만한 필연적인 이유가 있을 것이다. 그럼에도 불구하고 박인환을 모던한 리얼리스트라고 할 때는 역시 그만한 이유가 있을 터.

아직까지는 박인환을 리얼리스트라고 하기에는 조금은 낯설다. 그동안 「목마와 숙녀」와 「세월이 가면」이라는 시 두 편이 이런 선입견 형성하는 데 결정적인 구실을 했지 싶다. 물론 현실참여 의식이 강한 「남풍」, 「자본가에게」, 「인도네시아 인민에게 주는 시」 등은 『목마와 숙녀』가 나온 1970년대 중반 당시 정치적 상황 때문에 빠졌기 때문에 그 이후 연구자들에게 소외된 것도 이유 중의 하나일 것이다.

실제로 박인환을 비롯한 후반기 동인들은 1930년대 김기림 등의 모더니스트와는 차별화된 모더니즘을 실천하고자 했다. 서구의 발전된 문학사조를 빨리 받아들여 이를 전파하는 것이 그들의 일차적인 목표였다. 그런 만큼 서구에 대한 동경은 이들의 의식에 뿌리 깊이 박혀 있을 터. 그러다 보니 그들에게 사회 현실에 대한 관심은 아무래도 부차적인 것일 수밖에 없지 않았을까. 그러나 박인환이 포착하고 전율한 것은 좀 다르다. 그는 이미지즘적인 김경린이나 초현실주의적인 조향과는 조금은 다른 색깔이다. 당시의 시대적 허무주의에서 격변하고 있는 시대적 현장에서 느끼는 인환의 정신적인 흔적이 그것을 말해준다.

> 제국주의적 야만적 제재는/ 너희뿐만 아니라 우리의 모욕/ 힘있는 대로 영웅 되어 싸워라/ 자유와 자기보존을 위해서만이 아니고/ 야욕과 폭압과 비민주적인/ 식민정책을/ 지구에서 부숴내기 위해/ 반항하는 인도네시아 인민이여/ 최후의 한 사람까지 싸워라
>
> —「인도네시아 인민에게 주는 시」 부분

밤이 가까울수록/ 성조기가 퍼덕이는 숙사와/ 주둔소의 네온사인은 붉고/ 정크의 불빛은 푸르며/마치 유니언잭이 날리던/ 식민지 향항의 야경을 닮아간다// 조선의 허항 인천의 부두가/ 중일전쟁 때 일본이 지배했던/ 상해의 밤을 소리 없이 닮아간다

—「인천항」 부분

나는 너희들의 마니페스토의 결함을 지적한다/ 그리고 모든 자본이 붕괴한 다음/ 태풍처럼 너희들을 휩쓸어갈/ 위험성이/ 태풍처럼 가까워진다는 것도

—「자본가에게」 부분

강원도 인제 산촌민속박물관

도무지 박인환 시라고 느껴지지 않을 정도로 대중적으로 알려진 시적 분위기와는 다르다. 당시에 "제국주의적 야만적 제재", "야욕과 폭압과 비민주적인 식민정책" 등 해방기 이후의 혼란한 상황을 적극적으로 담은, 그의 날선 현실 인식이 포효하듯 귓전을 울리는 듯하다. 현실과 무관할 수 없는 지식인의 양심. 이것이 그 시대를 건너는 고독을 잠시나마 견디게 해주었을까? 새삼 고독했던 그의 현실인식이 그의 남아 있는 또 하나의 매혹 같다. 이러한 의식은 후반기 동인 해체 이전까지 보여 준다. 이밖에도 그가 쓴 글 중에는 탈식민지를 지향하거나 자본주의를 비판한 시, 영화 비평,

전쟁의 고통을 소재로 한 산문 등 여러 작품이 있다. 그런데도 오랫동안 모더니스트로서의 면모만 각인되었던 것이다.

시인 공광규는 "박인환은 해방 직후 정치권과 문단의 좌우 분열로 혼란스러웠으나, 거기에 휘말리지 않고 그가 생각하는 '시민정신'이라는 렌즈로 세상을 들여다보았다."라고 말한 바 있다.

박인환이 바라본 도시는 어쩌면 문명의 진보와 삶을 윤택하게 만들어주는 공간이 아닌, 인간을 왜소화하고 소외시키는 공간이었는지도 모른다. 그러고 보면 박인환의 모더니즘은 서구적 영향에서 시작된 것이 아니라 우리 현실에 뿌리박은 토착 모더니즘이 아닐까 싶다.

한 시인을 안다는 것은 실로 어마어마한 일이다. 그 사람의 일생을 알기 때문이다. 살아오는 동안 시인을 고통스럽게 했던 수많은 고독과 사랑과 욕망. 이제 조금은 알 듯싶다. "스코올과 같은 슬픔이 있"는 그의 시간과 "한없이 아름다운 계절이 운하의 물결에 씻겨"간 저 폐허의 도시 속에서 끝내 달래지지 않았던 박인환의 고독하고 허무한 시심을.

잠시 박인환 읽기를 접어두고 무심히 차창 밖을 바라본다. 언제인제를 떠나왔는지 차는 어느새 주차장을 방불케 하는 차량 대열에서 좀체 속도를 내지 못한다. 전주로 향하는 마음이 막막해진다. 차의 속도가 점점 느려지면서 휴게소에 다다른다. 수많은 사람들 둥둥 떠다니는 것 같다. 나도 서서히 그 무리 속으로 걸어 들어간다. 먼저 드립커피가 있는 커피 전문점으로 가서 커피를 주문한다. 커피 향을 가득 머금은 찻잔을 입술에 대는 순간, 생활인의 리듬 안으로 들어섰다는 게 느껴진다. 온몸이 짜르르하다. 현실과 연계된 경계선 안으로 서서히 빨려 들어간다. 아, 이 위대한 통속이여!

이성선

내 몸에 우주가 손을 얹었다

1941~2001

| 박지학 |

대지 안으로 밤이 침몰하면
우주의 경계가 허물어진다.
산통의 시간, 그리움을 긁다보면
보풀처럼 별이 일고,
적신 가슴으로 시를 초산한다.

이 찬란함마저 가질 수 없다면
나는 무엇으로 가난하랴

길이 재촉한다. 강물이 매일 떠나듯 부지런히 목적지에 닿으라고 한다. 걸어온 시간과 방식에 따라 한쪽만 비스듬히 닳아버린 신발 뒤축이 마모를 독촉한다. 신발은 생을 함께한다는 점에서 인생과 닮았다. 새로 구입한 신발은 특유의 조임으로 어딘지 모르게 어색하다. 그러나 모르는 사이 점점 늘어나 발에 익숙해진다. 신생아가 철부지 어린아이로 성장하다가 성인이 되면서 자연스레 철이 드는 과정과 마찬가지다. 삶을 살아가는 형태가 여러 가지이듯 신발 뒤축도 그에 맞춰 닳아간다. 삶이 원만히 풀리는 시점에서는 위풍당당하게 걷는다. 때로는 장애물에 걸려 넘어지기도 한다. 그러다보면 어느새 신발이 허름해진다. 인생도 그에 맞춰 허름해간다. 우주의 순리이며 진리이다.

헤져가는 신발에서 나를 본다. 우주 안에서 삶을 살아내는 한 존재를 본다. 삶은 무심히 발끝에 치이기도 하고 황사로 몰려와 상처를 주기도 한다. 시계를 파악할 수 없는 미래가 곳곳에 잠복하고 있다. 우리는 그 역경 때문에 방황한다. 그리고 시련에 대해 되짚어본다. 견뎌내는 과정이다. 언젠가는 주름이 늘고 검버섯이 필 것이다. 그러는 사이에 내면의 둘레도 제법 두터워질 것이다. 기꺼이 허름함에 동참하기로 한다.

완주IC로 접어드는 길목에서,
삶의 길을 내고 있는 담쟁이 넝쿨

절망이여, 텅 빈 가슴으로 나에게 오라

대관령 능선의 아찔한 가을

귀를 먹먹하게 하는 대관령 고개는 진공과 흡사하다. 구름은 기압에 눌려 포복한다. 날다 지친 흙먼지는 길바닥에 철퍽 주저앉는다. 타이어는 만유인력을 놓고 노면과 다툰다. 사이드미러로 보이는 배기가스 수증기는 성난 투우의 콧김마냥 씩씩거린다. 아찔한 대관령의 가을은 스러지듯 고산병을 앓고 있다.

추월 차선이 합류하는 오르막 커브를 빠져나간다. 화물칸이 부스러질 것만 같은 낡은 트럭의 적재함 사이로 함께 녹슬어가는 산 능선이 보인다. 차창으로는 비바람이 낙엽을 떨군다. 안개는 시야를 쉽게 내주지 않고 내내 창가에 기대어 있다. 비가 오는 가을 산은 설렘을 주지 않고 슬픔을 안겨줄 것만 같다. 바람은 대관령 일곱 개 터널을 우산 삼아 잠시 비를 피해 간다. 비는 나직한 목소리로 시인의 이야기를 들려주려는 듯 이내 그친다. 가라앉은 먼지만큼이나 차분한 어조이다.

해조대IC를 지나 해안선을 타고 북쪽을 향해 달린다. 멀리 푸른 바다는 이미 하늘을 끌어당겨 용접 중이다. 이따금 나타나는 해송은 전봇대 사이 고압 전선에 걸려 오징어를 말리 듯 가을바람에 건조된다. 작업복을 입은 어부는 장화를 뒤집어 버룻처럼 흙을 턴다.

어느 정도 일상의 구도는 갖춰졌지만 왠지 모르게 여백이 많이 생기는 가을이다. 그래서인지 그 빈 공간은 삶에 대한 생각으로 가득하다. 나를 비춰보는 시간. 어쩌면 허무함일지도 모른다.

가을의 기도는
잎 떨어진 나무 아래서
자신을 비우는 일이다.

맑게 쓸어논 마당에
한 잎씩
새로 낙엽을 앉히듯

그렇게 비어가는 자신을
지켜보는 일이다.

서릿빛 가지에
외로운 마음 비추어 보고
비추어 보고

홀로 떠날 준비를 하며
두 손으로
물을 마시는 일이다.

—「가을의 기도는」 전문

속초중학교 근처,
「가을의 기도」는
하나씩 비어가는 자신을
지켜보는 일이다

가을의 감나무에는 누군가가 놔두고 갔거나 혹은 스스로 도태된 홍시 하나 매달려 있다. 그마저도 날짐승이 파헤치고 간 뒤라면 더는 새들도 찾지 않는다. 열매는 나뭇가지에 매달려 간신히 말라간다. 그리고 봄이 올 때까지는 외로움을 견뎌야 한다. 때문에 해마다 가을이 오면 가지에 홀로 남겨진 홍시보다 더 외로워 터져버리고 싶을 때가 있다.

그러나 시인은 스스로 비운다. 기도한다. 기도는 곧 내면의 성찰을 의미한다. 시인은 잎이 떨어진 나무 아래에서 자괴감에 빠지지 않고 자신을 비운다. 맑게 쓸어 놓은 마당에 잎이 다시 떨어지는 것도 그에게는 좌절이 아니다. 새로 떨어진 잎을 받아들이는 겸허한 마음이다. 허무를 채우는 일이다. 그러나 일상을 살아가는 우리에게 이러한 실천은 쉽지 않다. 삶을 도미노로 받아들이기 때문이다. 그래서 한 번의 실수가 쉽게 좌절로 이어진다.

가령 정전으로 13층 계단을 내려왔는데 자동차 열쇠를 두고 왔다면 실수이다. 13층을 힘겹게 다시 올라가 열쇠를 가지고 계단을 걸어 내려왔는데 엘리베이터가 다시 작동한다면 좌절이다. 군대에서 눈이 쌓여 열심히 눈을 치우고 땀을 닦고 있는 병사들 눈앞으로 다시 함박눈이 푹푹 나리면 이것 역시 또 한 번의 절망이다. 장병들은 재빠르게 눈을 치우며 전투력을 발휘한다. 이때 장병들에게 겸허히 받아들이라 한다면 대한민국 60만 장병들이 내게 총을 겨눌 것이다. 우습게 예를 들긴 하였지만 실제로 우리 삶이 이와 많이 닮았다.

시인은 절망하지 않는다. 시인은 그가 바라보는 대상에 마음을 투영한다. '서릿빛 가지'에 외로운 마음을 비추어 보는 행위가 그것이다. 그는 허무를 허무함의 벼랑으로 몰아세우지 않고 정도正道를 가늠한다. 그 정도의 결과가 "홀로 떠날 준비를 하며 두 손으로 물을 마시는 일"이다. 우주의 외로운 존재인 인간이 홀로 있음을 겸허히 받아들인다.

시인이 내면과 대화하는 것은 한 존재가 삶을 살아낸다는 증거이다. 시인은 자연이 하는 대화를 듣는다. 이성선 시인은 자연의 대화에 귀를 기울이고 관찰한다. 그리고 독자는 그 관찰의 결과인 시를 통해 함께 성찰한다. 생활필수품이 된 내비게이션도 생의 경로는 제시해주지 못한다. GPS도 삶의 어긋난 위치에서 좌표를 찾아주지는 못한다. 그러나 시는 최적의 경로를 찾아 인생을 꾸준히 업데이트한다.

이 찬란함마저 가질 수 없다면 나는 무엇으로 가난하랴

이성선 시인이 다녔던 고성중학교를 찾아 거리를 유유히 통과한다. BBQ 치킨, 진흥공인중개사, 우리들 안경 콘택트 간판이 보인다. 시내에 근접했음을 실감한다. 내비게이션이 엉뚱한 경로를 찾아 뜻하지 않게 골목에 들어선다. 비좁은 골목이라 야무지게 차를 댄다. 옆에 불그스름한 건물엔 'OO빌라'라 쓰여 있다. 사실 빌라라고 하기엔 너무 초라한 건물이다. 그러고 보니 이 골목이 너무 익숙하다. 어릴 적 막대기를 휘두르고 다녔던 나의 주 무대와 비슷하여서일까. 금방이라도 코흘리개들이 딱지를 한 보따리 싸매고 어쭙잖게 등장할 것 같다.

골목길의 중앙에는 콘크리트 재질의 하수구 블록이 늘어서 있다. 블록은 연결 부위마다 구멍이 송송 뚫려 있다. 그 틈으로 김이 올라온다. 어느 집에서 뜨신 물을 물 쓰듯이 쓰고 있는 것이 분명하다. 이렇게 주변을 배회하다 이 빌라와 어울리는 허름한 점방에 들어간다. 냉장고의 안쪽 깊숙한 곳에서 캔 커피를 집어 든다. 캔 위에 먼지가 왠지 잔뜩 쌓여 있는 것만 같다. 그러나 주인아주머니의 인상이 범상치 않아 찍소리도 못 하고 뚜껑을 딴다. 잘 영근 뾰루지를 터뜨리듯, 뚜껑을 따는 소리가 묘하게 시원하다. 설렌 것이 확실하다. 일상의 외투를 집어던지고 좋아하는 시인의 고향에 왔다. 이 사실이 사소한 것에서부터 나를 자극한다. 커피값을 지불하고 속초중학교의 위치를 묻는다. 골목 끝에서 우회전하면 속초중학교이고 좌회전하면 속초고등학교라 한다. 두 학교 모두 이성선이 다녔던 학교다.

속초 시내의 세탁소, 다리미의 스팀 뿜는 냄새가 아련하다

혹시나 하는 마음에 이성선 시인에 대해 물어본다. 아주머니의 표정은 진즉부터 어두웠

지만, 날씨 탓인지 더욱 심란하다. 차라리 이 동네에서 어느 집이 파마를 잘하는지에 대해 말을 건넸다면 할 말이 더 많았을 것이란 생각을 한다. 캔을 버리려 할 때 아주머니가 이성선 시인이 여기사람 아니냐며 말을 건넨다. 복권에 당첨되고 남들에게 말 못하는 기분이 이러할까? 그야말로 말도 못하게 기분이 좋다. 그러고 보니 아까 계산할 때 보았던 '외상 사절' 필체에서 문학적 감수성을 느낀 것도 같다. 요즘의 신조어로 표현하자면 '득템'하였다. 감사한 마음에 꾸뻑 인사를 하고 나온다.

골목을 나가니 여기는 온통 다른 세상이다. 아파트가 설악산 자락만큼 늘어섰다. 조금 더 가자 붉은색 바닥의 어린이보호구역이 학교 주변임을 짐작게 한다. 교정에 들어서서 운동장을 보고 한 번 더 놀란다. 재학생에겐 프리미어리그 구장이나 다름없는 축구장이 펼쳐져 있다. 그것도 인조 잔디로 폭신하게 깔렸다. 교정을 둘러보면서 이 학교에 축구부가 있다는 사실을 알았고 축구 선수 우성용이 여기 출신이라는 것도 알았다. 이 학교는 지덕체를 모두 겸비한 학교인 셈이다.

강원도 고성 생가,
아내와 손자를 안은 모친
그리고 조카와 함께

시인이 살았던 고성군과 이곳 속초는 시인의 표현에 따르면 왕복 70리의 거리가 있다. 시인이 학교에 다니던 당시에는 버스도 없었다고 한다. LTE 시대를 사는 요즘에는 먼 거리이다. 이 거리를 시인은 집에서 걸어 다니기도 하고 학교에서 10

리 떨어진 누님 댁에서 다니기도 한다. 고등학교 때까지도 동행하는 친구가 없고 먼 거리를 걸어 다니며 자연과 친구하고 대화한다.

집에서 2Km 정도 가면 해가 바다 위에서 떠오르곤 했다. 집에 돌아올 땐 깜깜한 밤이 되어서야 돌아왔는데 동구에서 매일 어머니가 기다렸다고 한다. 어둠 속 별밭 아래서 달빛 받고 계신 어머니의 모습이 '늙었지만 늙지 않은 모습'이라 시인은 말한다. 그러나 이성선은 속초고등학교에 진학한 뒤 천식과 신경쇠약, 불면증으로 한 학기만 다니고 휴학한다. 1년의 휴학기간을 시인은 자유라고 표현한다. 그의 일생 중에서 그 1년만큼 자연 속에 완전히 몸을 묻고 산 적이 없기 때문이다. 그래서인지 그의 시의 9할은 자연을 소재로 한 것들이다.

내 너무 별을 쳐다보아
별들은 더렵혀지지 않았을까.

내 너무 하늘을 쳐다보아
하늘은 더렵혀지지 않았을까.

별아, 어찌하랴.
이 세상 무엇을 쳐다보리.

흔들리며 흔들리며 걸어가던 거리
엉망으로 술에 취해 쓰러지던 골목에서

바라보면 너 눈물 같은 빛남
가슴 어지러움 황홀히 헹구어 비치는

이 찬란함마저 가질 수 없다면
나는 무엇으로 가난하랴.

—「별을 보며」 전문

이성선 시인을 표현하자면 영혼이 깨끗한 사람, 소년의 감수성을 지닌 사람으로 표현할 수 있다. 이 시에서 그의 순수한 감성이 예민하게 드러난다. 시인은 별을 쳐다보는 행위로 별이 더럽혀졌을지 염려한다. 마찬가지로 하늘을 쳐다보는 것만으로 하늘이 더럽혀지지 않았을지 걱정한다. 그러나 시인이 쳐다볼 수 있는 것은 오직 별뿐이다. 오염되고 부조리한 세상 그 무엇도 쳐다볼 것이 없기 때문이다. 그것은 시인이 살아가는 현실이다.

시인이 살아가는 세계는 더렵혀진 것들로 가득한 세상이다. 어쩌면 그것 때문에 그는 술을 마셨는지도 모른다. 엉망으로 술에 취해 비틀비틀 쓰러지던 골목에서 시인은 하늘을 바라본다. 눈물같이 빛나는 별은 그가 살아가는 어지러운 세계를 황홀히 헹군다. 세계의 불안과 혼란이 별빛을 통해 정화된다. 그러면서 시인은 이 찬란함마저 가질 수 없다면 나는 무엇으로 가난하냐며 자문한다. 별을 통해 시인은 스스로 찬란한 마음을 기른다. 별을 통해 여과된 마음으로 오히려 시인의 내면은 풍요롭다.

외로움은 기다림보다 더 아픈 상처

강원도 고성군 토성면 성대리 226번지. 이곳 속초중학교에서 왕복 70리를 걸어 다녔다는 시인의 생가 터가 있는 곳이다. 시간을 내어 차분히 걸어보는 것도 좋을 일이다. 편도 35리를 걸어가도 그 사이 계절이 바뀌어 버릴 일은 없기 때문이다. 그러나 문제는 시간이다. 시인은 걸어 다녔지만 나는 차에 앉아 핸들을 잡고 있다. 조금 더 빨리 시간을 내어 시인의 흔적을 추적하고야 말겠다는 일념으로 엔진의 힘을 높인다. 시인이 걸었던 길을 차로 추적하려니 마음은 쌀 두 가마니를 얹어 놓은 기분이다. 그러나 시인이 충분히 이해해 줄 거라 믿는다.

빨강으로 바뀐 신호등 앞에 간당간당 선다. 굳이 신호를 위반할 필요도 없다. 신호를 위반한다 하더라도 쫓아올 경찰차도 보이지 않는다. 모든 것이 여유로 통용되는 한적한 도시이다. 여느 때와 다름없이 주위를 둘러본다. 버스정류장이 보인다. 50대 중반의 아주머니 두 명은 의자에 앉아 있고 교복 입은 여학생 둘이 스마트폰을 만지작거리며 수다를 떤다. 그 옆에 두 손을 앞으로 가지런히 모으고 서 있는 여인이 눈에 들어온다.

1970년 7월 약혼사진

감색 가로줄 무늬가 있는 상아색 원피스를 입고 있는 여인이다. 나이는 스물일곱 정도 되어

보이며, 키는 159.3cm, 몸무게는 44.2Kg 정도로 긴 생머리에 얼굴엔 잡티 하나 없으며 왼쪽 볼에 보조개가 나 있다. 남자 대부분이 상상하는 그런 바람직한 여인의 모습이라 생각하면 이해가 빠를 것이다. 바보 화가가 있다면 저 옆에 나를 그려 넣어 달라 말하고 싶다. 그때 뒤에서 경적을 울린다. 짧은 신호 체계에 속초군청을 원망해 본다. 흐뭇한 웃음이 침처럼 흘러나온다. 단지 머리에 꽃만 꽂지 않았을 뿐이다.

이성선 시인이 부인을 만났을 때도 이러했다. 고성중학교에서 근무하던 시절 후배 교사와 길을 가던 중이었다. 후배 교사는 길 가는 아가씨를 가리키며 "저 아가씨 어때요?"라고 말을 건넸다. 시인은 그 길로 마음에 들어 결혼했다고 한다. 이것은 단지 시인이 쑥스러워 멋쩍게 한 말이다. 당시보다 자유로운 요즘에도 이런 상황이라면 곤란하다. 길을 가다 갑자기 "당신이 맘에 듭니다. 결혼합시다." 이렇게 말을 했다고 가정했을 때, 돌아오는 건 최신의 정제된(?) 방언뿐일 것이다. 시인의 부인은 초등학교 교사였다. 그의 연애담에 대해선 구체적으로 찾아볼 수 없지만, 시인의 감수성을 보았을 때 충분히 시집 한 권 분량의 연애서가 나왔을 것으로 생각한다. 물론 나의 경우 세 권은 족히 넘으며, 거기에 별책 부록이 덧붙어 있다. 그때의 간절한 마음을 시를 통해 상상해 본다.

기다림이 아픔이라는 것을
여기 와서 알았다.
기다림이 아름다움이라는 것을
여기 와서 알았다.

외로운 상처가 꽃이라는 것도

넘치는 물결 앞에서 알았다.

별 뜨는 바다에 시리도록 눈이 젖어

시를 써서 그대 가슴에 던져놓고

돌아선다.

외로움은 내게 더 아픈 바람.

―「바다5」 전문

시인이 외롭게 서 있는 공간은 바다이다. 그곳에서 시인은 기다림이 아픔이라는 것을 깨닫는다. 홀로 외딴 섬처럼 떨어져 있는 공간은 더욱더 외롭다. 오지 않는 버스를 기다리는 것처럼 처음에는 설렜다가 그리고는 초조해진다. 그리고는 자신에 화가 나기도 하며, 그런 자신에 서글퍼지기도 한다. 그러나 시인은 이러한 기다림이 아름다움이라는 것도 깨닫는다. 외로운 상처가 꽃이라는 것도 넘치는 물결 앞에서 알고야 만다. 별이 뜬 밤바다는 그리워하는 사람을 아름다운 사람으로 피어나게 한다. 그래서 아리도록 아름답다.

시인은 별이 뜨는 밤바다에서 시리도록 눈물을 흘린다. 누군가에게 도달하지 못할 시를 쓴다. 시를 쓰면 파도가 몰려와 다시 지운다. 그렇게 바다에서 시인은 아파한다. 한참을 그렇게 바다에 토로하고 돌아서 보지만 외로움은 더욱 극에 달한다. 이불을 차내듯 생각을 떨쳐버릴 수 있다면 간단한 문제이다. 차내면 차낼수록 더욱 뚜렷하게 떠오르는 것은 그리움이다. 어쩌면 시인은 그가 「달 하나 묻고 떠나는 냇물」에서 말한 "강물이 매일 떠나듯/그대에게 그리움으로 이른다면"의 간절한 마음을 희구하는지도 모른다.

다시 외로움의 한복판에 서다

구들방의 아랫목처럼
익어가는 고성의 가을

세시가 지나니 늦은 해가 구름에 섞여 황톳빛으로 드러난다. 속초와는 달리 고성으로 향할수록 도로는 좁아지고 노면도 울퉁불퉁하다. 이제 제법 길다운 길을 가는 것 같다. 마음에 조급함이 점점 사라지기 때문이다. 생가터로 향하려다 마음이 바뀐다. 고성중학교로 향하기로 마음먹는다. 긴 시간을 달려 여기까지 왔는데 가보지 못하면 아쉬울 거란 생각이다. 길이 점점 좁아지면서 시멘트 길에 접어든다. 타이어가 터벅터벅 걷는다는 느낌이 든다. 여기서부터는 걷기로 한다. 시멘트와 흙길에 타이어를 걸치고 차를 주차한다. 돌아올 때까지 여기서 얌전히 풀을 뜯고 있었으면 하는 바람이다.

바람이 제법 쌀쌀하다. 팔에 끼고 있던 겉옷을 걸친다. 수확이 끝나고 난 벼의 푸석푸석한 냄새가 바람에 실려 온다. 십여 분을 걷다 보니 왕복 2차선의 아스팔트길이 나온다. 그 옆으로 논이 펼쳐진다. 축구장 세 개 반을 끼워 넣기 하면 딱 맞을 크기이다. 이 마을에 이러한 규모의 논이 있다는 것에 감탄한다. 고성의 김제평야라 인정한다. 도로를 사이로 한쪽은 논이 보이고, 반대쪽은 교회와 여성회관이 보인다. 걸어가는 길목엔 녹색의 상우건설 간판도 보인다. 이 한적한 마을에 건설회사 건물이 있다는 것이 조금 의외였지만 길을 더 걷다 보니 그럴 수도 있겠다는 생각이 든다. 신식의 건물이 눈에 많이 띈다. 분명 이 동네 건물은 이 회사에서 지은 게 틀림없다.

고성중학교 교정에 들어선다. 이성선은 1969년 속초에서 설악문우회를 결성하고 시에 몰두한다. 시를 전공하고 싶었으나 어머니의 권유로 고려대 농대에 진학한다. 고려대에서 조지훈 시인의 강의를 청강하기도 하였다. 졸업 후 농촌진흥에서 공무원으로 재직하던 시절에도 시에 대한 꿈은 버릴 수 없었다. 그래서 적성에 맞지 않는 직장을 그만두고 고향으로 돌아온다. 고성에 와서 이곳 고성중학교에서 교편을 잡는다.

고향에 돌아온 이성선은 신춘문예에 응모한다. 첫 번째는 실패하고 두 번째는 1970년 중앙일보에 응모했지만, 최종심에서 탈락한다. 그때 응모작이 「시인의 병풍」이다. 얼마 후 황금찬 시인의 권유로

강원도 고성 이성선 생가 터에서 바라본 설악산 풍경

「시인의 병풍」과 함께 『문화비평』으로 등단한다. 당시에는 등단을 위해 2회의 추천제도가 있었다. 2회 등단지는 1971년 창간된 『시문학』이다. 시에 온 힘을 다했던 이성선에게 두 번의 신춘문예 실패는 큰 좌절이었다. 최종심에서 떨어졌기에 더욱 아쉬웠다. 그런 점에서 「시인의 병풍」은 시인에게 애틋한 작품이다.

밤마다 그는
반은 가리고 반은 드러난
처용 아내, 고운 가랑이
달 솟는 해협에
내려가

병풍을 치고
신기롭게 악기소리 열리는
병풍을 치고,

꽃나무에 내려
꽃잎을 열고 들여다보면
밤중에 그는 미쳐 있을까

무의를 걸치고
나와 산중을 드나든다.
풀잎과 나무를 드나든다.
좌절의 밤마다

험준한 산악을 오르며
울부짖던 음성도

절망에 쓰러져
황혼을 수놓다가, 다시
오지의 풀밭에 내려
비밀히
일월의 출몰을 다스리던
그의 손도
지금, 악기 소리 삐걱이는 풀잎을 건너
내 가슴에 내려, 황홀히
문채의 비를 뿌리고

용들이 천공 가득
포효하며 날으는
병풍 안

엄숙히 고개 숙인
그의 침묵 아래
처용 아내 고운 가랭이
해협에,
향그러운 피리 소리
달이 뜨고.

—「시인의 병풍」 전문

이성선 고향 언덕에서
바라 본 마을 전경

'시인의 병풍'이라는 제목이 암시하듯 시인에게 자연은 병풍이다. 시인이 시를 통해 지휘하는 세계가 자연 안에 모두 펼쳐있다. 시를 악기에 비유한다면 시인은 연주자 내지는 지휘자로 이해된다. 그렇다면 악기 소리는 시의 언어가 된다. 시는 자연에 병풍을 친다. 시어를 통해 자유롭게 형상화할 수 있는 병풍을 친다.

시인은 신의 계시라도 받은 듯 시의 언어를 조율한다. 또한 그 안에 빠져 세계를 넘나든다. 시인은 조율을 통해 좌절에 빠진 세계를 표출하기도 하고 황혼의 아름다운 세계를 표현하기도 한다. 이러한 표현들이 퇴고를 통해 갈무리되면 "용들이 천공 가득 포효하며 나는" 병풍이 된다. 비로소 하나의 시가 완성된다. 완성된 시는 자연과 어울려 "향그러운 피리 소리 달"로 태어난다. 자연이라는 병풍이 한 편의 시를 낳았다. 그리고 그 시는 다시 자연으로 돌아가 또 하나의 병풍을 만든다. 바로 시인이 불태우고자 하는 시혼의 근간이다.

해가 깔린 대지에는 그림자가 많이 진다. 시간이 얼마 남지 않았음을 알린다. 서둘러 차로 돌아가는 길. 오가는 사람도 이젠 별로 없다. 적막하다. 눈치를 보며 지나가는 갈색 바둑무늬 발바리 한 마리만 들떠있다. 꼬리를 세우고 엉덩이를 실룩샐룩하며 제 혼자 흥이 나서 돌아다닌다. 나도 함께 들떠보고 싶지만 그러기엔 가을이 너무 깊다. 오늘 여정을 더듬어 본다. 시인 대부분이 그러하겠지만 시인은 고향을 벗어날 수 없다. 강가에 살던 박용래 시인은 강경포구에서 그냥 그렇게 울었다. 박재삼 시인은 진주 남강에서 울음이 타는 가을강을 가득 태웠다. 또한 정지용 시인은 고향 옥천을 꿈엔들 잊지 못하였다. 이성선 시인은 고성과 강릉에서 홀로 별을 밝혔다. 고향은 우주 안의 큰 자궁임에 틀림없다.

이성선 생가 터 뒷집,
운치 있게 벗어놓은 신발

깨어있는 밤은 더욱 아득하다

라디오에서 흘러나오는 패티킴의 '가을을 남기고 떠난 사람'이 채 끝나기도 전에 생가 근처에 다다른다. 길의 끝에 차를 세운다. 낮은 오르막길은 큰 구렁이의 똬리처럼 생겼다. 넓은 타원형의 길을 따라 둥글게 걸어간다. 굽이의 중간 지점에 집이 한 채있다. 똬리에 포박된 쥐처럼 덜렁 한 채 걸려 있다. 푸른색 양철지붕이 특이하다. 술에 취한 듯 지붕 코는 비뚤어져 있다. 바닥에 곧 고꾸라질 것 같다. 아무렇게나 벗어 던진 신발 두 쌍은 성질 급한 주인 내외를 상상하게 한다. 함부로 널브러진 세간만큼이나 파편적이다.

집 앞을 지나 다시 사선으로 구부정한 길을 따라 내려온다. 척추도 함께 구부러진다. "하앗따~"라는 탄식이 절로 나온다. 내려오자마자 덩그러니 이성선 시비가 보인다. 시비에는 「미시령 노을」이 새겨 있다. 시비 앞으로는 멀리 설악산이 해풍을 등지고 서있다. 깨뜨린 유리조각처럼 능선이 앙칼지다. 그 아래로는 낮은 동산이 마중나와 있다. 설악의 보호라도 받는 듯 동산은 여린 능선을 그리며 한적하다. 멀리 있는 설악은 아빠를 닮았고, 가까이 있는 동산은 어린 딸내미 같다. 설악산 자락과 동산의 자락이 물결을 그리며 밀물로 밀려온다. 금방이라도 아랫목에 손을 집어넣고 싶은 공간, 고향에 왔음을 실감한다.

딸내미 산에서 불 때는 연기가 올라온다. 밥 짓는 연기는 참으로 오랜만이다. 밥 짓는 연기가 아니라 하여도 지금은 어쩔 수 없다. 배가 고픈 시간이다. 갓 지은 가마솥 밥을 떠서 청국장에 넣고 그

이성선 생가 터에 세워진
「미시령 노을」 시비

대로 비벼버리고 싶은 충동이 든다. 다시 시비를 바라본다. 시비 위로는 우듬지가 잘려나간 소나무가 갸우뚱하게 서 있다. 시비의 차양이 되어준다. 구름 모양의 자연석 시비를 비스듬히 세워 잘린 우듬지 부분에 맞춰 넣으면 모두 하나가 될 것 같다.

나뭇잎 하나가

아무 기척도 없이 어깨에
툭 내려앉는다

내몸에 우주가 손을 얹었다

너무 가볍다

—「미시령 노을」 전문

한 몸처럼 서 있는
시비와 소나무

"아뿔싸!" 이 시를 처음 접했을 때, 제일 먼저 터져 나왔던 말이다. 독자들도 이 시를 본다면 비슷한 생각을 할 것이라 믿는다. 무당에게 신내림이 있다면 시인에게도 분명 시의 정령이 존재한다는 확신이 든다. 어느 시인은 잠자리가 원을 그리며 날아가는 곳까지가 잠자리의 우주라고 했다. 시의 파편이 뇌로 떨어지는 찰나이다. 멍해지는 순간이다. 이처럼 우리가 시에 매료되는 것은 시와 독자가 화합하여 나오는 반응이 예측할 수 없이 폭발적이기 때문이다. 이성선 시인은 널리 알려져 있지 않다. 그러나 신문에 한 번쯤은 등장하는 시이다. '이 시 어디서 많이 봤는데?'라는 생각이 들었다면 이성선 시인의 시임을 기억해주기 바란다.

한국 전쟁 당시 이곳 고성은 이북 땅이었다. 9·28 서울 수복 이후 중공군이 몰려오면서 3·8선 아래까지 아군이 다시 밀렸다. 그 과정에서 이곳 고성에서 근무 중이던 아버지와 직장 동료 모두 북으로 가게 되었다. 아버지는 지금의 양양보건소 격의 총책이었고 당시 나이 40세였다. 그때부터 시인은 어머니와 할머니 아래에서 자란다. 시인의 원래 이름도 이성선이 아니다. 이진우이다. 휴전이 되어 호적문서가 사라지면서 이름이 바뀌었다. 이름이 바뀐 사실도 중학교 3학년 때 알게 된다. 전쟁의 상흔과 아버지의 부재. 이성선의 시에서 드러나는 불안과 상실 의식은 어쩌면 아버지의 부재에서 왔는지도 모른다.

등잔 앞에서
하늘의 목소리를 듣는다.

누가 하늘까지
아픈 지상의 일을 서로 옮겨
새벽 눈동자를 젖게 하는가

너무나 무거운 허공
산과 산이 눈 뜨는 밤
핏물처럼 젖물처럼
내 육신을 적시며 뿌려지는
별의 무리

죽음의 눈동자보다 골짜기 깊다.

한 강물이 내려 눕고
흔들리는 등잔 뒤에
빈 산이 젖고 있다.

—「빈 산이 젖고 있다」 전문

등잔불은 시간이 밤임을 암시한다. 등잔불의 불꽃은 멈춰 있지 않고 계속해서 흔들리는 속성을 지닌다. 흔들림은 내면의 불확실함을 반증한다. 그 시간 등잔 앞에서 시인은 하늘의 목소리를 듣는다. 새벽 눈동자를 젖게 하는 것은 새벽에 비가 온다는 것을 암시한다. 따라서 시인이 듣는 하늘의 목소리는 비가 오는 소리로 이해된다. 하늘은 시인에게 말한다. 아픈 지상의 일을 서로 옮겨 새벽을 슬프게 하는 자가 누구인지에 대해 묻는다.

새벽을 슬프게 하는 자는 다름 아닌 시인이 살아가는 세계의 번뇌와 갈등이다. 시인은 그 밤에 놓여있다. 허공은 시인에게 너무나도 버겁다. 별의 무리는 육신을 적시며 뿌려진다. 적시는 것 역시 무게와도 관련이 있다. 일반적인 산은 나무와 동물 그리고 식물이 한데 어우러져 있다. 그러나 시인은 '빈 산'을 강조한다. 생명이 사라진 산은 '빈 산'이다. 이것은 생명보다 죽음에 가깝다. 이러한 모습이 시인에게는 더욱 버겁고 무거운 것으로 인지된다. 허공과 '빈 산'의 이미지는 시인의 상실감을 대변한다. 이러한 상실감은 시인이 말한 '아픈 지상의 일'에서 뿜어져 나온다.

시인은 불면증으로 학교를 휴학했다. 깨어 있는 밤, 어둠은 보이지 않기에 더 두렵다. 암흑에서는 생각이 시각을 앞선다. 예를 들어 '고양이'를 고양이로 인식하고 만지는 것과 눈을 가리고 '고양이'를 만지는 것은 다르다. 어둠 속에서는 대상을 파악할 수 없다. 때문에 괜한 상상이 공포를 엄습하게 한다. 어쩌면 시인은 시간에 대한 두려움과 싸웠는지도 모른다. 그것을 두려워했을지 모른다. 그러나 한 가지 확실한 것은 그 시간 그의 시의식은 깨어 있었다는 것이다.

마침내 우주를 끌어안다

시인은 열한 살 때 아버지에 대한 생생한 기억을 언급한다. 어느 봄날 해가 지고 어둑할 무렵 아버지를 따라 동해 바닷가에서 집으로 걸어가고 있었다. 그때 아버지가 갑자기 말했다. "얘야 저 달 좀 보아라!" 크게 감동한 듯 무엇에 홀린 듯 서서 가리키는 아버지의 손끝을 따라 눈길을 주던 시인도 깜짝 놀라 그 자리에 섰다. 그곳에는 이제 막 바다에서 떠오르는 달이 크고 둥글게 불타는 얼굴로 시인에게 달려왔던 것이다. 시인은 이 기억을 불덩이가 가슴 속으로 뜨겁게 안겨드는 느낌이라 말했다. 시인의 감수성이 아버지에게서 받은 것임을 깨닫는다.

이성선 시인은 시가 사람 수만큼 다르고, 사람의 가슴 수만큼 다르다고 한다. 그러나 알고 보면 동일한 맥박 속에 하나로 이어져 통하는 길이 있다고 한다. 그는 눈에 환히 그려질 수 있으면서 숨겨진

시인이 말했던 '우주의 위대한 침묵'이 석양과 함께 몰려온다

생명의 맥박소리가 들려오는 시를 원한다. 그것은 자연이다. 우주의 가슴속에 숨겨진 비의와 생명 자체를 살아 숨 쉬게 하는 자연이다. 그래서 자연이 살아있는 곳에 사는 사람은 축복받은 사람이라고 시인은 말한다. 삶이 묻어 있으면서도 그 너머를 노래하는 시, 모든 생명의 눈빛과 귀에 닿을 수 있는 그런 시를 시인은 그리워한다.

한밤 짐승이 되어 울까
눈물 가득 꽃이 되어 울까
광야에 웅크려 하늘을 본다
몸은 지상에 묶여도
마음은 하늘에 살아야지
이 가지 저 가지를 헤매며

바람으로 울어도
영혼은 저 하늘에 별로 피어야지
절망으로 울던 마음 그 가난도
천연한 아픔으로 천상에 빛나야지
광야에 웅크려 다시 하늘을 본다
마음 잎새에 빛나는 별빛이어
눈물 가득 꽃이 되어 울까
한 마리 짐승이 되어 울까

—「몸은 지상에 묶여도」 전문

시인은 존재에 대한 비극적 인식에서부터 시를 엮어간다. 시인의 존재는 절망적이다. 더욱이 시인은 지상에 있는 나약한 존재이다. 시인은 이것을 극복하기 위해 이상적 지향을 갈구한다. 그곳은 영혼이 별로 피는 하늘이다. 비록 몸이 지상에 묶여 있는 인간이라도 마음은 하늘에 살아야 한다. 이 가지 저 가지를 헤매며 방황을 할 때에도 영혼은 하늘에 별로 피어야 한다. 절망으로 울던 마음과 가난도 천연한 아픔으로 천상에 빛나야만 한다. 이것이 시인이 추구하는 궁극의 도달점이다.

2001년 4월 중순 이성선 시인은 황금찬 시인과 전화 통화를 한다. 이성선 본인이 고향을 떠날 것 같다는 말을 전한다. 황금찬 시인은 이성선 시인이 서울로 이사하는 것으로 생각하고 이사를 결심했냐는 말을 한다. 그러나 시인은 그저 고향을 떠날 것 같다는 암시만을 남긴다. 숭실대학교 문예창작학과에서 제자들에게 시의 혼을 쏟아내던 그 무렵이다.

시인의 예측이 마지막 말이 되었다. 2001년 5월 4일. 이성선 시인은 강원도 속초시 교동 779-93 자택에서 심장마비로 사망한다. 부인이 목욕 간 사이 홀로 떠나갔다. 그가 「가을의 기도」에서 말한 바와 같이 홀로 떠날 준비를 한 것인지는 몰라도 황금찬 시인과 이성선 시인의 전화 내용이 더욱 안타깝게 다가온다. 환갑의 나이에 너무 빨리 하늘 문을 두드린 시인. 그의 육신은 유지대로 화장하여 지상의 백담사 계곡에 뿌려졌다. 그의 영혼은 지금도 하늘에 별로 피어 있다.

시에 대한 상사병이 돋는다. 이성선 시인의 시를 그리워한다. 이성선은 인간의 비극적 운명을 스스로 짐승 또는 벌레로 인지하면서 운명을 직시한다. 그는 비극적 운명을 극복하기 위해 시에서 '하늘 문을 두드리며', 하늘, 별, 달, 바람 등과 소통한다. 이때 소통에서 도시문명은 철저히 배제한다. 그는 차라리 꽃의 향기를 맡는다. 나뭇가지의 속삭임을 듣는다. 별을 키우고 달을 길러 마음에 담아낸다.

이성선은 오직 자연에서만 상실된 자아의 존재를 비우고 성찰한다. 자연의 모든 법칙은 우주이다. 시인은 그리고 마침내 우주를 끌어안는다. 그는 산사람이다. 산에서 태어나 산에서 생각하고 마침내는 산골 계곡으로 돌아간다. 그래서 이성선의 시는 강원도를 떠날 수 없다.

> 우주의 위대한 침묵이 그를 감쌉니다.
> 드디어 그는 자기를 파괴하고 자기 안의 나를 파괴하고 한 마리 나비로 완성되어 하늘로 날아오릅니다. 우주를 소유합니다.
>
> —『하늘문을 두드리며』 서시 부분